왕초보도 7일 만에 완성하는 동화작가
챗GPT로 쓰고 미드저니로 그리고 캔바로 완성하기

아이디어 발굴부터 1인출판 성공까지, 누구나 따라할 수 있는 단계별 실전 가이드

왕초보도 7일 만에 완성하는 동화작가 - 챗GPT로 쓰고 미드저니로 그리고 캔바로 완성하기
아이디어 발굴부터 1인출판 성공까지, 누구나 따라할 수 있는 단계별 실전 가이드

ⓒ 윤서아 외 9인, 2025

초판 1쇄 인쇄 2025년 10월 17일
초판 1쇄 발행 2025년 10월 27일
작가 **윤서아, 유양석, 임혜경, 서성미, 이성미, 손미화, 석승희, 이은순, 문혜정, 이기정**

출판사 **재노북스**
기획편집 및 교정교열 **윤서아**　디자인 일러스트 **윤서아, 박예지**
도서 콘텐츠 마케팅 및 해외출간 **이시은, 임지수, 김민지**
작가컨설팅 **윤서아**

출판등록 2022년 4월 6일 제2023-000076호
주소 서울특별시 금천구 가산디지털1로 205-27 에이원빌딩 705호
대표전화 0507-1381-0245　팩스 050-4095-0245
이메일 dasolthebest@naver.com
홈페이지 https://zenobooks.co.kr/
블로그 https://blog.naver.com/zeno_books

ISBN 979-11-94868-25-5 (13320) 34,000원

· 이 책은 저작권법에 의하여 보호를 받는 저작물이므로 무단 전재와 복제를 금합니다.
· 재노북스는 독자 여러분의 책에 관한 아이디어와 원고 투고를 기다리고 있습니다.
· 책 출간을 원하는 아이디어가 있으신 분은 재노북스 홈페이지 '원고투고'란으로 개요와 연락처 등을 보내주세요.

"7일 후 당신도 동화작가입니다."

프롤로그

이 책은 그림책과 그림동화 작가로서 꿈을 실현하고자 하는 이들에게 창작과 출판의 명확하고 현실적인 로드맵을 제시합니다. 0-7세 유아를 위한 간결하고 직관적인 그림책부터 초등학생들을 위한 스토리가 풍부한 그림동화까지, 각 장르의 특성에 맞는 창작 방법을 구체적으로 안내합니다. 스토리텔링과 캐릭터 구축, 일러스트 제작 등 순수 창작 영역은 물론, 실제 출판과 마케팅까지 전 과정에서 실질적으로 도움을 받을 수 있도록 구성되었습니다. 특히 ChatGPT와 Claude 같은 최신 AI 기술을 활용해 창의적이고 독창적인 이야기를 만들어낼 수 있도록 안내하며, Midjourney와 Canva를 활용한 효율적인 일러스트 제작법까지 친절하게 담았습니다.

출판사의 입장에서도 이 책이 갖는 가치는 특별합니다. 전통적인 출판 시스템이 긴 시간과 많은 비용을 요구하는 반면, 이 책은 새로운 출판 패러다임을 제안합니다. 특히 재노북스에서 운영하는 북시드 플랫폼은 여러분의 창작 여정에 든든한 동반자가 될 것입니다. 무료 전자책 출판 서비스를 통해 비용 부담 없이 첫 작품을 세상에 선보일 수 있으며, '100부 이하 소량제작 출판 시스템'이라는 혁신적인 모델로 적은 비용으로도 종이책 출간의 꿈을 실현할 수 있습니다. 이러한 저비용, 고효율의 새로운 출판 모델은 업계에 큰 반향을 불러일으키며, 출판사가 더욱 다양한 작가들을 발굴하고 창의적인 작품을 시장에 소개할 수 있는 기회를 제공합니다. 또한 온라인 서점 유통 지원과 마케팅 도구 제공을 통해 창작부터 독자와의 만남까지 전 과정을 체계적으로 지원하여, 진정한 의미의 원스톱 출판 솔루션을 구현하고 있습니다.

마케터의 관점에서도 이 책의 가치는 독보적입니다. 단순히 출판으로 끝나는 것이 아니라 독자와 소통하며 지속 가능한 작가 브랜드를 구축하는 방법을 구체적으로 알려줍니다. SNS 마케팅, 크라우드 펀딩을 활용한 팬덤 형성, 글로벌 시장 진출까지, 실제 시장에서 즉시 적용할 수 있는 현실적인 전략이 제시되어 있습니다. 또한 그림책과 그림동화를 오디오북이나 애니메이션 등 다양한 형태의 콘텐츠로 확장하여 장기적이고 안정적인 수익구조를 마련할 수 있는 방법도 안내합니다.

이 책의 가장 큰 강점은 그림책과 그림동화의 장르별 특성을 모두 고려한 실제 사례와 구체

프롤로그

적인 가이드라인을 제공한다는 데 있습니다. 유아 대상 그림책의 단순하고 직관적인 구성법과 초등학생 대상 그림동화의 교육적 메시지 전달법, 그림동화를 활용한 독서치유와 교육적 활용법, 지역설화나 퍼블릭 도메인을 활용한 창작 전략, 성경동화와 음악동화를 활용한 브랜드 확장 전략, 그리고 AI 기술을 이용한 애니메이션 제작과 오디오북 제작법까지 다루고 있어 다양한 영역에서 실질적인 활용이 가능합니다. 작가의 창작력 강화부터 마케팅을 통한 브랜드 확장과 글로벌 진출까지, 이 모든 것을 총망라한 현장 중심의 지침서로 구성되었습니다.

이제 이 책과 함께라면, 여러분도 자신만의 그림책과 그림동화를 출간하여 서점에 진열하고, 나아가 전 세계 독자들과 만날 수 있는 길이 열립니다. 혼자서도 할 수 있다는 자신감, 더 이상 꿈에만 머물지 않는 현실적 도전의 시작이 바로 여기에 있습니다.

저 역시 처음 그림책과 그림동화 작가의 꿈을 키웠을 때는 막막하기만 했습니다. 하지만 AI 기술과 혁신적인 출판 플랫폼을 만나면서 새로운 가능성을 발견했고, 이제 그 노하우를 여러분과 나누고자 합니다. 이 책에 담긴 모든 과정을 차근차근 따라하시면, 여러분도 분명 7일 만에 첫 작품을 완성하고 작가로서의 첫걸음을 내딛을 수 있을 것입니다.

특히 재노스쿨 평생교육원의 AI아트그림동화작가(문화체육관광부) 자격증 과정에 참여해 주신 모든 작가님들께 깊은 감사를 드립니다. 여러분의 열정적인 참여와 소중한 피드백이 있었기에 이 책이 더욱 실용적이고 현실적인 가이드로 완성될 수 있었습니다. 교육 과정에서 함께 나눈 경험과 창작의 기쁨, 그리고 서로에게 준 영감들이 모두 이 책 곳곳에 녹아있습니다.

재노북스와 북시드에서는 작가와 독자의 소중한 만남을 이어주는 다리 역할을 하며, 더 많은 창작자들이 자신만의 이야기를 세상에 전할 수 있도록 계속해서 혁신적인 서비스를 제공하겠습니다. 여러분의 창작 여정이 언제나 기쁨과 성취로 가득하기를, 그리고 여러분이 만들어낸 아름다운 이야기들이 세계 곳곳에서 사랑받는 작품으로 기억되기를 진심으로 바랍니다.

재노북스 수석편집장 윤서아 올림

추천사

아이들을 가르치며 항상 고민했던 것이 '어떻게 하면 창의적이고 재미있는 교육 콘텐츠를 만들 수 있을까?'였습니다. 이 책은 그 해답을 명쾌하게 제시합니다. AI 기술을 활용한 그림책 제작 과정이 단계별로 친절하게 설명되어 있어, 교육 현장에서 바로 활용할 수 있는 실용적인 가이드입니다. 특히 아이들의 창의력과 표현력을 기르는 교육 도구로서 그림책의 가치를 새롭게 발견할 수 있었습니다.

김수진 중계동 브레인K 논술학원장

교육부에서 오랫동안 교육 정책을 연구해온 입장에서, 이 책은 미래 교육의 새로운 패러다임을 제시하는 혁신적인 작품입니다. AI 기술과 창작이 만나 교육적 가치를 창출하는 과정이 체계적으로 정리되어 있어, 교육자들뿐만 아니라 학부모들에게도 큰 도움이 될 것입니다. 특히 성경동화와 전래동화를 통한 가치 교육의 현대적 접근법은 매우 인상적입니다.

이영승 교육기업 아코스쿨 대표 및 전) 교육부 연구사

평생교육의 관점에서 볼 때, 이 책은 누구나 언제든지 새로운 도전을 시작할 수 있다는 희망을 전해줍니다. AI 도구 활용법부터 출판까지의 전 과정이 초보자도 이해하기 쉽게 구성되어 있어, 제2의 인생을 준비하는 중장년층에게 특히 유용할 것입니다. 실제로 우리 교육원 수강생들이 이 방법론을 통해 놀라운 성과를 거두는 모습을 지켜보며, 이 책의 가치를 확신하게 되었습니다.

이시은 재노스쿨 평생교육원 원장 및 전) 교육부 연구사

추천사

동화 작가로 활동하면서 늘 고민했던 일러스트 제작의 어려움이 이 책을 통해 말끔히 해결되었습니다. 미드저니와 캔바를 활용한 실용적인 기법들이 단계별로 친절하게 설명되어 있어, 그림에 자신 없는 작가들에게 큰 힘이 될 것입니다. 특히 동화오디오북 제작 과정은 작가들에게 새로운 수익 모델을 제시하는 혁신적인 아이디어입니다. 모든 동화작가 지망생들에게 강력히 추천합니다.

이주연 동화작가 및 AI교육 전문강사

AI 기술의 발전이 창작 영역에 미치는 긍정적 영향을 보여주는 탁월한 사례입니다. 이 책은 단순히 기술 활용법을 알려주는 것을 넘어, AI와 인간의 창의성이 조화롭게 결합될 때 어떤 놀라운 결과를 만들어낼 수 있는지를 구체적으로 보여줍니다. 특히 북시드 플랫폼을 통한 1인 출판 시스템은 AI 시대의 새로운 비즈니스 모델로서 큰 의미를 갖습니다. AI 기술의 실용적 활용을 고민하는 모든 분들께 추천합니다.

정원훈 한국인공지능진흥협회 이사

학문적 관점에서 볼 때, 이 책은 디지털 리터러시와 창작 교육이 만나는 지점에서 매우 중요한 기여를 하고 있습니다. 전래동화와 설화동화의 현대적 재해석을 통해 우리 문화의 가치를 계승하면서도, 최신 기술을 활용한 혁신적 접근법을 제시하고 있어 문화콘텐츠 연구자로서 깊은 감명을 받았습니다. 이론과 실무를 균형 있게 다룬 이 책은 창작 교육의 새로운 방향을 제시하는 중요한 자료가 될 것입니다.

유정화 한국미디어창업뉴스 대전세종총괄지국장

목차

프롤로그 4
추천사   6

1장 그림동화 기획과 출판 전략 - 창작부터 글로벌 확장까지_윤서아

1. **그림동화의 종류와 최신 트렌드**
   1.1 **그림동화의 기본: 그림책, 챕터북, 그래픽노블의 차이점 28**
       초보 작가를 위한 그림동화의 종류와 특징
       각 형식에 맞는 스토리 설계법
   1.2 **컬러링북과 창작동화: 독자를 사로잡는 비결 29**
       컬러링북 동화의 인기 비결
       독자의 참여를 유도하는 창작동화 기획법
   1.3 **그림동화의 최신 트렌드와 성공 사례 30**
       현재 주목받는 그림동화 테마와 인기 장르
       최근 베스트셀러 동화책의 성공 요인

2. **출판을 목표로 한 원고 기획 및 개발**
   2.1 **출판 유형별 원고 기획 전략 31**
       그림책, 챕터북, 그래픽노블에 맞는 원고 개발법
       컬러링북 및 인터랙티브 그림동화 기획법
   2.2 **출판사 트렌드 분석 및 독자 타깃 설정 33**
       시장성이 높은 그림동화 주제 선정
       독자 연령별 맞춤형 스토리 개발
   2.3 **AI 도구를 활용한 창작 및 일러스트 개발 35**
       AI 기반 스토리 생성(ChatGPT, Claude 등)
       AI 일러스트 제작(Midjourney, DALL·E, Canva 활용법)

3. **출판사 투고 및 출간 전략**
   3.1 **출판사별 원고 제출 방법 및 피드백 반영법 39**
       출판사와 에이전시 활용 전략

목차

출판 계약 시 검토해야 할 필수 사항

3.2 전자책 & POD(Print on Demand) 출판 전략 40
전자책 포맷 변환 & EPUB 제작 가이드
POD 기반으로 저비용 출판하기 (아마존 KDP, 교보 POD, 북시드 POD 활용법)

3.3 크라우드펀딩과 글로벌 출판 확장 전략 42
텀블벅, 킥스타터 등을 활용한 그림동화 출판 펀딩 전략
해외 그림동화 출판 공모전 및 수출 사례

4. 출판 이후 – 지속 가능한 작가 브랜드 구축과 확장

4.1 출간 후 마케팅과 독자 커뮤니티 구축 44
그림동화 출간 후 효과적인 홍보 전략 (SEO & SNS 활용)
유튜브, 인스타그램을 활용한 작가 브랜딩 & 팬덤 형성

4.2 굿즈 및 교육 프로그램 연계 확장 전략 45
그림동화 IP(Intellectual Property) 확장법
캐릭터 굿즈(스티커, 컬러링북, 보드게임) 제작 & 판매 전략

4.3 오디오북과 교육 프로그램을 활용한 그림동화 확장 47
오디오북을 활용한 그림책-오디오북 패키지 기획
어린이 교육기관과 협업하여 오디오북 활용 사례 만들기

4.4 다국어 번역과 글로벌 시장 진출 전략 49
지역설화 및 그림동화의 해외 번역 및 현지화 전략
글로벌 출판사와 협업하여 해외 시장 확장하기
국제 그림책 공모전 및 글로벌 출판 공모전 출품 가이드

4.5 퍼블릭 도메인 그림동화 활용법 50
퍼블릭 도메인 동화를 활용한 창작 및 재해석 전략
기존 퍼블릭 도메인 스토리를 현대적으로 각색하는 법

4.6 작가로서 지속적인 성장과 확장 가능성 52
후속작 기획 및 시리즈물 개발 전략
AI 및 디지털 기술을 활용한 새로운 창작 방식 도입

목차

 2장 그림책으로 여는 감성과 상상의 세계_서성미

1. 그림책과 치유의 만남: 마음을 들여다보는 렌즈
1.1 **그림책이 주는 정서적 치유 효과 58**
   감정을 해소하고 위로받는 그림책의 힘
   심리적 안정과 자기 성찰을 돕는 그림책 활용법
   사례로 보는 그림책 테라피 (그림책을 활용한 감정 표현 사례)
1.2 **그림책을 활용한 심리 상담 및 감정 표현 활동 60**
   심리 치료 및 상담에서 그림책이 활용되는 방식
   독서 후 감정을 표현하는 글쓰기 & 그림 그리기 활동
   어린이, 청소년, 성인을 위한 그림책 치유 사례
1.3 **치유 그림책 큐레이션과 독서 활용법 61**
   감성을 자극하는 그림책 큐레이션 방법
   독서 모임과 치유 워크숍에서 그림책을 활용하는 법
   그림책 감상 후 감정 표현 활동 사례

2. 그림책, 아이와 어른의 다리를 놓다
2.1 **세대 간 소통을 위한 그림책 활용법 62**
   그림책을 활용한 부모-자녀 독서 활동 사례
   창작 그림책과 논술, 역사, 과학을 접목한 교육적 접근
   그림책이 가족 대화와 정서적 교감을 촉진하는 방식
2.2 **초등 독서 모임에서 그림책 활용 사례 65**
   아이들과 함께한 그림책 기반 토론 및 글쓰기 활동
   그림책을 통한 역사·과학적 사고력 확장 사례
   그림책을 중심으로 한 학습 연계 활동
2.3 **그림책을 통한 사회적 감수성 교육 67**
   다문화, 환경, 인권을 주제로 한 그림책 큐레이션

목차

　　　세대 간 공감을 이끄는 그림책 선정 기준
　　　사회적 메시지를 담은 그림책을 활용한 토론 방법

3. **그림책 감상법과 인성 교육**
3.1 그림책 감상 교육의 핵심 요소 69
　　　그림책 감성큐레이션 2급 과정에서 배운 핵심 내용
　　　그림책이 아이들의 감성과 인성 발달에 미치는 영향
　　　의미 있는 그림책 감상과 활용 사례
3.2 그림책과 연계한 창의적 감상 활동 72
　　　독후 활동으로 진행할 수 있는 감성 그림 그리기
　　　감정 카드, 연극 놀이 등 감각적 감상법 적용
　　　그림책과 심리 표현 워크숍 운영 사례
3.3 그림책 감상법을 활용한 공감 교육 74
　　　공감 능력을 키우는 그림책 선정 기준
　　　인성 교육과 연계할 수 있는 그림책 활동
　　　감정 표현 및 토론을 유도하는 질문법

4. **창의적인 그림책 독서 활동 및 교육 활용법**
4.1 창의적 수업을 위한 그림책 활용 전략 76
4.2 그림책을 활용한 융합 교육 사례 78
4.3 그림책을 통한 실전 수업 기획법 78

3장 AI와 함께하는 그림동화 창작_이성미 윤서아

1. **그림동화 이해하기: 시작하기 전에 알아야 할 것**
1.1 그림동화의 정의와 현대적 의미 84
　　　전통적인 그림동화 vs. 현대 그림동화
　　　그림동화 창작 방식의 변화와 디지털 기술의 영향

목차

1.2 연령별 그림동화의 특징과 핵심 요소 85
　　유아, 초등 저·고학년 대상 그림동화의 차이
　　연령별 맞춤형 서사와 시각적 표현 기법
1.3 성공적인 그림동화 창작을 위한 필수 요소 87
　　독창적인 스토리텔링과 매력적인 캐릭터 구축
　　글과 그림의 균형 잡힌 조화와 독자 친화적 구성

2. 나도 할 수 있다: 초보자를 위한 스토리 만들기
2.1 나만의 이야기 찾기: 아이디어 발상법 88
　　창작 스토리를 위한 브레인스토밍 기법
　　AI(GPT, Claude)를 활용한 스토리 아이디어 생성
2.2 그림동화에 맞는 스토리 구조 설계하기 92
　　3막 구조와 그림동화 서사 구성법
　　ChatGPT를 활용한 플롯 개발 및 캐릭터 설정
2.3 텍스트와 일러스트의 조화로운 구성 99
　　스토리에 맞는 삽화 기획과 페이지 구성
　　Canva를 활용한 그림과 텍스트 배치 실전 적용법

3. AI와 함께하는 그림동화 제작 실전 가이드
3.1 AI 일러스트레이션 도구의 이해와 활용 104
　　Midjourney, 구글 image-fx를 활용한 AI 삽화 제작
　　Canva를 활용한 AI 기반 일러스트 편집 및 디자인
3.2 AI를 활용한 스토리 구성과 텍스트 생성 123
　　ChatGPT 및 Claude를 활용한 동화 대본 작성
　　AI 기반 캐릭터 설정 및 대화형 스토리텔링 기법
3.3 AI 작업물의 후보정과 완성도 높이기 125
　　Canva 및 Photoshop을 활용한 AI 이미지 보정
　　그림동화 스타일 통일을 위한 편집 기법

목차

 4장 애니메이션 제작과 영상콘텐츠 확장_유양석

1. **그림동화에서 영상 콘텐츠로: 애니메이션 기획과 스토리 구성**
1.1 그림동화를 영상화할 때 고려해야 할 요소 135
   정적인 그림동화를 동적인 애니메이션으로 변환하는 핵심 원리
   타깃 연령층에 따른 영상 기획 전략
1.2 애니메이션 스토리보드와 컷 구성 기법 136
   그림동화 장면을 애니메이션 씬으로 변환하는 법
   영상 흐름을 자연스럽게 만드는 장면 전환 기법
1.3 영상 연출을 고려한 동화책 제작 전략 137
   그림동화 출판 단계에서 애니메이션화를 염두에 둔 설계 방법
   캐릭터 동작과 배경 디자인을 영상 연출에 최적화하는 법

2. **애니메이션 제작을 위한 캐릭터 및 배경 디자인**
2.1 캐릭터 디자인과 모션 적용 방법 139
   그림동화 속 캐릭터를 애니메이션용으로 재구성하는 법
   2D/3D 애니메이션 스타일에 맞는 캐릭터 디자인 기법
2.2 배경 디자인과 움직이는 요소 적용 140
   정적인 동화 배경을 영상에서 자연스럽게 활용하는 법
   애니메이션 배경을 더욱 생동감 있게 표현하는 방법
2.3 AI 및 디지털 툴을 활용한 애니메이션 제작 최적화 142
   AI 기반 캐릭터 애니메이션 적용 (DeepMotion, RunwayML 활용)
   배경 자동 생성 및 보정 AI 툴 (Kaiber, Stable Diffusion) 활용법

3. **애니메이션 제작 실전 가이드 및 AI 활용법**
3.1 애니메이션 제작 단계별 워크플로우 143
3.2 AI 도구별 애니메이션 제작 소개 145
3.3 하이루를 활용해서 동화속 주인공 캐릭터 영상 만들기 147

목차

3.4 런웨이로 캐릭터 레퍼런스 만들기 154
3.5 일레븐랩스로 캐릭터 AI 음성 만들기 159
3.6 캡컷으로 최종 편집 163

4. **사운드와 내레이션: 감성적인 영상 연출법**
4.1 음악과 사운드 효과가 영상에 미치는 영향 172
   감성적인 BGM 선택법과 사운드 디자인 기초
4.2 성우 더빙 및 AI 내레이션 활용법 173
   내레이션을 활용한 영상 제작 전략
   AI 음성 합성 툴을 활용한 저비용 성우 더빙 및 효과음 생성
4.3 음악 동화로 확장하는 사운드 기반 콘텐츠 기획 175
   AI 작곡 툴을 활용한 테마송 제작

5. **출판과 영상 콘텐츠의 융합 마케팅 전략**
5.1 출판과 영상 콘텐츠를 동시에 홍보하는 방법 175
   유튜브, OTT 플랫폼을 활용한 애니메이션 배급 전략
   소셜미디어에서 영상과 그림동화를 함께 홍보하는 법
5.2 굿즈 및 부가 콘텐츠 제작으로 브랜드 확장 177
   애니메이션 캐릭터를 활용한 교육 콘텐츠 및 팬덤 구축
   스토리북, 컬러링북, 보드게임 등 부가 콘텐츠 연계 전략
5.3 애니메이션 기반 크라우드 펀딩 및 글로벌 진출 전략 178
   크라우드 펀딩 플랫폼 추천
   크라우드 펀딩과 연계한 글로벌 팬덤 구축

 5장 성경동화로 배우는 신앙교육_임혜경

1. **성경동화의 창작과 성공 사례 분석**
1.1 성경동화란 무엇인가? 185

목차

      성경동화의 특징과 장르별 구성 (그림책, 챕터북, 그래픽노블 등)
      기존 성경동화와 창작 성경동화의 차이점
- **1.2 성경동화 창작을 위한 핵심 요소 187**
  - 성경 이야기의 재구성과 현대적 각색법
  - 연령대별 성경동화 서사 구성법 (유아, 초등 저·고학년)
- **1.3 성경동화의 성공 사례 분석 190**
  - 어린이와 부모 모두가 사랑한 성경동화 베스트셀러
  - 국내외에서 주목받은 성경동화 작가와 출판 사례

2. 신앙 교육을 위한 성경동화의 역할과 가치
- **2.1 성경동화를 활용한 신앙 교육 기법 192**
  - 어린이들에게 신앙의 가치(믿음, 용기, 사랑) 전달하는 법
  - 성경 이야기 속 교훈을 이해하기 쉽게 전달하는 기법
- **2.2 성경동화 기반의 창의적 신앙 교육 활동 194**
  - 성경동화를 활용한 토론 및 독서 활동
  - 교회 및 학교에서 활용할 수 있는 성경동화 독후 활동
- **2.3 성경동화를 통한 인성 및 윤리 교육 195**
  - 성경 이야기 속에서 배우는 공감, 배려, 정의
  - 다문화적 시각으로 성경동화를 활용한 세계관 확장

3. 성경동화의 글로벌 확장 및 마케팅 전략
- **3.1 성경동화의 글로벌 출판 가능성과 해외 사례 197**
  - 해외에서 성경동화로 한국어와 문화를 배우는 사례
  - 성경동화가 외국 독자에게 인기를 끈 성공 요인
- **3.2 성경동화 출판 및 다국어 번역 전략 200**
  - 성경동화를 다국어로 번역할 때 고려해야 할 점
  - 글로벌 출판사를 통한 성경동화 유통 사례
- **3.3 성경동화를 활용한 마케팅 및 독자 커뮤니티 구축 201**

목차

부모와 교육자를 타깃으로 한 성경동화 홍보 전략
소셜미디어 및 독서 모임을 활용한 마케팅 사례

 6장 음악 동화로 시작하는 굿즈와 브랜드 확장_손미화

1. **음악을 활용한 동화 브랜딩 및 캐릭터 확장**
1.1 **작품 소개와 브랜드화 과정 208**
『다미와 요술피리』, 『두근두근 레미랑 소리 그리기』, 『음악대장 아롱이』 시리즈의 탄생 스토리
각 작품의 캐릭터 확장 가능성과 브랜드화 사례
1.2 **음악 동화의 브랜딩과 캐릭터 개발 212**
음악적 요소를 활용한 차별화된 캐릭터 구축법
동화 속 음악적 상징(음표, 악기 등)과 시각적 요소(색깔, 의상 등)의 결합

2. **굿즈 제작 및 수익 모델 다각화 전략**
2.1 **음악 동화 기반의 굿즈 기획 및 제작 215**
스토리와 캐릭터를 반영한 굿즈 아이템 선정
음악적 요소를 활용한 차별화된 굿즈(스티커북, 악기 모양 캐릭터 상품 등)
2.2 **굿즈 제작 과정 및 수익 모델 구축 217**
굿즈 제작의 단계별 프로세스 및 비용 절감 전략
크라우드펀딩(텀블벅, 킥스타터 등)을 활용한 초기 투자 조달법
2.3 **온라인 플랫폼을 활용한 굿즈 판매 전략 220**
스마트스토어, 아마존, 이베이 등 온라인 스토어 운영 방법
상품 등록부터 고객 관리까지의 실전 운영 노하우

3. **팬덤 형성과 교육적 활용을 통한 브랜드 성장**
3.1 **음악 동화를 활용한 팬덤 구축 전략 223**
SNS, 유튜브, 블로그를 통한 브랜드 마케팅
독자 및 소비자와의 지속적인 소통 방법

목차

- 3.2 음악 동화 기반의 교육 콘텐츠 개발 226
  - 음악과 결합한 창의적 독서 활동 및 교육 콘텐츠 제작
  - 교육기관 및 학원과의 협업을 통한 프로그램 운영
- 3.3 팬덤과 브랜드 지속 성장을 위한 전략 230
  - 시즌별 한정판 굿즈 기획 및 출시 전략
  - 음악 동화 브랜드를 확장하는 장기적 마케팅 전략

7장 지역설화를 활용한 동화 창작_이은순

1. 지역설화 기반 동화 창작의 가치
   - 1.1. 지역설화란 무엇인가? 238
   - 1.2. 지역설화를 활용한 동화 창작의 의미 238
     - 지역의 문화적 정체성을 반영한 이야기 만들기
     - 어린이들에게 지역 문화와 전통을 전달하는 방법
   - 1.3. 세계 각국에서 성공한 지역설화 기반 동화 사례 239
     - 한국, 일본, 유럽 등 지역설화를 활용한 동화책 사례
     - 전통 설화를 현대적 감각으로 재해석한 작품들
     - 글로벌 감각을 살린 지역설화 동화의 공통점

2. 지역설화 동화 창작법
   - 2.1. 소재 발굴: 지역설화 조사 및 연구 방법 241
     - 지역별 설화를 발굴하는 법
     - 지역 주민과의 인터뷰 및 문헌 조사 활용법
     - 설화 발굴 시 주의할 점
   - 2.2. 현대적인 재해석: 옛이야기를 새롭게 풀어내는 법 242
     - 전통적인 이야기 구조를 현대적 감각으로 변형하는 기법
     - 어린이 독자를 위한 친숙한 캐릭터와 스토리 구성

목차

        현대적 재해석 성공사례 분석
- **2.3. 스토리텔링 전략: 전통과 창작의 균형 맞추기 244**
  - 전통적 요소와 창작적 요소의 조화
  - 판타지, 모험, 감동 등 다양한 장르와 접목하는 방법
  - 균형잡힌 스토리텔링을 위한 구체적 전략

- **3. 지역설화 동화의 삽화와 디자인**
- **3.1. 전통적인 색감과 현대적인 스타일의 결합 245**
  - 지역의 전통적인 색감과 현대적인 디자인 감각을 조화시키는 방법
  - 한국적 요소를 반영한 일러스트 스타일 연구
  - 성공적인 사례 : 구름빵
- **3.2. 지역의 상징을 활용한 캐릭터 디자인 247**
  - 전통 의상, 문화적 요소를 반영한 캐릭터 디자인
  - 현대적인 감각으로 새롭게 해석하는 방법
- **3.3. 컬러링북과 감각적 디자인 요소의 활용 248**

- **4. 지역설화를 활용한 다문화 교육 및 글로벌 확장**
- **4.1 지역설화를 통한 인성 및 가치 교육 249**
  - 지역설화 기반 컬러링북 기획법
  - 인터랙티브 요소를 활용한 감각적인 디자인
  - 컬러링북을 통한 지역문화교육 효과
- **4.2 다문화 교육과 지역설화 250**
  - 다른 문화권의 설화를 비교하며 배우는 글로벌 감각
  - 지역설화와 현대 사회 문제를 연결하는 스토리텔링
- **4.3 지역설화 동화의 글로벌 확장 가능성 253**
  - 해외 시장에서 성공한 지역설화 동화
  - 한국의 전래동화가 해외에서 성공한 사례 분석 (구름빵 / 강아지똥 / 마법천자문)

목차

 8장 퍼블릭 도메인을 활용한 동화 각색과 출판 전략_문혜정

1. **그림동화의 확장: 청소년 버전으로 각색하는 법**
1.1 그림동화에서 청소년 동화로 발전시키는 전략 259
　　어린이용 그림동화를 청소년 독자를 위한 이야기로 각색하는 이유
　　연령층에 따른 서사 구조와 캐릭터 심화 기법
1.2 내 그림동화책의 청소년 버전 업그레이드 실전 팁 261
　　그림동화 기반의 각색 사례 : 『눈동자가 변했다』

2. **퍼블릭 도메인을 활용한 각색 사례 분석: 『빨간 머리 앤』**
2.1 『빨간 머리 앤』의 퍼블릭 도메인 활용 방식 264
　　다양한 각색 사례 분석 (고전 충실 vs. 현대적 재해석)
2.2 퍼블릭 도메인 작품을 활용한 출판 및 영상화 전략 266
　　출판사와 영화사에서 퍼블릭 도메인 스토리를 활용하는 방식
　　『빨간 머리 앤』의 현대적 버전 기획 사례
2.3 퍼블릭 도메인 스토리를 차별화하는 각색 전략 268
　　시대적 배경과 캐릭터 설정의 변형
　　문화적 가치를 반영한 각색 기법

3. **전래동화와 이솝우화 각색: 한국과 해외 사례 비교**
3.1 전래동화의 현대적 각색 방식 269
　　한국 전래동화의 전통적 특징과 현대적 각색 트렌드
　　전래동화의 스토리 확장 및 캐릭터 심화 방법
3.2 이솝우화의 글로벌 각색 사례: 『잭과 콩나무』를 중심으로 271
　　유럽과 아시아에서 각색된 『잭과 콩나무』 비교 분석
　　이솝우화의 도덕적 교훈을 현대적 메시지로 변환하는 법
3.3 전래동화를 글로벌 콘텐츠로 확장하는 방법 272

목차

 9장 오디오북을 통한 그림동화 확장 _ 석승희

1. **그림동화를 오디오북으로 확장하는 이유와 가능성**

   1.1 오디오북 시장의 성장과 그림동화의 기회 278
   - 오디오북 산업의 발전과 동화 콘텐츠의 가능성
   - 그림동화를 오디오북으로 제작했을 때의 장점
   - 오디오북이 어린이 독서 습관에 미치는 영향

   1.2 오디오북과 기존 그림책의 차이점 279
   - 정적인 그림책 vs. 청각 중심의 오디오북
   - 효과적인 이야기 전달을 위한 구성 변화
   - 듣는 독자를 위한 문장과 내레이션의 차별화 전략

   1.3 오디오북 제작을 고려한 그림동화 기획 전략 281
   - 오디오북을 염두에 둔 스토리텔링과 대사 구성
   - 소리만으로도 이해할 수 있는 이야기 흐름 만들기
   - 효과적인 청각적 요소(배경음, 효과음) 활용 기법

2. **오디오북 제작을 위한 스토리텔링과 연출법**

   2.1 오디오북에 적합한 그림동화 대본 작성법 282
   - 오디오북에 최적화된 내레이션과 대사 구성
   - 효과적인 장면 전환과 감정 표현 기법
   - 어린이 청취자의 집중력을 높이는 방법

   2.2 음향 효과와 배경음악을 활용한 몰입감 강화 283
   - 감성을 자극하는 배경음악과 효과음 선택법
   - 장면별 사운드 디자인 전략
   - 오디오북 제작 시 필수적으로 고려해야 할 음향 요소

   2.3 성우 캐스팅과 음성 연기의 중요성 285
   - 이야기 몰입도를 높이는 성우 연기 스타일

목차

      연령별(유아, 초등) 타깃에 맞는 목소리 선택법
      AI 성우와 전문 성우의 비교 및 활용 전략

3. **오디오북 제작 기술과 실전 과정**
3.1 오디오북 제작을 위한 필수 장비와 소프트웨어 287
      초보자도 쉽게 접근할 수 있는 오디오북 제작 도구
      마이크, 오디오 인터페이스, 방음 환경 구축법
      Audacity, GarageBand, Adobe Audition 등 주요 편집 소프트웨어 소개
3.2 오디오북 녹음과 편집 실전 가이드 288
      고품질 오디오북 녹음을 위한 환경 조성법
      효과적인 음성 편집과 노이즈 제거 방법
      BGM 및 효과음을 삽입하여 완성도를 높이는 법
3.3 AI 음성합성을 활용한 오디오북 제작법 290
      TTS(Text-to-Speech) 기술을 활용한 오디오북 제작 사례
      AI 성우를 활용할 때 고려해야 할 요소
      AI 내레이션과 인간 성우의 조화로운 적용법

4. **오디오북 배포 및 마케팅 전략 291**
      오디오북 유통을 위한 국내외 플랫폼 비교
      Audible, Google Play Books, 윌라, 스토리텔 등 오디오북 서비스 활용법
      그림동화 오디오북을 독립출판으로 배포하는 방법

 10장 칸바 북트레일러 제작을 위한 숏폼 가이드_이기정 윤서아

1. **북트레일러 숏폼이란 무엇인가**
1.1 숏폼의 정의와 그림동화 북트레일러에 필요한 이유 298
1.2 숏폼 영상 구조(시작-전개-감정폭발) 이해하기 301
1.3 그림동화 특화 숏폼 기획 포인트 303

목차

1.4 기존 북트레일러와 숏폼 방식 비교 308
1.5 기획 시 주의사항과 감정선 중심 콘셉트 잡기 309
1.6 상징 장면과 배경음악 설정 기본 원칙 309
1.7 최종 제작 흐름 요약 312

2. 숏폼 기획과 콘셉트 설정 실전 튜토리얼
2.1 북트레일러 숏폼 기획서 작성법 314
2.2 핵심 감정선 키워드 추출 방법 316
2.3 캐릭터/상징 장면 스토리보드 구성 318

목차

"당신의 이야기가 세상을 기다리고 있습니다"

1장

―

그림동화 기획과 출판 전략

창작부터 글로벌 확장까지

———

윤서아

1. 그림동화의 종류와 최신 트렌드

1.1 그림동화의 기본: 그림책, 챕터북, 그래픽노블의 차이점 28
1.2 컬러링북과 창작동화: 독자를 사로잡는 비결 29
1.3 그림동화의 최신 트렌드와 성공 사례 30

2. 출판을 목표로 한 원고 기획 및 개발

2.1 출판 유형별 원고 기획 전략 31
2.2 출판사 트렌드 분석 및 독자 타깃 설정 33
2.3 AI 도구를 활용한 창작 및 일러스트 개발 35

3. 출판사 투고 및 출간 전략

3.1 출판사별 원고 제출 방법 및 피드백 반영법 39
3.2 전자책 & POD(Print on Demand) 출판 전략 40
3.3 크라우드펀딩과 글로벌 출판 확장 전략 42

4. 출판 이후 - 지속 가능한 작가 브랜드 구축과 확장

4.1 출간 후 마케팅과 독자 커뮤니티 구축 44
4.2 굿즈 및 교육 프로그램 연계 확장 전략 45
4.3 오디오북과 교육 프로그램을 활용한 그림동화 확장 47
4.4 다국어 번역과 글로벌 시장 진출 전략 49
4.5 퍼블릭 도메인 그림동화 활용법 50
4.6 작가로서 지속적인 성장과 확장 가능성 52

윤서아 작가

"AI기업교육 전문강사이자 디지털 미디어 아티스트"

윤서아 작가는 AI기업교육 전문강사이자 디지털 미디어 아티스트로서 동화책부터 웹툰까지 다양한 분야에서 일러스트 디자이너로 활동하며 장르소설 및 웹소설을 꾸준히 연재하고 있습니다.

현재『한국미디어창업뉴스』대표 겸 편집장으로서 지역과 사회를 연결하는 미디어 플랫폼을 운영하며, 현장 중심의 저널리즘을 실천하고 있습니다. AI 콘텐츠 제작과 1인 미디어 창업 등 급변하는 디지털 환경 속에서 기업과 개인의 콘텐츠 및 홍보영상 제작에 주력하고 있습니다.

또한『재노북스』편집장과 (사)서울국제광고영화제 대표이사를 맡아 창작과 미디어 혁신을 위한 기반을 조성하고 있으며,『재노스쿨 & 미디어창업아카데미 평생교육원』을 운영하며 1인유니언기업 창업코칭과 AI활용 교육을 통해 업무생산성 향상을 선도하고 있습니다.

- 재노북스 출판사 대표 겸 수석편집장
- AI기업교육 전문강사 겸 교육학 박사
- 한국미디어창업뉴스 대표 겸 수석편집장
- (사)서울국제광고영화제 대표이사 겸 수석연구원
- 재노스쿨 & 미디어창업아카데미 평생교육원 원장

출간저서로는『완전 초보도 7일 만에 동화작가 - 챗GPT로 쓰고 미드저니로 그리고 캔바로 완성하기』,『인공지능 콘텐츠 트렌드』,『광고하지 말고 언론하라』,『여성 창업시대 리더가 된 여자들』,『나도 AI로 돈 벌어볼까?』,『퇴근 후 온라인 강사가 된 홍대리』외 다수

"당신의 상상력이
한 권의 책이 되는
전 과정을 담았습니다."

 1. 그림동화의 종류와 최신 트렌드

1-1 그림동화의 기본: 그림책, 챕터북, 그래픽노블의 차이점

초보 작가를 위한 그림동화의 종류와 특징

그림동화는 주로 어린 독자를 위한 책으로, 크게 그림책, 챕터북, 그래픽노블의 세 가지 유형으로 나눌 수 있습니다.

첫째, 그림책(Picture Book)은 유아부터 초등 저학년이 주요 독자층입니다. 보통 32페이지 내외로 구성되며, 이야기보다 그림의 비중이 월등히 높습니다. 간결하고 함축적인 문장과 시각적으로 강렬한 일러스트가 어우러져 아이들의 상상력과 정서 발달에 도움을 줍니다.

둘째, 챕터북(Chapter Book) 형식의 동화책은 초등 저학년에서 중학년까지를 대상으로 합니다. 4~5페이지 내외의 짧은 챕터로 나뉘어 독립적이면서도 연결된 스토리가 전개됩니다. 텍스트와 일러스트의 비율이 균형을 이루며, 아이들이 처음으로 긴 호흡의 이야기를 접하고 문해력을 키우기에 적합합니다.

셋째, 그래픽노블(Graphic Novel)은 초등 고학년부터 청소년을 대상으로 한 만화 형식의 책입니다. 풍부한 일러스트와 섬세한 스토리텔링이 조화를 이루며, 복합적인 주제를 다루기에 적합합니다. 만화 특유의 역동적이고 몰입감 높은 구성이 특징입니다.

각 형식에 맞는 스토리 설계법

그림책은 이야기를 최대한 간결하고 명확하게 구성해야 합니다. 그림과 글이 긴밀하게 어우러져 서로의 역할을 보완해야 하며, 반복되는 표현과 운율감 있는 문장으로 아이들의 흥미를 유지하는 것이 중요합니다.

챕터북은 각 챕터가 독립적인 작은 이야기면서도 전체적으로 하나의 큰 주제 아래 연결되어 있어야 합니다. 캐릭터의 성격과 감정을 명확히 드러내고, 사건을 통해 독자의 공감을 얻을 수 있도록 설계해야 합니다.

그래픽노블은 긴장감 있는 사건 전개와 깊이 있는 캐릭터 설정이 필요합니다. 시각적 표현을 극대화할 수 있도록 다양한 컷 구성과 대사를 적극적으로 활용하고, 독자가 스토리에 몰입할 수 있도록 세부적이고 감정적인 스토리텔링을 유지해야 합니다.

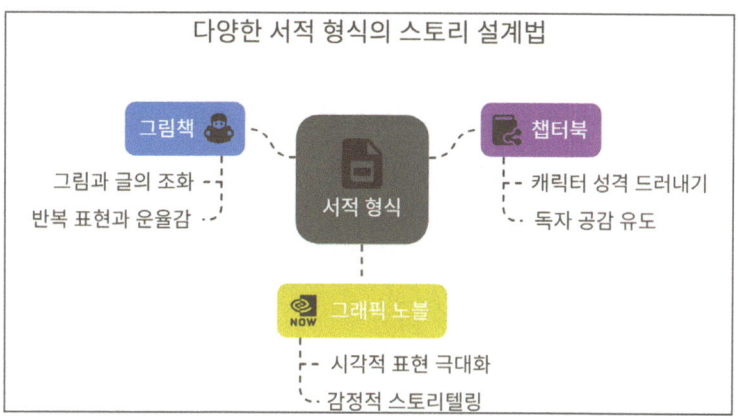

1-2 컬러링북과 창작동화: 독자를 사로잡는 비결

컬러링북 동화의 인기 비결

최근 그림동화 시장에서 컬러링북 형태의 동화가 크게 인기를 끌고 있습니다. 컬러링북 동화는 일반적인 그림책과 달리 독자가 직접 색칠을 하면서 이야기에 참여하는 방식입니다. 독자가 이야기 속 캐릭터나 장면에 직접 색을 칠하면서 이야기에 대한 몰입감을 높이고, 창의적인 감성을 표현할 수 있는 기회를 제공합니다. 특히, 아동뿐 아니라 성인 독자층에서도 큰 인기를 얻고 있는데, 이는 스트레스 해소와 심리적 치유 효과 때문입니다. 컬러링북 동화는 단순히 읽는 책을 넘어 독자가 작품의 완성 과정에 적극 참여하는 '체험형 콘텐츠'라는 점에서 강력한 매력을 갖추고 있습니다. 이를 기획할 때는 독자가 색칠하기 쉬운 선명하고 단순한 형태의 일러스트를 제공하고, 이야기와 관련된 흥미로운 요소들을 그림 안에 배치하여 독자의 흥미와 참여를 극대화하는 것이 중요합니다.

독자의 참여를 유도하는 창작동화 기획법

최근 독자들은 일방적으로 읽기만 하는 책보다 자신이 적극적으로 참여할 수 있는 동화를 선호합니다. 창작동화는 독자와의 적극적인 상호작용을 목표로 기획하는 것이 좋습니다. 스토리 안에 수수께끼, 미션, 퀴즈, 독자가 결정하는 이야기 갈림길 등을 배치하면 독자들은 책을 더욱 몰입해서 즐길 수 있습니다. 예를 들어, 이야기 중간에 선택의 순간을 제시하여 독자가 직접 이야기를 완성할 수 있도록 하거나, 특정 페이지에서 독자가 글을 쓰거나 그림을 추가하도록 유도하면 더욱 효과적입니다. 또한 캐릭터에게 공감하고 응원할 수 있도록 캐릭터의 감정을 생생히 묘사하거나, 독자가 자신의 경험을 대입할 수 있도록 이야기를 구성하는 것도 좋은 방법입니다. 독자가 적극적으로 참여하고 책의 일부가 될 수 있도록 기획된 창작동화는 더 깊은 몰입과 강력한 애착을 유도할 수 있습니다.

1-3 그림동화의 최신 트렌드와 성공 사례

현재 주목받는 그림동화 테마와 인기 장르

그림동화의 트렌드는 시대의 흐름과 독자의 관심사에 따라 꾸준히 변화합니다. 최근 어린이와 부모 모두에게 큰 인기를 끄는 그림동화의 테마는 주로 '정서적 치유', '다양성과 공존', '환경 보호' 등입니다. 특히 정서적 치유를 다룬 동화는 어린 독자들이 감정을 이해하고 표현하는 능력을 키우고, 자신의 경험을 통해 이야기에 깊이 공감할 수 있어 각광받고 있습니다. 또한 다문화 가정이나 장애, 서로의 다름을 존중하는 이야기들도 사회적 공감을 이끌어내며 주목받는 주제입니다. 환경보호를 소재로 한 동화책은 아이들이 자연과의 공존, 생태계 보호와 같은 주제를 재미있는 스토리와 결합하여 자연스럽게 받아들이게 합니다. 작가들은 이러한 최신 트렌드를 작품에 반영하여 독자들의 마음을 사로잡고 있습니다.

최근 베스트셀러 동화책의 성공 요인

최근 베스트셀러로 꼽히는 동화책들의 공통적인 성공 요인은 독자의 감성을 움직이는 섬세한 스토리텔링과 매력적인 캐릭터 설정, 그리고 감각적이고 독특한 일러스트 스타일에 있습니다. 아이들이 쉽게 이해하고 공감할 수 있는 이야기 구조와 단순하지만 여운을 남기는 메시지가 담긴 작품이 인기를 얻고 있습니다. 또한 글과 그림이 유기적으로 연결되어 시각적 즐거움을 극대화하고, 독자의 감각을 자극하는 세련된 색감과 개성 있는 캐릭터 디자인도 중요한 요소로 작용합니다. 더불어 SNS나 유튜브 등 다양한 플랫폼을 활용한 적극적인 마케팅 전략도 성공에 큰 역할을 합니다. 책의 내용을 활용한 독자 참여형 이벤트나, 오디오북과 애니메이션 등 다양한 미디어를 활용한 콘텐츠 확장이 독자층을 넓히는 효과를 만들어냅니다. 이러한 요소들이 함께 어우러져 베스트셀러로 자리 잡는 강력한 경쟁력을 형성합니다.

 ## 2. 출판을 목표로 한 원고 기획 및 개발

2-1 출판 유형별 원고 기획 전략

그림책, 챕터북, 그래픽노블에 맞는 원고 개발법

그림동화를 출판할 때 가장 먼저 고려해야 할 부분은 출판하고자 하는 책의 유형입니다. 각 유형별로 독자의 연령과 관심사, 출판 형식에 따라 원고 개발 방식이 달라지기 때문입니다. 그림책은 주로 유아부터 초등 저학년을 대상으로 하므로 글과 그림의 조화를 중요하게 생각해야 합니다. 짧고 간결한 문장 속에서도 리듬과 운율을 살려 아이들이 흥미를 느낄 수 있도록 구성해야 합니다. 특히 그림이 스토리텔링의 핵심이기 때문에 글과 그림이 서로 보완하면서 명확한 메시지를 전달할 수 있도록 설계하는 것이 중요합니다.

챕터북은 초등 저학년에서 중학년을 대상으로 하며, 어린이 독자가 한 단계 더 복잡한 이야기 구조를 경험하는 형식입니다. 각 챕터가 독립적인 짧은 이야기면서 전체적으로 하나의 주제를 중심으로 연결되어야 합니다. 이 유형의 책에서는 등장인물의 감정 표현과 캐릭터의 성격을 명확히 드러내 독자들이 등장인물과 쉽게 공감할 수 있도록 구성해야 합니다. 챕터마다 적절한 흥미 요소와 클리프행어(cliffhanger)를 배치하여 독자가 지속적으로 관심을 유지할 수 있도록 하는 것이 좋습니다.

그래픽노블은 초등 고학년에서 청소년 독자층을 대상으로 하며, 만화와 소설의 장점을 결합한 형식입니다. 긴 호흡으로 전개되는 서사 속에서 긴장감과 깊이를 유지하면서 캐릭터의 심리와 갈등을 정교하게 묘사해야 합니다. 그래픽노블은 특히 시각적 연출이 중요하기 때문에, 일러스트 작가와의 긴밀한 협력을 통해 스토리보드를 구체적으로 설계하고, 이야기의 극적 효과를 극대화할 수 있는 컷 구성과 대사를 세심하게 다듬는 것이 필수적입니다.

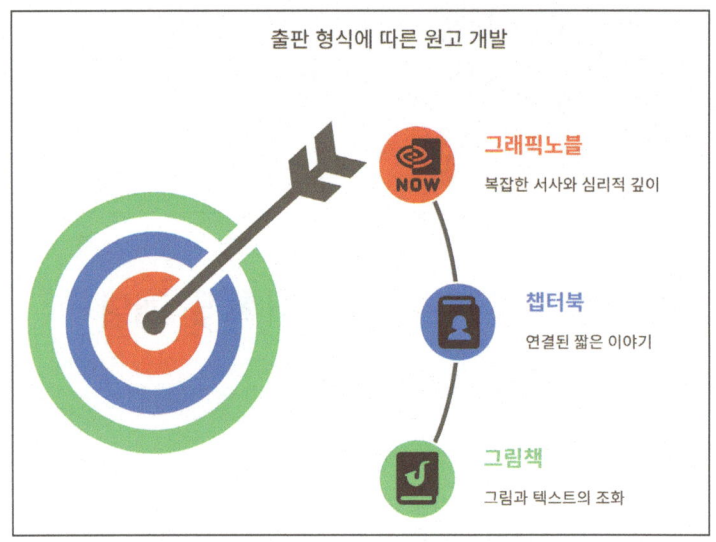

컬러링북 및 인터랙티브 그림동화 기획법

최근에는 독자의 참여와 상호작용을 극대화하는 컬러링북 및 인터랙티브 그림동화가 인기를 얻고 있습니다. 컬러링북은 독자가 직접 색칠을 통해 책의 완성에 참여하는 방식이기 때문에, 흥미로운 일러스트 구성과 독자의 창의성을 자극할 수 있는 요소를 반영하는 것이 중요합니다. 특히 독자가 완성했을 때 만족감을 느낄 수 있도록 지나치게 복잡하지 않으면서도 아름답고 매력적인 디자인을 고려해야 합니다. 또한 스토리와 그림 사이의 긴밀한 연관성을 유지하여 색칠하는 과정에서 독자가 자연스럽게 이야기 속에 몰입할 수 있도록 기획해야 합니다.

인터랙티브 그림동화는 단순히 읽기만 하는 것이 아니라 독자가 선택하고 반응하며 이야기를 만들어 가는 형식입니다. 페이지 중간마다 독자가 결정할 수 있는 갈림길을 제공하거나 퀴즈와 퍼즐, 숨은그림찾기 같은 재미 요소를 추가하여 독자의 능동적인 참여를 유도합니다. 기획 단계에서부터 독자의 참여 요소를 명확히 설계하고, 흥미로운 상호작용 장치를 전략적으로 배치하여 독자가 자신만의 이야기를 만들어 나가는 경험을 제공할 수 있도록 해야 합니다. 이 과정에서 독자는 더욱 깊은 몰입감을 느끼고 책에 대한 애착을 높일 수 있습니다.

2-2 출판사 트렌드 분석 및 독자 타깃 설정

시장성이 높은 그림동화 주제 선정

출판 시장에서 성공하는 그림동화를 기획하려면 최근의 트렌드를 정확하게 파악하는 것이 중요합니다. 시장성이 높은 주제는 사회적 흐름과 밀접하게 연결되어 있으며, 독자들의 마음을 즉각적으로 움직이는 주제일수록 독자층을 빠르게 확보할 수 있습니다. 최근 그림동화 분야에서 주목받고 있는 주제는 '다양성 존중', '정서적 치유', '환경 보호', '감정 표현' 등입니다. 특히 다양성 존중 주제는 다문화, 장애, 가족의 다양한 형태 등 현대 사회의 변화를 반영하면서 포용적이고 열린 사고를 키울 수 있어 교육적 효과까지 기대할 수 있습니다.

또한, 환경 보호나 지속가능성 주제는 그림책 시장에서 꾸준한 관심을 받고 있으며, 특히 기후 위기나 멸종 위기 동물 등 현실적으로 피부에 와 닿는 이야기를 통해 독자들에게 공감과

책임감을 불러일으키고 있습니다. 정서적 치유와 감정 표현 주제 역시 코로나 팬데믹 이후 독자들이 더욱 민감하게 반응하는 주제로, 감정의 인식과 건강한 표현 방법을 자연스럽게 전달하는 그림동화가 높은 인기를 얻고 있습니다.

시장성을 높이기 위해서는 최근 출판된 베스트셀러 그림동화의 성공 요인을 분석하고, 독자 리뷰와 소셜미디어에서 화제가 되는 요소들을 파악하는 것도 좋은 방법입니다. 독자들이 실제로 공감하고 좋아하는 주제를 발굴하여 출판사의 니즈와 독자의 관심을 동시에 충족할 수 있도록 기획하는 것이 성공의 비결입니다.

독자 연령별 맞춤형 스토리 개발

그림동화는 독자의 연령에 따라 이야기의 구조와 깊이, 표현 방식이 달라져야 합니다. 특히 출판을 목표로 할 경우 독자의 연령과 발달 수준을 명확히 설정하여 그에 맞는 맞춤형 스토리를 개발하는 것이 매우 중요합니다.

유아층(3~5세)의 경우, 간단하고 반복적인 문장 구조, 명확한 감정 표현, 친근한 캐릭터가 필요합니다. 이야기는 단순하지만 명확한 메시지를 담아야 하며, 색감과 시각적 흥미 요소가 풍부한 일러스트와 함께 전달하는 것이 효과적입니다.

초등 저학년(6~8세) 독자층은 짧은 챕터 형태로 구성된 이야기와 함께 등장인물의 감정에 공감할 수 있는 요소가 중요합니다. 우정, 가족, 학교생활 등 아이들이 직접 경험하는 일상적

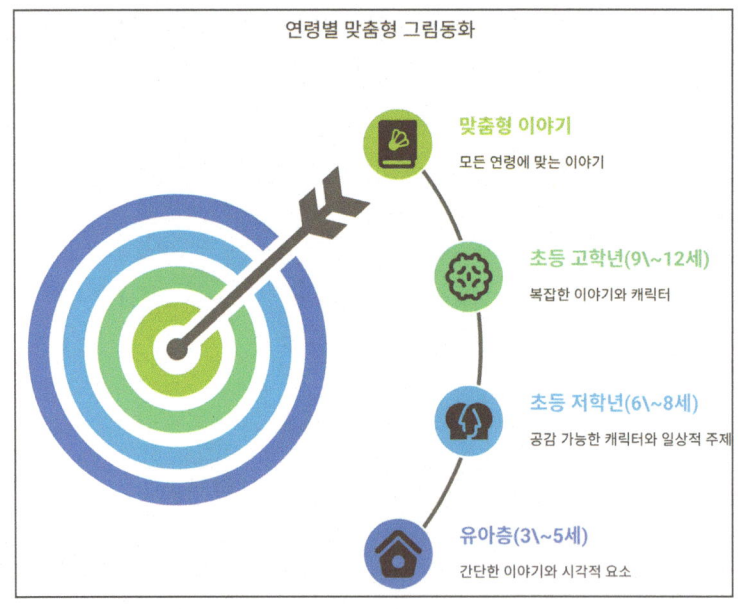

인 소재를 중심으로, 이야기의 전개에 따라 적절한 긴장감과 호기심을 유지할 수 있도록 구성하는 것이 좋습니다.

초등 고학년(9~12세) 이상 독자층은 보다 복합적이고 정교한 이야기를 즐기며, 특히 등장인물 간의 갈등, 심리적 묘사, 성장 서사 등이 중요해집니다. 그래픽노블이나 챕터북 형태로 이야기를 구성할 때, 현실적이고 다층적인 캐릭터 설정과 구체적이고 흥미로운 세계관을 제시하여 독자들이 자연스럽게 이야기에 몰입할 수 있도록 구성하는 것이 바람직합니다.

독자의 연령과 특성을 정확히 반영하여 이야기를 구성하면, 출판 성공 확률이 높아질 뿐 아니라, 독자의 지속적인 관심과 사랑을 받을 수 있습니다.

2-3 AI 도구를 활용한 창작 및 일러스트 개발

AI 기반 스토리 생성

최근 그림책 작가와 출판 업계에서 AI는 가장 주목받는 혁신적인 도구입니다. 특히 ChatGPT나 Claude와 같은 생성형 AI 도구들은 작가가 창의적 아이디어를 개발할 때 매우 유용하게 활용될 수 있습니다. AI를 활용하여 이야기를 만드는 방법은 우선 키워드나 대략적인 테마를 설정한 뒤, AI와의 상호작용을 통해 스토리 아이디어를 점진적으로 발전시키는 방식입니다.

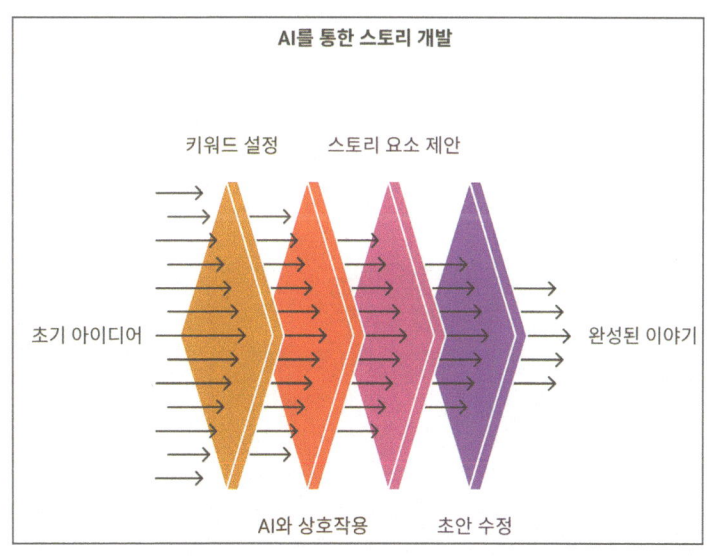

ChatGPT는 특히 창의적 스토리텔링에 적합하여 등장인물 설정, 갈등 구조, 결말 옵션 등 다양한 스토리 요소를 빠르게 제안합니다. 작가는 AI가 제공하는 초안을 바탕으로 보다 깊이 있는 인물 설정과 감정 표현을 추가하여 창의적이고 풍성한 이야기를 만들어 낼 수 있습니다. Claude의 경우 자연스럽고 유려한 문장 생성 능력이 강점이며, 보다 세련된 문장과 감정 표현이 필요한 그림책 대본을 작성할 때 적합한 도구입니다.

AI 도구의 가장 큰 장점은 작가의 상상력을 자극하고 한정된 아이디어에서 벗어나 다양한 각도로 이야기를 탐색할 수 있도록 돕는다는 것입니다. 또한 창작 과정에서 막히거나 새로운 관점이 필요할 때 AI는 매우 빠르고 효율적으로 창의적 대안을 제공하여 스토리텔링의 질을 높일 수 있습니다.

AI 일러스트 제작

AI 기술은 그림책의 시각적 구성에도 혁신을 불러오고 있습니다. Midjourney, DALL·E, Canva와 같은 AI 기반 이미지 생성 도구들은 전문적인 그림 실력이 없어도 높은 수준의 일러스트를 제작할 수 있도록 도와줍니다. 그림책 일러스트를 제작할 때는 작가가 원하는 스타일과 분위기를 명확히 설정한 뒤, 간단한 프롬프트(명령어)를 통해 AI가 일러스트 초안을 생성하게 됩니다.

Midjourney는 그림책의 환상적이고 감성적인 분위기를 잘 표현해주며, 특히 판타지나 모험이 담긴 동화의 삽화를 만드는데 탁월합니다. DALL·E는 구체적인 프롬프트에 따라 정확한

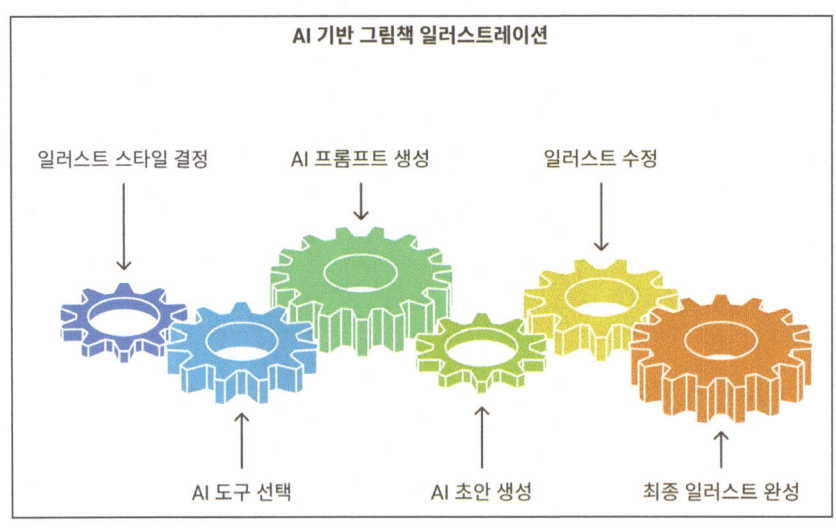

장면 묘사가 가능하며, 사실적이고 디테일한 그림을 원하는 작가에게 적합합니다. Canva는 손쉽게 접근 가능한 직관적 인터페이스를 제공하며, AI 기반의 일러스트 요소와 템플릿을 조합하여 빠르고 쉽게 책 표지나 내부 삽화를 만들 수 있는 장점이 있습니다.

AI 일러스트 제작의 장점은 작업 속도가 매우 빠르고, 다양한 스타일을 쉽고 저렴하게 시도해볼 수 있다는 점입니다. 작가가 원하는 느낌의 일러스트를 신속하게 구현한 후, 후반 작업에서 전문적인 일러스트레이터와 협력하여 완성도를 높이는 전략적 접근도 가능합니다. AI를 적절히 활용하면 그림책 창작과 출판의 효율성과 품질을 동시에 높일 수 있습니다.

아래 예시는 챗GPT에서 미드저니 프롬프트를 생성해서 미드저니에 적용한 사례입니다. 챕터북 동화책의 제목, 캐릭터, 시놉시스, 로그라인을 우선 구성합니다. 그런 다음, 스토리씬 별로 만들어낸 스토리와 아래의 명령어를 챗GPT에 넣어줍니다.

ChatGPT 프롬프트

#지침
1. 캐릭터(등장인물 : 보미, 토실이, 멍두리, 나비, 깜찍이할매)의 특징과 그림체를 유지해줘
2. 스토리별로 장면을 잘 표현해줘
#미드저니 프롬프트를 코드블럭으로 나타내줘. 영어와 한글로 각각 알려줘.
#미드저니 프롬프트 영어에서는 등장인물 캐릭터의 이름을 ( ) 괄호안에 넣어서 주는 것은 빼줘.

미드저니 프롬프트

A white cat with purple glasses is smiling and holding an egg, sitting on the ground in front of its wooden house next to two red foxes wearing blue scarves around their necks. The background features autumn leaves falling from trees, creating a warm atmosphere. This scene was created in the style of League of Legends game art, with a focus on stacked elements, warm colors, and a cute cartoon design.

미드저니에서는 랜덤으로 4개를 한 셋트로 생성해줍니다.

미드저니 웹버전에서 마음에 드는 스타일의 이미지를 생성하는 노하우

미드저니는 프롬프트 입력 방법에 따라 결과물이 크게 달라지는 도구입니다. 특히 웹버전을 활용하면 다양한 이미지 생성 결과를 쉽고 빠르게 얻을 수 있습니다. 원하는 스타일의 이미지를 정확히 얻기 위해 다음과 같은 핵심 노하우를 활용하면 좋습니다.

1. 명확한 키워드 조합과 구체적 표현 사용하기

원하는 이미지를 얻으려면 최대한 구체적이고 명확한 단어를 사용해야 합니다. 예를 들어 단순히 '고양이'를 입력하는 것보다는 '푸른색 배경 앞에 앉아 있는 귀여운 털이 긴 페르시안 고양이'와 같은 상세한 묘사가 좋습니다. 명확하고 디테일한 표현일수록 미드저니가 정확한 이미지를 제공합니다.

2. 스타일과 분위기 관련 용어 적극 활용하기

원하는 스타일을 얻으려면 스타일이나 분위기를 표현하는 단어를 추가합니다. 예를 들어, '수채화 풍(watercolor style)', '픽사 스타일(Pixar style)', '지브리 애니메이션 스타일(Ghibli animation style)', '사이버펑크 분위기(cyberpunk mood)', '복고풍(retro style)', '모노크롬(monochrome)' 등 스타일을 명시적으로 넣으면 원하는 결과를 얻을 가능성이 높아집니다.

3. 이미지 비율 설정 명령어 사용하기

웹버전 미드저니에서는 이미지의 비율(aspect ratio)을 자유롭게 설정할 수 있습니다. 가로로 긴 이미지(16:9), 정사각형(1:1), 세로로 긴 이미지(2:3) 등 최적의 이미지 비율을 설정하려면 프롬프트 뒤에 --ar 16:9, --ar 2:3 같은 명령어를 입력하거나 조정바에서 선택하면 됩니다. 이미지 비율이 명확하면 원하는 결과물이 더욱 잘 나옵니다.

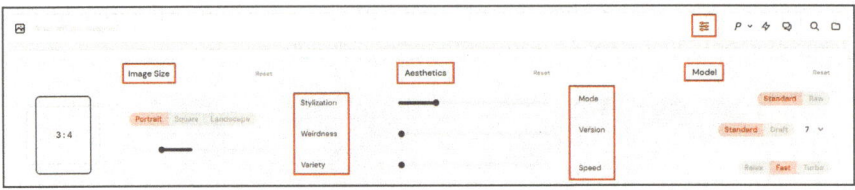

4. 이미지 가중치 조절하기

웹버전에서는 이미지와 텍스트 프롬프트 간의 비중을 조절할 수 있는 이미지 가중치(image weight)를 활용할 수 있습니다. 이미지 URL을 참조하여 원하는 스타일을 더욱 정확히 반영하고 싶다면 --iw 명령어로 이미지 가중치를 조절할 수 있습니다. 예를 들어, --iw 1.5로 이미지의 스타일 요소를 더 강하게 반영할 수 있습니다.

5. 반복적 테스트와 스타일 개선하기

미드저니는 같은 프롬프트로도 매번 다르게 생성될 수 있습니다. 처음 생성된 결과물이 마음에 들지 않을 경우, 몇 가지 키워드와 표현을 미세하게 변경하여 반복적으로 테스트해보는 것이 가장 효과적입니다. 예를 들어 첫 번째 이미지가 너무 밝다면 'dark mood'를 추가하거나 'vivid', 'dramatic lighting' 등의 키워드를 추가하여 점차 원하는 스타일로 접근할 수 있습니다.

이러한 방법을 통해 미드저니 웹버전에서 빠르고 효과적으로 원하는 스타일의 이미지를 얻을 수 있습니다.

3. 출판사 투고 및 출간 전략

3-1 출판사별 원고 제출 방법 및 피드백 반영법

출판사와 에이전시 활용 전략

최근 그림동화 시장의 변화에 따라 출판사나 에이전시를 통한 원고 출판 전략도 달라지고 있습니다. 특히 코로나 팬데믹 이후 종이책 판매량이 급격히 줄면서, 많은 출판사들이 1쇄 발행 부수를 기존의 1천 부에서 최근에는 100~300부 정도로 소량 제작하는 경향이 늘어나고 있습니다. 따라서 무명 작가의 경우 처음부터 대형 출판사를 타깃으로 하기보다는 소량 제작 및 독립 출판 프로그램을 활용하는 것이 효과적인 전략이 될 수 있습니다.

재노북스에서 운영하는 북시드시스템과 같은 플랫폼을 활용하면 작가가 직접 무료 전자책을 출간할 수 있을 뿐 아니라, 100부 이하의 소량 제작과 실제 서점 유통까지 지원하는 프로그램을 적극 이용할 수 있습니다. 이를 통해 출판 경험을 쌓고 독자 피드백을 얻어 점진적으로 작가로서의 브랜드를 구축하는 것이 가능합니다. 또한, 작품이 일정 수준 이상의 독자 반응을 얻으면 출판사나 에이전시에 원고를 제출할 때 긍정적인 요소로 작용합니다.

출판사에 직접 원고를 제출할 때는 반드시 출판사의 특성과 독자층을 철저히 분석하고 원고 투고 가이드라인을 정확히 준수해야 합니다. 주요 출판사의 경우 홈페이지를 통해 투고 요령과 원하는 원고의 형식, 분량, 스토리 스타일 등을 상세히 안내하고 있으며, 원고 투고 시 함께 제출하는 기획서에는 작품의 차별성, 시장성, 타깃 독자층 등을 명확히 서술하는 것이 좋습니다.

출판 계약 시 검토해야 할 필수 사항

출판 계약을 진행할 때는 몇 가지 필수적으로 점검해야 할 사항이 있습니다. 최근에는 특히 출판 인세율 책정 방식이 과거와 달리 공급가 기준의 퍼센트(%)로 정하는 방식이 보편화되고 있습니다. 이전에는 정가의 5~8% 수준으로 책정하던 인세율이 공급가 기준으로 바뀌는 추세입니다. 출판 계약서를 작성할 때는 다음과 같은 사항을 검토하면 좋습니다.

① 인세율과 정산 방식: 공급가 기준인지 정가 기준인지, 지급 주기와 지급 방식(분기별, 1쇄 완판시 정산 등)을 확인합니다.

② 초판 부수 및 재쇄 기준: 초판 인쇄부수가 100~300부 정도의 소량으로 제작될 경우, 이후 재쇄비용 및 결정 기준을 협의합니다.

③ 계약 기간과 저작권 관리: 계약 기간, 저작권의 귀속 및 2차 저작물의 활용 권리(오디오북, 애니메이션 등)를 검토합니다.

④ 홍보 및 마케팅 지원 범위: 출판사의 홍보 및 마케팅 계획과 작가 본인이 부담해야 할 사항을 확인합니다.

특히 무명 작가라면 소량 출판 프로그램을 적극 활용하여 독자층을 형성하고, 이러한 경험을 바탕으로 보다 유리한 조건으로 출판사 및 에이전시와 협력 관계를 구축하는 전략이 바람직합니다. 재노북스에서 운영하는 북시드시스템과 같은 플랫폼을 통해 비용 부담 없이 저비용·고효율의 출판 경험을 쌓고, 이를 통해 안정적인 작가 브랜드 구축과 향후 계약 시 보다 유리한 협상력을 확보할 수 있습니다.

3-2 전자책 & POD(Print on Demand) 출판 전략

전자책 포맷 변환 & EPUB 제작 가이드

전자책 시장이 급속히 성장하면서 작가들에게는 EPUB 전자책 포맷 제작 능력이 필수적인 역량으로 자리 잡았습니다. 전자책은 저비용으로 제작과 유통이 가능하고, 다양한 디지털 플랫폼을 통해 손쉽게 독자에게 다가갈 수 있는 장점이 있습니다. 특히 EPUB 포맷은 아마존 킨들, 교보문고, 예스24 등 대부분의 전자책 플랫폼에서 범용적으로 사용되는 포맷으로, 원고를 EPUB으로 변환할 때는 표지 이미지, 목차, 본문 텍스트 등을 명확히 구성하는 것이 중요합니다.

북시드시스템과 같은 전자책 플랫폼을 이용하면 원고 파일을 쉽게 EPUB 포맷으로 변환할 수 있으며, 이 과정에서 표지 및 내부 디자인, 레이아웃이 깨지지 않도록 원고 스타일을 미리 통일해 두는 것이 효과적입니다. 또한 전자책 제작 시 각 플랫폼의 권장 가이드를 반드시 확인하고, 텍스트 기반의 원고는 가능하면 스타일 및 서식을 간단하게 유지하는 것이 EPUB 변환 시 품질을 유지하는 데 유리합니다.

POD 기반으로 저비용 출판하기 (아마존 KDP, 교보 POD, 북시드 POD 활용법)

최근 들어 많은 작가들이 POD(Print on Demand) 방식을 통해 소량 제작으로 비용 부담 없이 출판을 진행하고 있습니다. POD는 책을 미리 대량으로 제작하지 않고, 주문이 들어왔을 때마다 소량 인쇄하여 배송하는 방식으로, 특히 무명 작가나 1인 출판 작가에게 유리한 전략입니다. 다만, POD는 제작 배송까지 최소 10일 내외로 시간이 소요되는 불편함이 있습니다.

대표적인 글로벌 POD 플랫폼으로는 아마존 KDP가 있으며, 국내에서는 교보 POD와 북시드 POD가 인기를 얻고 있습니다. 아마존 KDP는 글로벌 시장 진출에 용이하며, 영어권 독자들에게 직접 책을 판매할 수 있는 장점이 있습니다. 교보 POD는 국내 최대 서점 교보문고의 안정적인 유통망을 통해 독자에게 쉽게 다가갈 수 있으며, 비교적 합리적인 비용과 편의성을 제공합니다.

특히 최근 많은 관심을 받고 있는 북시드 POD는 다음과 같은 특별한 장점을 가지고 있어 주목받고 있습니다.

① 쿠팡 로켓배송 지원: 국내 최대 온라인 쇼핑 플랫폼 쿠팡의 빠르고 안정적인 로켓배송을 통해 독자들이 빠르게 책을 받아볼 수 있습니다.

② 주요 대형 서점 판매 지원: 교보문고, 알라딘, 예스24, 영풍문고 등 국내 유명 온·오프라인 서점에서의 유통을 지원합니다.

③ 50부 소량제작 지원: 최소 50부 부터 제작할 수 있어 초기 비용 부담을 줄이고 필요한 만큼만 제작하는 효율적인 방식으로 운영할 수 있습니다.

④ 고객 주문 당일 배송: 독자의 주문과 동시에 인쇄 및 당일 배송을 진행하여, 만족도 높은 빠른 배송 서비스를 제공합니다.

이처럼 POD 방식을 잘 활용하면 큰 자본이 없는 무명 작가도 부담 없이 출판을 시작할 수 있고, 독자의 피드백을 즉각적으로 반영하여 지속적인 콘텐츠 개선과 판매 확장을 진행할 수 있습니다. 전자책과 POD 출판을 전략적으로 결합한다면 초기 제작비용은 최소화하고 수익

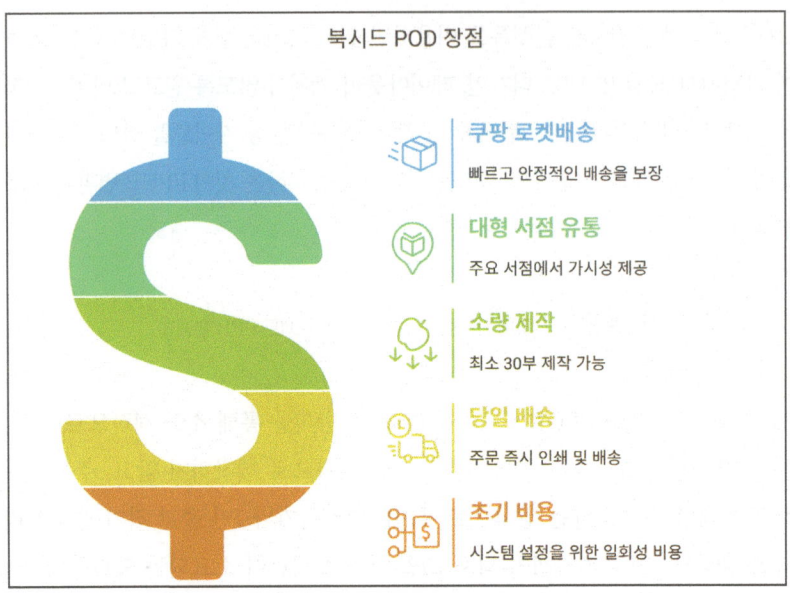

은 극대화할 수 있는 효과적인 출판 전략을 마련할 수 있습니다.

3-3 크라우드펀딩과 글로벌 출판 확장 전략

텀블벅, 킥스타터 등을 활용한 그림동화 출판 펀딩 전략

최근 1인 작가들에게 가장 주목받고 있는 출판 방식 중 하나는 바로 크라우드펀딩입니다. 크라우드펀딩 플랫폼인 와디즈, 텀블벅, 킥스타터 등을 활용하면 독자들과 직접 소통하며 출판 비용을 조달하고, 책의 홍보와 마케팅까지 동시에 진행할 수 있습니다. 특히 그림동화 분야는 출판 전부터 독자들의 공감과 참여를 이끌어낼 수 있는 강점이 있어 크라우드펀딩과 매우 잘 어울립니다.

텀블벅은 국내에서 가장 인기가 높은 플랫폼으로, 한국 독자층의 취향을 잘 반영한 기획과 상세한 프로젝트 스토리텔링이 성공의 열쇠입니다. 프로젝트를 시작할 때는 완성도 높은 표지 이미지, 샘플 원고, 그리고 독자들의 공감을 이끌 수 있는 스토리를 사전에 충분히 준비하고 이를 효과적으로 전달하는 것이 핵심입니다. 또한 후원자에게 특별한 리워드(굿즈, 한정판 도서, 작가 친필 사인 등)를 제공하여 적극적인 참여를 유도하는 전략도 매우 중요합니다.

킥스타터는 글로벌 독자층을 대상으로 하는 플랫폼으로, 해외 출판 시장으로의 확장을 목표로 할 때 매우 효과적입니다. 킥스타터에서는 프로젝트 페이지를 영어로 명확히 작성하고, 작품의 글로벌 경쟁력을 강조할 수 있는 스토리텔링과 이미지 제작이 필요합니다. 펀딩 초기부터 활발한 소셜미디어 홍보, 해외 그림책 커뮤니티와의 협력, 유튜브와 인스타그램 같은 글로벌 플랫폼에서의 홍보를 병행하면 더욱 좋은 성과를 거둘 수 있습니다.

해외 그림동화 출판 공모전 및 수출 사례

그림동화 작가가 글로벌 시장으로 진출하는 가장 빠르고 효과적인 방법 중 하나는 해외 출판 공모전을 활용하는 것입니다. 해외 유명 공모전인 볼로냐 국제 어린이도서전(Bologna Children's Book Fair), 나미콩쿠르(NAMI Concours), 영국 AOI(World Illustration Awards) 등을 활용하면 국제적 인지도와 신뢰성을 빠르게 얻을 수 있습니다.

볼로냐 도서전의 라가치상(Bologna Ragazzi Award)은 세계 최고의 그림책 작가들이 인정받는 권위 있는 상으로, 매년 다양한 카테고리에서 우수한 그림책을 선정합니다. 출품 시 작품의 독창성과 예술성뿐 아니라 글로벌 독자들이 공감할 수 있는 보편적인 메시지를 담는 것이 중요합니다. 이외에도 나미콩쿠르는 아시아를 대표하는 국제 그림책 일러스트레이션 공모전으로, 신진 작가들의 글로벌 데뷔 무대로 활용하기 좋습니다.

또한 해외 수출 사례도 참고하면 좋습니다. 최근 들어 한국 그림책이 글로벌 시장에서 주목받고 있으며, 「구름빵」, 「강아지똥」, 「수박 수영장」 등 다양한 그림책들이 해외 수출에 성공했습니다. 이처럼 해외 시장에서 성공을 거두기 위해서는 그림책의 현지화(Localization)가 필수입니다. 현지 문화에 맞게 번역뿐 아니라 문화적 맥락을 반영한 일러스트레이션 및 디자인 조정을 병행하면 더욱 성공 가능성이 높아집니다.

해외 시장 진출을 목표로 한다면, 책의 기획 단계부터 글로벌 독자를 고려한 보편적이고 공감할 수 있는 메시지와 캐릭터를 설계하고, 초기 단계부터 영문 버전 제작 및 해외 에이전시와의 협력 관계를 구축하는 전략이 중요합니다. 글로벌 출판 공모전 출품과 크라우드펀딩을 함께 활용하면 초기 비용을 줄이고 글로벌 시장에 보다 효과적으로 진입할 수 있습니다.

4. 출판 이후 지속 가능한 작가 브랜드 구축과 확장

4-1 출간 후 마케팅과 독자 커뮤니티 구축

그림동화 출간 후 효과적인 홍보 전략 (SEO & SNS 활용)

그림동화를 성공적으로 출간한 이후 중요한 것은 독자들에게 어떻게 효과적으로 다가가느냐입니다. 최근에는 온라인 마케팅이 필수 요소로 자리 잡으면서, SEO(검색 엔진 최적화)와 SNS 활용이 그림책 작가들의 핵심 마케팅 전략으로 떠오르고 있습니다. SEO는 네이버, 구글 등 주요 검색 엔진에서 자신의 작품이 상위에 노출되도록 키워드를 전략적으로 활용하는 방법입니다. 출간 전후로 블로그나 웹사이트에 작품 제목, 저자명, 핵심 주제 등 주요 키워드를 반복적으로 사용한 양질의 콘텐츠를 꾸준히 게시하면 잠재 독자들이 책을 검색할 때 자연스럽게 유입될 수 있습니다.

SNS 활용은 독자와 실시간으로 소통하며 브랜드 인지도를 높이는 가장 효과적인 방법입니다. 인스타그램, 페이스북 등 주요 플랫폼을 활용하여 그림책의 매력적인 이미지와 출간 과정에서의 뒷이야기, 작가의 일상적인 모습 등을 진정성 있게 공유하면 독자와 친밀감을 형성할 수 있습니다. 출간 후 초기에는 책의 내용을 일부 공개하거나 독자 참여형 이벤트를 개최하여 관심과 참여를 높이는 전략이 특히 효과적입니다.

유튜브, 인스타그램을 활용한 작가 브랜딩 & 팬덤 형성

최근 출판 마케팅에서 가장 눈에 띄는 변화는 바로 유튜브와 인스타그램을 활용한 작가 개인 브랜드 구축과 팬덤 형성입니다. 유튜브는 그림책의 내용 소개, 작가의 창작 과정, 낭독 영상, 독자 리뷰 영상 등 다양한 콘텐츠를 통해 폭넓은 독자층을 확보할 수 있는 강력한 플랫폼입니다. 특히 아이들과 부모를 주요 독자층으로 하는 그림책의 경우, 유튜브에서 작가가 직접 책을 읽어주는 낭독 영상 콘텐츠가 큰 호응을 얻고 있습니다. 영상 제작 시 책의 핵심 메시지를 자연스럽게 전달하고, 명확한 영상 제목과 썸네일을 통해 검색 유입과 클릭률을 높이는 것이 중요합니다.

인스타그램은 특히 이미지 중심의 플랫폼으로, 그림책 작가와 완벽히 궁합이 맞습니다. 책의 일러스트를 활용하여 감각적인 이미지 콘텐츠를 꾸준히 게시하면 잠재 독자들이 자연스럽게 작가의 계정을 팔로우하게 됩니다. 스토리 기능을 활용해 작품 제작 과정을 간단한 비하인드 컷으로 공유하거나, 팔로워 대상 라이브 방송을 진행하여 작가의 친밀감을 높이면 충성도 높은 팬덤을 형성할 수 있습니다. 해시태그를 전략적으로 사용하여 더 많은 독자에게 노출되고, 독자들이 직접 참여할 수 있는 댓글 이벤트나 팬아트 공유 이벤트 등을 통해 활발한 커뮤니티를 만들어 가는 것이 중요합니다.

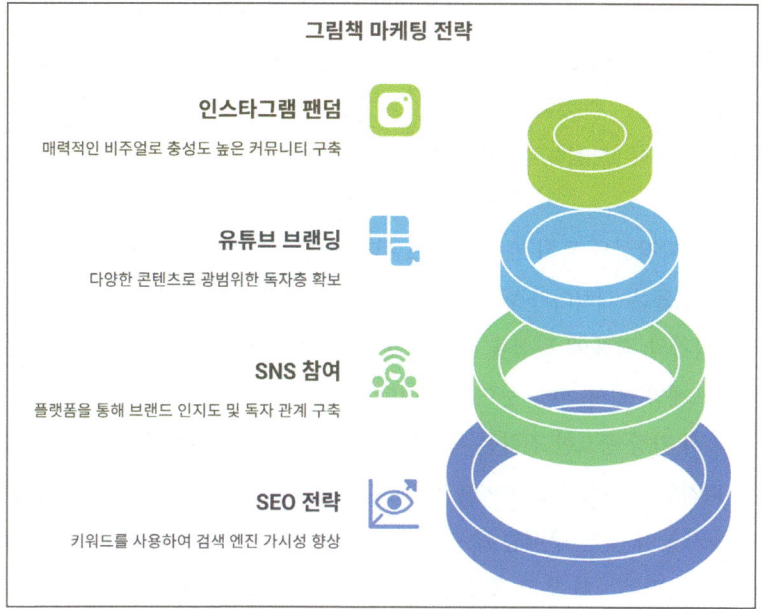

이러한 온라인 플랫폼을 전략적으로 활용하면 그림동화 작가로서 지속 가능한 브랜드를 구축하고, 적극적인 독자 커뮤니티를 통해 장기적으로 안정적인 팬덤을 확보할 수 있습니다.

4-2 굿즈 및 교육 프로그램 연계 확장 전략

그림동화 IP(Intellectual Property) 확장법

최근 그림동화 출판에서 가장 주목받는 전략 중 하나는 바로 IP(Intellectual Property, 지적재산권)의 확장입니다. 그림동화 속 매력적인 스토리와 캐릭터를 효과적으로 활용해 다양한 2차 창작물과 상품을 개발하는 것이죠. IP 확장은 단순히 한 권의 책에서 끝나지 않고 지속 가능한 작가 브랜드와 장기적인 수익 모델을 창출하는 데 꼭 필요한 전략입니다.

이를 위해서는 우선 출판 기획 단계부터 IP 확장을 염두에 두고, 다양한 형태로 재구성될 수 있는 캐릭터와 세계관을 설계하는 것이 중요합니다. 캐릭터는 명확한 성격과 개성 있는 디자인을 통해 쉽게 기억될 수 있도록 하고, 이야기는 시리즈로 연결될 수 있는 확장성을 고려하여 설계합니다. 책 출간 이후 캐릭터를 활용한 영상, 오디오북, 모바일 앱 등 다양한 형태로의 콘텐츠 확장도 가능합니다. 또한, 교육 기관이나 어린이 대상 문화 시설과 협업하여 그림책을 활용한 교육 프로그램과 체험형 콘텐츠를 개발하면 보다 넓은 독자층과 지속적으로 소통할 수 있습니다.

캐릭터 굿즈(스티커, 컬러링북, 보드게임) 제작 & 판매 전략

그림책 IP의 확장성은 특히 캐릭터 굿즈 시장에서 크게 발휘됩니다. 그림책의 주 독자층인 어린이들과 부모들은 캐릭터가 담긴 다양한 상품을 통해 책과의 애착을 더욱 강하게 느끼며, 지속적으로 작가와 작품에 관심을 가지게 됩니다. 대표적인 굿즈 상품으로는 캐릭터 스티커, 컬러링북, 보드게임, 엽서, 퍼즐 등이 있습니다.

굿즈 제작 시 가장 중요한 전략은 독자들의 취향과 생활에 밀접하게 연결된 상품을 선택하고, 품질과 디자인의 완성도를 높이는 것입니다. 예를 들어 스티커는 비교적 저렴하게 제작할 수 있으며 독자들이 쉽게 구매할 수 있는 대표적인 상품입니다. 책 출간 초기부터 이벤트를 통해 증정하거나 판매하여 초기 홍보에 효과적으로 활용할 수 있습니다.

컬러링북의 경우, 그림책의 일러스트를 그대로 활용하거나 약간 변형하여 독자들에게 친숙함과 동시에 새로운 즐거움을 줄 수 있습니다. 컬러링북은 특히 어린이의 창의력과 감각 발달에 좋기 때문에 교육적 효과까지 얻을 수 있습니다. 보드게임 역시 가족이 함께 즐기며 책의 내용을 자연스럽게 복습할 수 있는 훌륭한 아이템입니다. 보드게임의 경우는 비교적 제작 비용이 높지만, 잘 제작되면 팬덤 형성에 큰 기여를 합니다.

굿즈 판매는 자체 쇼핑몰이나 네이버 스마트스토어, 쿠팡 등을 활용한 온라인 판매가 효과적입니다. 또한 그림책 출간 기념 이벤트나 크라우드 펀딩 플랫폼을 활용하여 초기 시장 반응을 확인하고 재고 부담 없이 제작할 수 있습니다. 이와 더불어 지역 서점이나 키즈 카페, 도서관, 유치원 등의 오프라인 공간과 협력하여 상품을 전시하거나 체험형 판매 이벤트를 진행하면 지역사회 내 인지도를 높이고 판매도 촉진할 수 있습니다.

결국, 굿즈 제작과 교육 프로그램 연계 전략은 그림책 IP를 효과적으로 확장하고, 작가 브랜드를 지속적으로 성장시키는 데 핵심적인 역할을 합니다.

4-3 오디오북과 교육 프로그램을 활용한 그림동화 확장

오디오북을 활용한 그림책-오디오북 패키지 기획

최근 독서 시장의 트렌드는 책을 눈으로 읽는 것을 넘어 귀로 듣는 오디오북으로 빠르게 확장되고 있습니다. 특히 그림동화의 경우, 오디오북과 결합하여 아이들이 책의 내용을 더욱 생생하게 경험할 수 있게 돕는 방식이 주목받고 있습니다. 그림책과 오디오북을 결합한 패키지 상품은 부모와 아이 모두에게 매력적이며, 독자층 확대와 함께 작가의 브랜드 가치를 높이는 데 효과적입니다.

오디오북 제작을 고려할 때는 그림책의 내용을 그대로 전달하기보다, 청각적 요소를 적극적

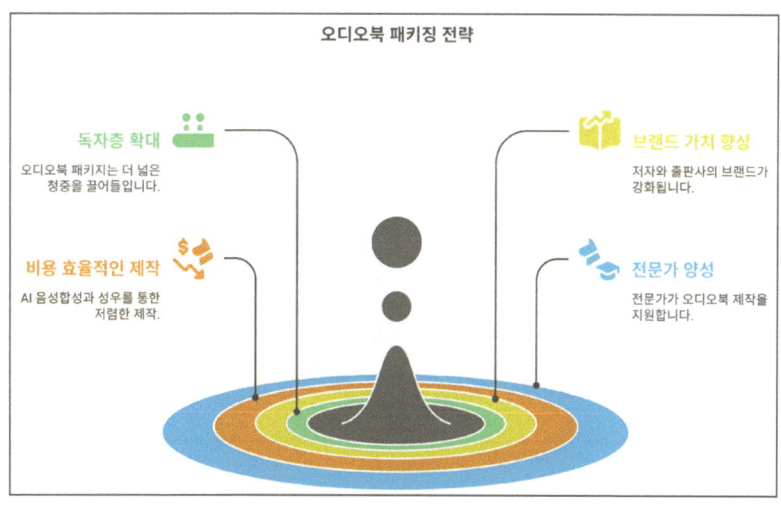

으로 활용해 이야기를 재구성하는 것이 중요합니다. 전문 성우를 섭외하거나 최근 각광받고 있는 AI 음성합성 기술을 활용하면 제작 비용을 절감하면서도 고품질의 오디오북을 제작할 수 있습니다. 재노스쿨에서는 오디오북 낭독과정 및 AI 활용 오디오 제작과정을 운영하고 있으며, 전문적인 오디오북 전문가 양성을 통해 작가들이 자신의 창작물을 오디오 콘텐츠로 확장하도록 적극적으로 돕고 있습니다. 분기별로 정규과정이 개강되고 있으니 관심 있는 독자들은 이 과정에 참여하여 자신의 작품을 더욱 생생하게 독자에게 전달할 기회를 얻을 수 있습니다.

어린이 교육기관과 협업하여 오디오북 활용 사례 만들기

오디오북은 가정에서의 독서뿐 아니라 어린이집, 유치원, 초등학교와 같은 어린이 교육기관에서도 적극 활용될 수 있습니다. 어린이 교육기관과의 협력을 통해 오디오북 콘텐츠를 보급하면 작품의 홍보는 물론, 작가 개인의 인지도와 신뢰도 역시 크게 향상됩니다.

교육기관에서는 주로 아이들의 집중력과 듣기 능력 향상, 어휘력 확장 등의 목적으로 오디오북을 사용합니다. 그림동화의 이야기를 오디오북으로 제작할 때는 교사와 아이들이 쉽게 활용할 수 있도록 짧고 명확한 에피소드 구성과 함께 학습 활동과 연결된 교육적 요소를 추가하면 더욱 효과적입니다. 예를 들어 오디오북 듣기 후 아이들이 직접 책 속 주인공의 행동

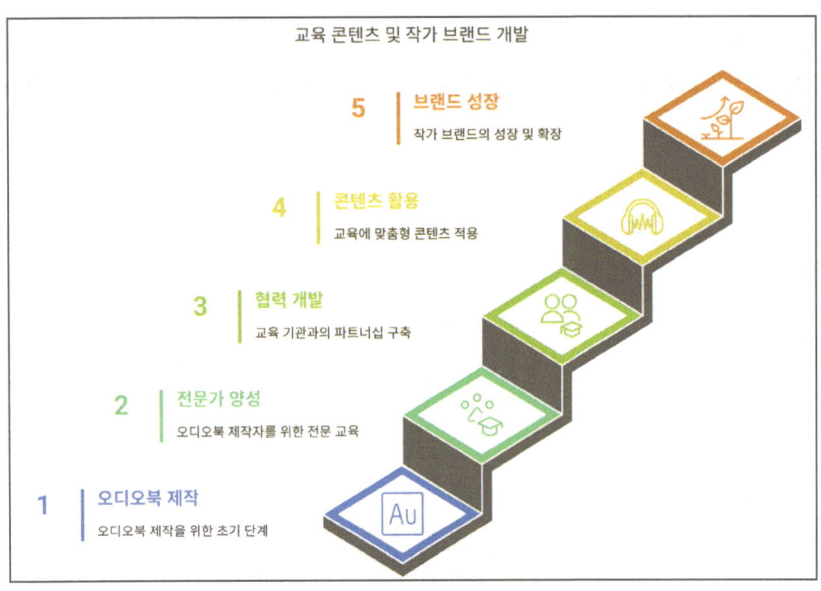

이나 상황을 따라하는 역할극 활동을 진행하거나, 듣고 난 후 느낌을 그림으로 표현하는 등의 후속 활동을 제안하면 기관의 교육과정에 자연스럽게 연계될 수 있습니다.

재노스쿨의 오디오북 제작과정을 통해 전문가로 양성된 오디오북 낭독자나 제작자와 함께 교육기관 맞춤형 콘텐츠를 개발하여 더욱 전문적이고 체계적인 교육 효과를 거둘 수도 있습니다. 이러한 협업 사례는 교육 기관과 작가 모두에게 윈-윈 효과를 가져다줄 뿐 아니라, 지속적으로 활용 가능한 오디오북 콘텐츠를 통해 작가 브랜드의 안정적인 성장과 확장을 도울 것입니다.

4-4 다국어 번역과 글로벌 시장 진출 전략

지역설화 및 그림동화의 해외 번역 및 현지화(Localization) 전략

최근 한국의 그림책이 세계적으로 주목받으면서 지역설화나 한국적 정서를 담은 작품들이 글로벌 시장에서 높은 평가를 받고 있습니다. 하지만 그림동화를 해외에 성공적으로 소개하기 위해서는 단순히 언어만 바꾸는 '번역'에서 그쳐서는 안 됩니다. '현지화(Localization)' 전략을 적극적으로 활용하여 해외 독자들이 자연스럽게 공감하고 즐길 수 있도록 문화적 맥락을 함께 전달하는 것이 중요합니다.

현지화 과정에서는 그림책 속 고유한 문화적 배경이나 표현, 유머, 정서적 뉘앙스 등을 해당 국가의 문화적 코드에 맞추어 세심하게 조정합니다. 또한, 해외 독자들이 낯설게 느낄 수 있는 요소는 해설을 추가하거나 내용을 약간 조정하여 독자들의 이해도를 높이는 방법도 효과적입니다. 특히, 번역가나 현지 에디터와 긴밀히 협력해 작품의 원래 메시지가 왜곡되지 않으면서도 현지 독자에게 자연스럽게 어필할 수 있도록 작업을 진행하는 것이 중요합니다.

글로벌 출판사와 협업하여 해외 시장 확장하기

그림동화가 성공적으로 해외시장에 진출하기 위해서는 글로벌 출판사와의 협력이 필수적입니다. 글로벌 출판사들은 각국의 독자 성향과 시장 환경을 잘 이해하고 있으며, 현지 유통망과 마케팅 전략까지 갖추고 있어 보다 효율적으로 해외시장에 안착할 수 있도록 도와줍니다.

해외 출판사와 협력을 추진할 때는 작품의 개성과 독창성을 강조한 간략한 영문 시놉시스,

샘플 페이지, 작가 프로필 및 국내에서의 성과를 잘 정리한 포트폴리오를 준비하는 것이 필수적입니다. 글로벌 출판사가 많이 모이는 국제 도서전(볼로냐 국제 아동도서전, 프랑크푸르트 국제도서전 등)에 참석해 직접 출판사 관계자들과 만나 작품을 소개하고 협력을 논의하는 것도 효과적입니다.

국제 그림책 공모전 및 글로벌 출판 공모전 출품 가이드

글로벌 시장에 처음 진출하는 작가에게 국제 그림책 공모전은 더없이 좋은 기회입니다. 유명 국제 공모전에 입상하면 해외 출판사들과 계약할 가능성이 높아지며, 작가로서 글로벌 인지도를 높이는 데 큰 도움이 됩니다.

국제 공모전에 출품할 때는 먼저 해당 공모전의 특성과 심사 기준을 철저히 파악하고, 그에 맞추어 작품을 준비해야 합니다. 국제적으로 권위 있는 공모전으로는 볼로냐 라가치상, 나미콩쿠르, 브라티슬라바 일러스트레이션 비엔날레(BIB) 등이 있습니다. 이러한 공모전들은 주제적 창의성, 독특한 일러스트 스타일, 문화적 다양성과 보편성 등의 요소를 중점적으로 평가합니다. 작품 제출 시에는 고해상도의 이미지와 영어 또는 현지 언어로 된 명확하고 간결한 작품 소개 및 의도를 함께 제출하는 것이 효과적입니다.

이러한 전략들을 적극적으로 활용하면, 그림동화를 세계시장에 성공적으로 진출시킬 수 있으며, 작가 개인의 브랜드 가치를 글로벌 차원에서 확장하는 데 큰 기여를 할 것입니다.

4-5 퍼블릭 도메인 그림동화 활용법

퍼블릭 도메인 동화를 활용한 창작 및 재해석 전략

퍼블릭 도메인이란 저작권 보호 기간이 만료된 작품으로, 작가라면 누구나 자유롭게 창작과 출판에 활용할 수 있는 귀중한 창작 자원입니다. 최근에는 퍼블릭 도메인의 고전 그림동화를 새로운 감각으로 각색하여 독자들에게 신선한 경험을 제공하는 사례가 늘고 있습니다. 특히『빨간 모자』,『이상한 나라의 앨리스』,『피노키오』,『백설공주』등 세계적으로 사랑받는 고전 동화는 이미 친숙한 소재이기에 새롭게 재창조하면 더욱 큰 관심을 끌 수 있습니다.

퍼블릭 도메인을 활용할 때는 기존 이야기의 기본 틀은 유지하되, 새로운 시각이나 독창적인 요소를 더해 완전히 새로운 작품으로 재탄생시키는 것이 중요합니다. 예를 들어,『빨간 모자』의 주인공이 현대적이고 주체적인 캐릭터로 등장하거나, 『피노키오』의 모험을 미래 사회나 가상 세계 배경으로 설정하는 등의 변화를 주면 독자들에게 익숙함과 새로움을 동시에 줄 수 있습니다.

기존 퍼블릭 도메인 스토리를 현대적으로 각색하는 법

퍼블릭 도메인 작품의 현대적 각색은 단순히 옛이야기를 현대적 배경으로 옮기는 것 이상의 창의성이 요구됩니다. 이야기의 핵심 테마를 유지하되, 현대 사회의 다양한 이슈나 감성과 연결시켜 독자들이 공감할 수 있는 작품으로 재해석하는 것이 핵심입니다.

첫째, 캐릭터의 성격과 역할을 현대적 가치관과 트렌드에 맞추어 새롭게 설정합니다. 전통적인 수동적이고 의존적인 캐릭터를 능동적이고 자기 주도적인 인물로 변화시키면 현대 독자에게 더욱 매력적으로 다가갈 수 있습니다.

둘째, 이야기의 배경과 상황을 현재 독자들이 공감할 수 있는 요소로 변경하는 것도 좋습니다. 예를 들어, 『신데렐라』의 배경을 현대 대도시로 설정하고, 사회적 지위가 아닌 개성과 능력으로 자신의 꿈을 실현하는 이야기를 담는 방식이 있을 수 있습니다.

셋째, 삽화 스타일 역시 현대적 감성에 맞게 변화시켜 작품의 시각적 매력을 높이는 것이 중요합니다. 고전 동화의 원작과는 달리, 모던하고 심플한 스타일이나 독특한 개성을 담은 일러스트로 표현하면 독자들에게 더욱 신선하고 흥미로운 경험을 선사할 수 있습니다.

이러한 전략을 활용하면 퍼블릭 도메인 그림동화가 시대를 초월한 새로운 콘텐츠로 재탄생되어, 작가의 창작 세계를 더욱 풍성하게 확장시킬 수 있습니다.

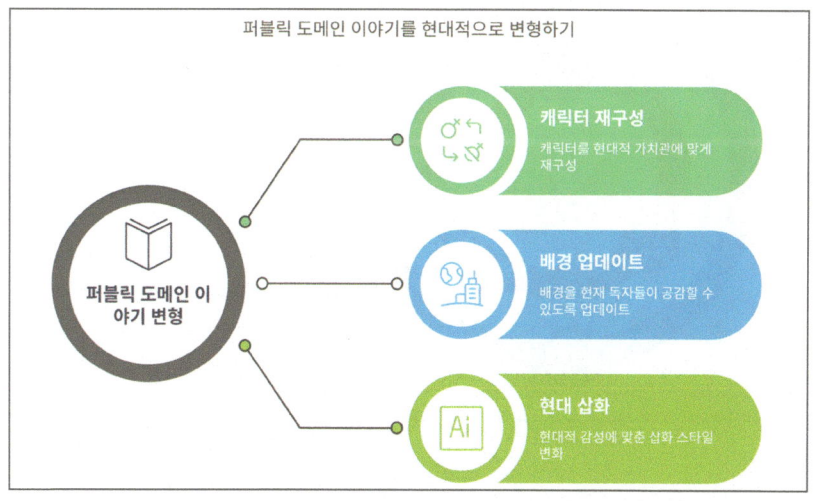

4-6 작가로서 지속적인 성장과 확장 가능성

후속작 기획 및 시리즈물 개발 전략

지속 가능한 작가 브랜드를 구축하기 위해서는 단발성 작품보다는 꾸준히 이어갈 수 있는 후속작이나 시리즈물 개발이 매우 중요합니다. 성공적인 그림동화 시리즈는 독자들의 애정과 충성도를 높일 뿐 아니라, 안정적인 창작 환경을 만들어줍니다. 첫 번째 작품에서 독자들에게 사랑받은 캐릭터나 테마를 중심으로 후속작을 기획하면 작품 간의 연계성을 강화하고 독자의 지속적인 관심을 유도할 수 있습니다.

효과적인 후속작 개발을 위해서는 다음의 요소를 염두에 두면 좋습니다. 먼저 첫 작품에서 인기 있었던 캐릭터나 이야기 설정을 심화하거나 확장해, 독자에게 지속적으로 신선한 매력을 제공할 수 있어야 합니다. 예를 들어, 첫 작품의 주인공이 성장하는 과정, 주인공 주변 인물들의 이야기를 새롭게 조명하는 스핀오프 작품 등을 고려할 수 있습니다.

시리즈물을 기획할 때는 장기적인 관점에서의 세계관 설계와 캐릭터 개발이 필수적입니다. 작품이 연속성을 가지면서도 각각의 이야기가 독립적이고 매력적이도록 구성하는 것이 중요합니다. 이를 통해 각 권마다 새로운 독자층을 유입하고 기존 독자층의 충성도를 높일 수 있습니다.

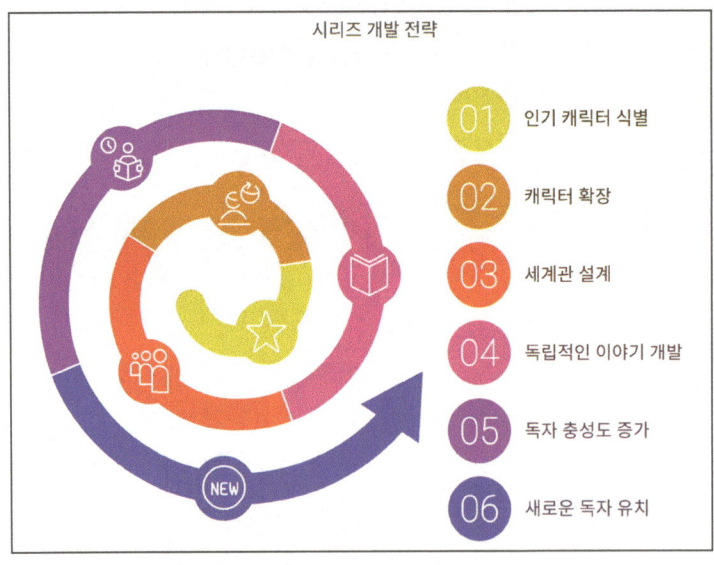

AI 및 디지털 기술을 활용한 새로운 창작 방식 도입

AI와 디지털 기술은 그림동화 작가들이 창작의 효율성과 창의성을 극대화할 수 있도록 돕습니다. 특히 AI를 활용한 스토리 창작, 일러스트 제작, 오디오북 제작 등의 다양한 디지털 콘텐츠 개발은 작가로서의 성장 가능성을 획기적으로 높여줍니다.

스토리 창작 과정에서 ChatGPT나 Claude 같은 AI 도구를 활용하면 창의적인 아이디어를 빠르게 얻을 수 있으며, 막혔던 이야기 전개나 캐릭터 설정에도 새로운 돌파구를 제공받을 수 있습니다. AI가 제시하는 다양한 아이디어를 기반으로 작가만의 개성과 창의력을 더해 완성도 높은 스토리를 창작할 수 있습니다.

일러스트 제작 역시 Midjourney, DALL·E, Canva와 같은 AI 기반 도구를 적극 활용하면, 시간과 비용을 크게 절감하면서도 높은 품질의 삽화를 제작할 수 있습니다. 특히 반복 작업을 줄이고, 작가가 직접 설정한 스타일과 톤을 AI가 구현하도록 유도함으로써 효율적이고 창의적인 작업이 가능합니다.

이처럼 지속 가능한 성장을 위해서는 시리즈물과 후속작 개발 전략을 잘 갖추고, 최신의 AI 및 디지털 기술을 창작 과정에 적극적으로 활용함으로써 창작의 폭을 넓히고, 더 많은 독자와 소통할 수 있는 기반을 마련하는 것이 중요합니다. 이를 통해 작가로서 꾸준히 성장하며 자신의 창작 세계를 더욱 풍성하게 확장시킬 수 있습니다.

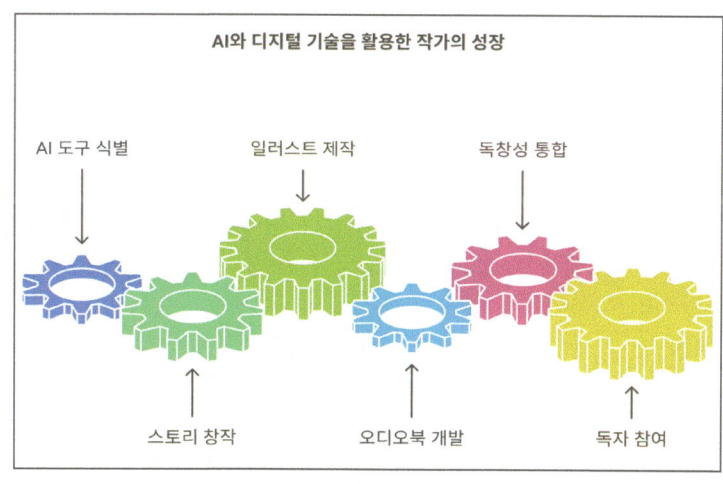

2장

그림책으로 여는 감성과 상상의 세계

독서 치유와 교육적 활용

서성미

1. 그림책과 치유의 만남: 마음을 들여다보는 렌즈

1.1 그림책이 주는 정서적 치유 효과 58
1.2 그림책을 활용한 심리 상담 및 감정 표현 활동 60
1.3 치유 그림책 큐레이션과 독서 활용법 61

2. 그림책, 아이와 어른의 다리를 놓다

2.1 세대 간 소통을 위한 그림책 활용법 62
2.2 초등 독서 모임에서 그림책 활용 사례 65
2.3 그림책을 통한 사회적 감수성 교육 67

3. 그림책 감상법과 인성 교육

3.1 그림책 감상 교육의 핵심 요소 69
3.2 그림책과 연계한 창의적 감상 활동 72
3.3 그림책 감상법을 활용한 공감 교육 74

4. 창의적인 그림책 독서 활동 및 교육 활용법

4.1 창의적 수업을 위한 그림책 활용 전략 76
4.2 그림책을 활용한 융합 교육 사례 78
4.3 그림책을 통한 실전 수업 기획법 78

서성미 작가

"청소년 진로·강점 코치이자 LEGO·AI 융합 퍼실리테이터"

서성미 작가는 청소년 진로·강점 코치이자 LEGO Serious Play 인증 퍼실리테이터로, 그림책부터 AI 기반 콘텐츠까지 폭넓은 창작 활동을 병행하고 있습니다. 로맨스 웹소설 작가, 그림책·동화 작가이며, MZ세대부터 시니어까지 아우르는 진로 코칭·강의 프로그램을 운영하고 있습니다. 현재『마이다스북』출판사 대표 겸 한국미디어창업뉴스 수석기자로 AI·퍼블리싱과 브랜딩을 접목한 1인 출판 프로젝트를 이끌고 있으며, 지역 청소년을 위한 강점·커리어 멘토링을 실천하고 있습니다. 또한 국제·기업 워크숍에서 LEGO Serious Play와 AI 크리에이티브 교육을 결합해 생산성과 혁신을 선도하고 있습니다.

- 마이다스북 출판사 대표 겸 수석편집장
- 한국코치협회 KPC·Gallup Strengths Certified Coach
- 시리어스워크(Level 3) 인증 퍼실리테이터 겸 프로그램 개발자
- (사)서울국제광고영화제 이사 겸 선임연구원
- 안산청소년재단 청소년진로멘토

출간저서로는『체인지UP 하라』,『위대한 나의 발견』,『3P바인더』,『인터널코칭을 시작합니다』,『억대연봉 메신저, 그 시작의 기술』,『레고치유코칭』, 그림동화책『홍박사의 기발한 과학수사대』외 다수

"그림과 상상이 만나는
이 책은, 당신의 마음에
작은 마법을 심어줍니다."

 # 1. 그림책과 치유의 만남

1.1 그림책이 주는 정서적 치유 효과

감정을 해소하고 위로받는 그림책의 힘

그림책은 단순히 읽는 것에서 그치지 않고, 그 속에 담긴 이야기와 그림을 통해 아이들의 내면에 깊숙이 스며듭니다. '홍박사의 기발한 과학수사대'를 집필하며 느낀 가장 큰 보람은, 과학이라는 다소 어렵게 느껴질 수 있는 주제를 재미있는 이야기와 그림으로 풀어내어 아이들에게 호기심과 즐거움을 선사할 수 있다는 점이었습니다.

그림책은 아이들이 자신의 감정을 인식하고 표현하는 데 훌륭한 도구가 됩니다. 예를 들어, 주인공이 느끼는 두려움, 슬픔, 기쁨 등의 감정을 간접적으로 경험하면서 자신의 감정도 함께 들여다보게 됩니다. 그림책 '소피가 화나면, 정말 정말 화나면'(몰리 뱅 글·그림)을 아이들과 함께 읽으며, 화가 났을 때 자신의 감정을 어떻게 표현하고 다스릴 수 있는지에 대해 이야기를 나눈 경험이 있습니다. 아이들은 책 속 주인공을 통해 자신의 감정을 투영하고, 그 감정에 이름을 붙이고, 건강하게 표현하는 방법을 배웁니다.

심리적 안정과 자기 성찰을 돕는 그림책 활용법

그림책은 아이들뿐만 아니라 성인들에게도 심리적 안정과 자기 성찰의 기회를 제공합니다. 그림책 감성큐레이션 전문가 양성과정에서 학부모와 함께하는 그림책 읽기 모임을 진행했을 때, 많은 학부모들이 아이를 위해 참여했다가 오히려 자신이 위로받고 치유되는 경험을 했다고 말씀하셨습니다.

그림책을 통한 심리적 안정을 돕는 몇 가지 방법을 소개합니다:

1. 경청하는 마음으로 읽기: 그림책을 읽을 때는 빠르게 내용을 전달하는 것보다, 아이의 반응을 살피며 천천히 읽어주는 것이 중요합니다. 아이가 그림을 보며 질문하거나 감상을 이야기할 때 경청하고, 그 감정에 공감해주세요.

2. 안전한 환경 조성하기: 그림책을 읽는 공간은 편안하고 안전한 분위기여야 합니다. 아이가 자유롭게 자신의 생각과 감정을 표현할 수 있도록 격려해주세요.

3. 개인적 연결 만들기: "이 이야기 속 주인공이 느끼는 감정을 너도 느껴본 적이 있니?" 와 같은 질문을 통해 아이가 이야기와 자신을 연결 지을 수 있도록 도와주세요.

사례로 보는 그림책 테라피 (그림책을 활용한 감정 표현 사례)

- 사례 1: 입학 전 불안감 다루기 초등학교 입학을 앞둔 아이들을 대상으로 '틀려도 괜찮아'(마키타 신지 글, 하세가와 토모코 그림, 토토북) 그림책을 활용한 프로그램을 진행했습니다. 아이들은 책을 읽은 후, 자신이 학교에 가는 것에 대해 느끼는 불안이나 기대를 그림으로 표현했습니다. 이 활동을 통해 아이들은 자신의 감정을 인식하고, 비슷한 감정을 가진 친구들이 있다는 것을 알게 되면서 안도감을 느꼈습니다.

- 사례 2: 상실감 극복하기 반려동물을 잃은 아이에게 '리리'(하라다 유우코 글·그림, 프뢰벨) 그림책을 함께 읽고, 자신의 감정을 일기나 그림으로 표현하도록 했습니다. 아이는 처음에는 말하기 어려웠던 상실감을 그림책 속 이야기를 통해 조금씩 표현하기 시작했고, 시간이 지나면서 슬픔을 건강하게 받아들이는 모습을 보였습니다.

1.2 그림책을 활용한 심리 상담 및 감정 표현 활동

심리 치료 및 상담에서 그림책이 활용되는 방식

그림책은 심리 치료와 상담 과정에서 아이들의 내면세계에 접근하는 효과적인 도구로 활용됩니다. 그림책 독서모임에서는 다양한 심리적 어려움을 겪는 아이들을 위해 그림책을 활용한 프로그램을 운영해왔습니다.

1. 투사적 기법으로 활용: 아이들은 그림책 속 인물이나 상황에 자신의 감정이나 경험을 투사합니다. 심리 상담가는 이러한 반응을 통해 아이의 내면을 이해하고 접근할 수 있습니다.

2. 안전한 대화의 매개체: 직접적인 질문보다는 "이 이야기 속 주인공은 어떤 기분일까?" 라고 물으면, 아이들은 더 편안하게 자신의 감정을 이야기할 수 있습니다.

3. 문제 해결 모델 제시: 그림책 속 주인공이 문제를 해결해가는 과정은 아이들에게 간접적인 해결책을 제시합니다. '용기 모자'(리사 데이크스트, 책과콩나무) 같은 책을 통해 아이들은 용기를 내는 방법을 배웁니다.

독서 후 감정을 표현하는 글쓰기 & 그림 그리기 활동

그림책을 읽은 후에는 다양한 방식으로 감정을 표현하도록 유도하는 것이 중요합니다. 그림책 독서모임에서 자주 활용하는 방법들을 소개합니다:

1. 감정 일기 쓰기: 그림책을 읽고 난 후, "이 이야기를 읽고 어떤 감정이 들었나요?"라는 질문으로 시작하여 짧은 감정 일기를 쓰도록 합니다.

2. 등장인물에게 편지쓰기: 그림책 속 인물에게 편지를 쓰면서 자신의 생각과 조언을 담아보도록 합니다.

3. 다른 결말 상상하기: "만약 주인공이 다른 선택을 했다면 어떻게 달라졌을까요?" 라는 질문으로 다른 결말을 상상하고 그림이나 글로 표현하도록 합니다.

4. 감정 컬러링: '화가 날 때는 빨간색, 슬플 때는 파란색' 등 감정과 색을 연결하여 그림책 속 장면을 다시 그리거나 색칠하고 이유를 나눕니다.

5. 역할극 활동: 그림책 속 이야기를 간단한 역할극으로 재현하면서, 등장인물의 감정과 생각을 직접 표현해보도록 합니다.

1.3 치유 그림책 큐레이션과 독서 활용법

감성을 자극하는 그림책 큐레이션 방법

효과적인 그림책 치유를 위해서는 상황과 목적에 맞는 적절한 그림책을 선택하는 것이 중요합니다. 그림책 큐레이션을 위한 몇 가지 기준을 소개합니다:

1. 감정의 스펙트럼 고려하기: 다양한 감정(기쁨, 슬픔, 분노, 두려움 등)을 다루는 그림책들을 균형 있게 선정합니다.

2. 발달 단계 고려하기: 대상의 연령과 발달 단계에 적합한 그림책을 선택합니다. 유아와 초등 저학년은 단순하고 직관적인 이야기, 고학년은 좀 더 복잡한 감정과 상황을 다루는 책이 적합합니다.

3. 시의성 있는 주제 선택하기: 계절, 시기, 사회적 이슈 등과 연결된 그림책을 선정하면 독자의 공감과 관심을 더 이끌어낼 수 있습니다.

4. 다양성 고려하기: 다양한 문화, 가족 형태, 성격 등이 반영된 그림책을 포함시켜, 독자들이 다양한 관점에서 세상을 바라볼 수 있도록 합니다.

추천 치유 그림책 목록:

- 감정 이해와 표현: '오늘 기분은 어때?'(제이닌 샌더스 글, 저메이징 그림, 갈락시아스)
- 자존감 향상: '난 네가 부러워'(영민 글·그림, 뜨인돌어린이)
- 상실과 애도: '철사 코끼리'(고정순 글·그림, 만만한책방)
- 두려움 극복: '겁쟁이 빌리'(앤서니 브라운 글·그림, 비룡소)
- 관계와 우정: '큰 늑대 작은 늑대'(나딘 브룅코슴 글, 올리비에 탈레크 그림, 이주희역, 시공주니어)

독서 모임과 치유 워크숍에서 그림책을 활용하는 법

그림책 감성큐레이션 수업에서의 경험을 바탕으로, 효과적인 그림책 독서 모임과 치유 워크숍을 위한 운영 방법을 소개합니다:

1. 안전한 환경 조성하기: 모든 참가자가 자신의 생각과 감정을 편안하게 나눌 수 있는 분위기를 만드는 것이 중요합니다. 비판이나 평가 없이 서로의 이야기를 존중하는 규칙을 정합니다.

2. 명확한 주제와 목표 설정하기: "오늘은 '두려움을 극복하는 방법'에 대해 이야기해봅시다." 와 같이 명확한 주제와 목표를 설정합니다.

3. 단계적 접근하기:
   - 1단계: 그림책 함께 읽기
   - 2단계: 첫인상과 느낌 나누기
   - 3단계: 심층 토론 (등장인물의 감정, 상황에 대한 해석 등)
   - 4단계: 자신의 경험과 연결하기
   - 5단계: 창작 활동 (글쓰기, 그림그리기, 역할극 등)

4. 다양한 질문 준비하기:
   - "이 책에서 가장 인상 깊었던 장면은 무엇인가요?"
   - "주인공이 어떤 감정을 느끼고 있다고 생각하나요?"
   - "비슷한 경험이 있다면 어떻게 대처했나요?"
   - "이 이야기가 우리에게 주는 메시지는 무엇일까요?"

5. 마무리 활동으로 정리하기: 독서 모임이나 워크숍을 마무리할 때는 참가자들이 오늘의 활동에서 얻은 인사이트나 변화를 정리할 수 있는 시간을 제공합니다.

 2. 그림책, 아이와 어른의 다리를 놓다

2.1 세대 간 소통을 위한 그림책 활용법

그림책을 활용한 부모-자녀 독서 활동 사례

그림책은 부모와 자녀가 함께 소통하고 교감할 수 있는 훌륭한 매개체입니다. 제가 세 아이와 함께했던 독서 활동 중 특히 효과적이었던 방법들을 소개합니다:

1. 교대로 읽기: 간단한 문장이 있는 그림책은 부모와 아이가 번갈아가며 읽는 방식으로 진행합니다. 아이는 자신이 참여한다는 성취감을, 부모는 아이의 성장을 지켜볼 수 있는 기쁨을 느낍니다.

2. 질문과 대화: 그림책을 읽으면서 "다음에 어떤 일이 일어날 것 같아?", "주인공이 왜 그렇게 했을까?" 등의 질문을 통해 아이의 생각을 이끌어내고 대화를 나눕니다.

3. 연극화하기: 그림책 속 이야기를 간단한 연극으로 재현해보는 활동입니다. 가족 구성원이 각각 다른 역할을 맡아 연기하면서 더욱 깊이 있는 이해와 즐거움을 경험할 수 있습니다.

4. 함께 그림 그리기: 그림책 속 이야기의 연장선이나 다른 결말을 상상하여 함께 그림을 그려봅니다. 이 과정에서 자연스럽게 아이의 상상력과 창의력을 발견하고 격려할 수 있습니다.

5. 감각적 체험 활동: 그림책 읽기 모임에서는 '리디아의 정원'(사라 스튜어트, 시공주니어)을 읽은 후, 실제 먹을 수 있는 간식 재료를 이용해 화분을 만들어 맛있게 먹기도 했습니다. 이러한 활동은 아이들의 기억에 오래 남는 독서 경험을 선사합니다.

창작 그림책과 논술, 역사, 과학을 접목한 교육적 접근

그림책은 단순한 이야기책을 넘어, 다양한 학문 영역을 탐구하는 출발점이 될 수 있습니다. 흥미로운 이야기 속에 다양한 관점을 녹여내 아이들의 호기심과 탐구심을 자극합니다.

1. STEAM 교육 접근법: 그림책을 통해 과학(Science), 기술(Technology), 공학(Engineering), 예술(Arts), 수학(Mathematics)을 통합적으로 경험할 수 있습니다. 예를 들어, '무지개 물고기' 이야기 후 빛의 반사와 색의 원리(과학), 물고기 모형 만들기(공학), 아름다운 비늘 디자인(예술) 등으로 확장할 수 있습니다.

2. 역사 그림책 활용: 역사 그림책은 역사적 사실을 흥미롭게 전달하면서, 아이들이 과거와 현재를 연결하여 생각해볼 수 있는 기회를 제공합니다.

3. 논술 연계 활동: 그림책 속 주제나 갈등 상황을 중심으로 논술 주제를 설정하고, 자신의 생각을 논리적으로 전개하는 연습을 할 수 있습니다. "무지개 물고기가 비늘을 나누어준 것은 올바른 결정이었을까?"와 같은 질문으로 시작할 수 있습니다.

4. NIE(신문 활용 교육)와 그림책 연결하기: 그림책의 주제와 관련된 실제 신문 기사를 찾아 읽고, 이를 바탕으로 토론하거나 새로운 기사를 작성해보는 활동입니다. 이를 통해 문학적 상

상력과 현실 세계를 연결하는 사고력을 기를 수 있습니다.

5. 과학 실험 연계: '홍박사의 기발한 과학수사대'(서성미 글·그림, 재노북스) 시리즈를 읽고 관련 과학 실험을 직접 해보는 활동입니다. 예를 들어, 지문 채취와 비교 실험, 간단한 화학 반응 실험 등을 통해 이론과 실제를 연결하는 경험을 제공합니다.

그림책이 가족 대화와 정서적 교감을 촉진하는 방식

그림책은 가족 간의 대화와 정서적 교감을 촉진하는 데 큰 역할을 합니다. 특히 바쁜 일상 속에서 가족이 함께 모여 그림책을 읽는 시간은 소중한 추억과 교감의 기회가 됩니다.

1. 이야기를 통한 가치관 공유: 그림책 속 등장인물의 선택과 행동에 대해 이야기하면서, 자연스럽게 가족의 가치관을 공유하고 토론할 수 있습니다. '아낌없이 주는 나무'(쉘 실버스타인 글·그림, 시공주니어)를 읽으며 사랑과 희생, 감사에 대한 가족의 생각을 나눌 수 있습니다.

2. 감정 어휘 확장: 그림책 속 다양한 감정 표현을 통해 아이들은 자신의 감정을 더 정확하게 표현하는 언어를 배웁니다. 이는 가족 간 소통을 더욱 풍부하게 만듭니다. '마음먹기'(엄지짱 꽁냥소 글·그림, 달그림)를 읽고 소외감, 외로움, 포용 등의 감정에 대해 이야기를 나눌 수 있습니다.

3. 세대 간 경험 공유: "엄마/아빠가 어렸을 때는 어땠어?" 와 같은 대화로 이어져, 부모의 어린 시절 경험과 현재 아이의 경험을 비교하고 공유할 수 있습니다. '난 학교 가기 싫어'(로렌

차일드, 국민서관)를 읽고 부모의 학창 시절 이야기를 나누는 시간을 가질 수 있습니다.

4. 갈등 해결 모델 제시: 그림책 속 갈등과 해결 과정은 실제 가족 내 갈등 상황에서 참고할 수 있는 모델이 됩니다. "우리도 책 속 주인공처럼 이 문제를 해결해볼까?"라고 제안할 수 있습니다. '기분을 말해봐'(앤서니 브라운 글·그림, 웅진주니어)를 통해 가족 간 감정 표현과 갈등 해결 방법을 배울 수 있습니다.

5. 가족 전통 만들기: 매주 금요일 저녁은 '그림책의 밤'으로 정하여 새로운 그림책을 함께 읽거나, 계절별로 특정 주제의 그림책을 선정하여 읽는 등의 가족 전통을 만들 수 있습니다. 이러한 정기적인 활동은 가족의 유대감을 강화합니다.

- 실제 적용 사례: 그림책 지도자과정에서는 '부모-자녀 그림책 교실'을 운영하며 다양한 가족들이 그림책을 통해 소통하는 모습을 관찰했습니다. 특히 맞벌이 가정에서 주말을 이용해 짧은 그림책 함께 읽기 시간이 일주일 동안의 대화 단절을 해소하는 데 큰 도움이 되었다는 피드백을 받았습니다. 또한 그림책 읽기를 통해 평소에는 쉽게 나누지 못했던 깊은 주제(죽음, 이별, 사랑 등)에 대해서도 자연스럽게 대화할 수 있게 되었다는 사례가 많았습니다.

2.2 초등 독서 모임에서 그림책 활용 사례

아이들과 함께한 그림책 기반 토론 및 글쓰기 활동

초등학생 독서 모임에서 그림책을 활용한 다양한 활동 사례를 소개합니다:

1. 캐릭터 인터뷰: 아이들이 그림책 속 등장인물에게 물어보고 싶은 질문 목록을 만들고, 다른 친구가 그 인물이 되어 질문에 답하는 활동입니다. 이를 통해 인물의 시점에서 생각해보는 경험을 할 수 있습니다.

2. 이야기 주사위 만들기: 그림책 속 주요 장면, 인물, 배경, 사건 등을 주사위 면에 그려서 주사위를 만듭니다. 주사위를 던져 나온 요소들을 조합하여 새로운 이야기를 만드는 활동을 진행합니다.

3. 편지쓰기: 그림책 속 인물에게 편지를 쓰거나, 한 등장인물이 다른 등장인물에게 쓰는 편지를 상상해서 써보는 활동입니다. 이를 통해 인물의 내면과 관계에 더 깊이 공감할 수 있습니다.

4. 뉴스 보도 만들기: 그림책 속 중요한 사건을 뉴스 보도 형식으로 재구성해봅니다. 아이들

이 직접 기자, 앵커, 인터뷰 대상자 등의 역할을 맡아 발표하는 활동으로 확장할 수 있습니다.

5. 속마음 말풍선 만들기: 그림책 속 인물의 대사와 함께, 실제로는 말하지 않았지만 속으로 생각했을 내용을 상상하여 '속마음 말풍선'을 만듭니다. 이를 통해 표현된 감정과 숨겨진 감정의 차이를 이해할 수 있습니다.

그림책을 통한 역사·과학적 사고력 확장 사례

그림책은 역사와 과학 영역의 사고력을 확장하는 데에도 효과적입니다:

1. 역사 타임라인 만들기: 역사 그림책을 읽은 후, 중요한 사건을 시간 순서대로 배열하는 타임라인 활동을 진행합니다. 이를 통해 역사적 사건의 인과관계와 흐름을 이해할 수 있습니다.

2. 과학 실험 연계하기: 과학적 원리를 담은 그림책을 읽은 후, 관련된 간단한 실험을 진행합니다. 예를 들어, 지문 채취와 비교 활동, 돋보기 관찰, 물질의 변화 등을 직접 체험하면서 과학적 원리를 체득할 수 있습니다.

3. 지도 그리기 활동: 역사나 여행을 주제로 한 그림책을 읽은 후, 이야기 속 배경이 되는 지역의 지도를 그려보는 활동입니다. 이를 통해 공간적 사고력과 지리적 이해력을 기를 수 있습니다.

4. 연대기 스토리보드 만들기: 역사적 사건이나 인물의 일생을 다룬 그림책을 읽은 후, 중요한 사건들을 순서대로 스토리보드로 그려봅니다. 이 과정에서 역사적 사건의 인과관계와 시간의 흐름을 이해할 수 있습니다.

그림책을 중심으로 한 학습 연계 활동

그림책은 다양한 학습 영역과 연계하여 활용할 수 있습니다:

1. 수학적 사고력 개발: 기하학적 요소가 있는 그림책을 통해 도형과 공간에 대한 감각을 키울 수 있습니다. 그림책 속 패턴을 분석하거나 확장하는 활동을 통해 수학적 규칙성을 발견하는 경험을 제공합니다.

2. 언어 발달 활동: 의성어와 의태어가 풍부한 그림책을 활용하여 언어적 표현력을 확장할 수 있습니다. '말놀이 동시집'(문혜진 글, 정진희 그림, 비룡소)와 같은 책을 읽고 자신만의 재미있는 언어 표현을 만들어보는 활동을 진행할 수 있습니다.

3. 자연과학 탐구: '나무와 친구가 되었어요'(임혜경 글·그림, 재노북스)와 같은 생태를 다룬 그림책을 읽고, 실제 식물을 관찰하거나 생태계 다이어그램을 만드는 활동으로 연계할 수 있습니다. 계

절의 변화, 생물의 성장 과정 등을 지속적으로 관찰하는 프로젝트로 발전시킬 수 있습니다.

4. 예술 활동 연계: '점'(피터 레이놀즈, 문학동네)과 같은 창의성을 자극하는 그림책을 읽은 후, 다양한 미술 기법을 시도해보는 활동을 진행할 수 있습니다. 점묘화, 콜라주, 수채화 등 다양한 표현 방식을 실험해볼 수 있습니다.

2.3 그림책을 통한 사회적 감수성 교육

다문화, 환경, 인권을 주제로 한 그림책 큐레이션

사회적 이슈를 다루는 그림책은 아이들에게 공감 능력과 사회적 감수성을 키우는 데 큰 도움이 됩니다:

1. 다문화 이해를 위한 그림책:

- '까만 아기 양'(엘리자베스 쇼 글·그림, 푸른나무출판사)

이러한 그림책은 다양한 문화적 배경을 가진 인물들의 이야기를 통해 아이들에게 문화적 다양성을 자연스럽게 소개합니다. 그림책 독서모임에서는 다문화 가정 아이들과 함께하는 독서 모임을 진행하며, 서로의 문화적 배경을 이해하고 존중하는 분위기를 조성했습니다.

2. 환경 보호를 다루는 그림책:

- '나무와 친구가 되었어요'(임혜경 글·그림, 재노북스)

환경 이슈를 다루는 그림책은 아이들에게 지구 환경의 중요성과 보호 필요성을 인식시키는 데 효과적입니다. 이러한 책을 읽은 후, 실제 환경 보호 활동(분리수거, 에코백 만들기, 물 절약 등)을 실천하는 프로젝트로 연계할 수 있습니다.

3. 인권과 평화를 다루는 그림책:
- '평화를 지키는 아이들'(아닉 드 지리 글, 브뤼노 필로르제 그림, 파란자전거)

인권과 평화를 주제로 한 그림책은 아이들에게 기본적인 인권 개념과 서로를 존중하는 태도를 가르칩니다. 그림책 독서모임에서는 이러한 책을 통해 학교 폭력 예방, 자아 존중감 향상을 위한 프로그램을 진행했습니다.

세대 간 공감을 이끄는 그림책 선정 기준

세대 간 공감을 이끌어내는 그림책을 선정할 때 고려해야 할 기준들입니다:

1. 보편적 주제와 감정: 나이와 상관없이 공감할 수 있는 보편적인 주제(사랑, 우정, 상실, 도전, 성장 등)를 다루는 그림책이 세대 간 공감을 이끌어내는 데 효과적입니다.

2. 다층적 의미: 표면적으로는 단순한 이야기지만, 깊이 읽으면 다양한 해석이 가능한 그림책은 각 세대가 자신의 경험과 관점에서 의미를 발견할 수 있게 합니다.

3. 시대를 초월한 이야기: 특정 시대나 트렌드에 국한되지 않고, 인간의 근본적인 가치와 경험을 다루는 이야기는 세대를 넘어 공감을 이끌어냅니다.

4. 조화로운 글과 그림: 텍스트와 일러스트레이션이 조화롭게 어우러져, 다양한 연령층이 각자의 방식으로 이야기를 감상할 수 있는 그림책이 좋습니다.

사회적 메시지를 담은 그림책을 활용한 토론 방법

사회적 메시지를 담은 그림책은 아이들과 의미 있는 토론을 이끌어내는 좋은 자료가 됩니다:

1. 개방형 질문으로 시작하기: "이 이야기에서 가장 중요한 메시지는 무엇일까요?", "주인공의 행동에 대해 어떻게 생각하나요?" 와 같은 개방형 질문으로 토론을 시작합니다.

2. 다양한 관점 탐색하기: "다른 등장인물의 입장에서는 이 상황을 어떻게 느꼈을까요?" 와 같은 질문을 통해 다양한 관점에서 생각해볼 수 있도록 유도합니다.

3. 현실 세계와 연결하기: "우리 주변에서도 이런 일이 일어날 수 있을까요?", "우리 생활과 어떤 관련이 있을까요?" 와 같은 질문으로 이야기를 현실과 연결합니다.

4. 해결책 모색하기: "이런 문제를 해결하기 위해 우리가 할 수 있는 일은 무엇일까요?" 라는

질문을 통해 실천적 방안을 함께 모색합니다.

　5. 토론 원칙 세우기: 서로의 의견을 존중하고, 모든 생각에는 가치가 있다는 원칙을 세워 안전한 토론 환경을 조성합니다.

　이런 과정에서 아이들은 '다름'을 인정하고 존중하는 태도를 배웠고, 실제 학교생활에서도 더 포용적인 마음가짐을 갖게 되었습니다.

 ## 3. 그림책 감상법과 인성 교육

3.1 그림책 감상 교육의 핵심 요소

　그림책 감성큐레이션 과정에서 배운 가장 중요한 통찰은 '그림책 감상'이 단순히 책을 읽는 것을 넘어, 작품과 깊이 교감하는 과정이라는 점입니다. 효과적인 그림책 감상 교육을 위한 핵심 요소들을 소개합니다:

　1. 멈춤과 관찰의 시간: 그림책을 빠르게 읽어나가기보다, 각 페이지에서 잠시 멈추고 세밀하게 관찰할 수 있는 시간을 갖는 것이 중요합니다. "이 그림에서 특별한 것을 발견했나요?", "작가가 여기서 표현하고 싶었던 것은 무엇일까요?" 와 같은 질문을 통해 아이들이 그림을 자세히 살펴볼 수 있도록 유도합니다.

　2. 시각적 문해력 개발: 그림책의 시각적 요소(색상, 구도, 선, 질감 등)를 인식하고 해석하는 능력을 기르는 것이 중요합니다. "작가가 왜 이 장면에서 빨간색을 사용했을까요?", "인물의 표정이 이전 페이지와 어떻게 달라졌나요?" 와 같은 질문은 아이들의 시각적 문해력을 키우는 데 도움이 됩니다.

　3. 감정 인식과 연결: 그림책 속 인물의 감정을 인식하고, 자신의 경험과 연결 짓는 과정은 감성 교육의 중요한 부분입니다. "주인공은 어떤 기분일까요?", "비슷한 감정을 느껴본 적이 있나요?" 라는 질문을 통해 감정적 연결을 이끌어낼 수 있습니다.

　4. 이야기 맥락 이해하기: 그림과 텍스트의 관계, 페이지 전환의 의미, 이야기의 흐름을 이해하는 것은 깊이 있는 감상을 위해 필수적입니다. "이전 장면과 이 장면은 어떤 관계가 있을까요?", "작가가 왜 이런 순서로 이야기를 전개했을까요?" 와 같은 질문으로 이야기 맥락에 대한 이해를 도울 수 있습니다.

5. 상호작용적 읽기: 일방적인 읽어주기보다는 아이들이 적극적으로 참여할 수 있는 상호작용적 읽기가 중요합니다. 예측하기, 질문하기, 연결하기, 요약하기 등의 활동을 통해 아이들이 이야기에 적극적으로 참여하도록 합니다.

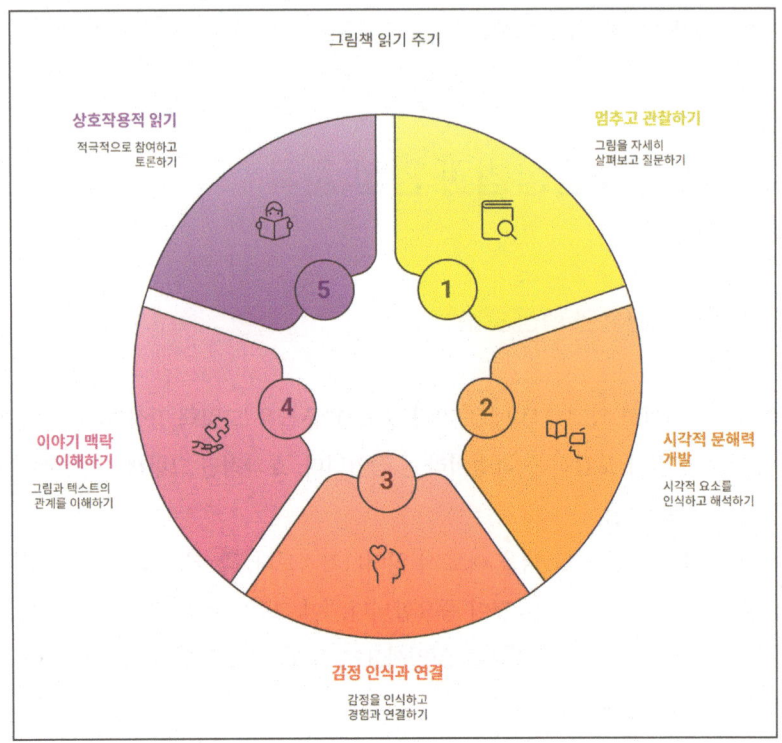

그림책이 아이들의 감성과 인성 발달에 미치는 영향

그림책은 아이들의 감성과 인성 발달에 다양한 방식으로 긍정적인 영향을 미칩니다:

1. 공감 능력 발달: 다양한 등장인물의 경험과 감정을 간접적으로 체험하면서, 아이들은 타인의 입장을 이해하고 공감하는 능력을 키웁니다. 그림책 독서모임에서 관찰한 바로는, 정기적으로 그림책을 읽는 아이들이 또래 관계에서 더 높은 공감 능력을 보였습니다.

2. 정서 지능 발달: 그림책은 다양한 감정을 안전하게 탐색할 수 있는 장을 제공합니다. 아이들은 그림책 속 인물을 통해 자신의 감정을 인식하고, 표현하고, 조절하는 법을 배웁니다. '감정을 배우는 앤서니 브라운의 책' 시리즈를 활용한 감정 워크숍에서, 아이들은 자신의 감정을 더 정확히 표현할 수 있게 되었습니다.

3. 도덕적 판단력 형성: 그림책 속 갈등 상황과 해결 과정은 아이들에게 간접적인 도덕적 교훈을 제공합니다. 책을 통해 아이들은 정직, 용기, 책임감과 같은 가치를 내면화합니다.

4. 다양성 존중 태도 함양: 다양한 문화, 가족 형태, 개성을 다룬 그림책을 통해 아이들은 '다름'을 자연스럽게 받아들이고 존중하는 태도를 기릅니다. '따로따로 행복하게'(배빗 콜 저, 보림), '할머니 엄마'(이지은 저, 웅진주니어)와 같은 책은 아이들에게 다양한 가족 형태를 소개하며 포용적 태도를 길러줍니다.

5. 자아 정체성 형성: 그림책 속 등장인물과 자신을 동일시하는 과정에서 아이들은 자신의 정체성과 가치관을 형성해나갑니다. '강아지똥'(권정생 저, 길벗어린이)와 같은 책은 아이들의 자아 존중감과 긍정적 자아상 형성에 도움을 줍니다.

의미 있는 그림책 감상과 활용 사례

그림책을 통한 의미 있는 감상과 활용 사례를 소개합니다:

- 사례 1: 감정 탐색 워크숍 그림책 독서모임에서는 '기분을 말해 봐'(앤서니 브라운 글그림, 웅진주니어)를 활용한 감정 탐색 워크숍을 진행했습니다. 아이들은 책 속 주인공이 경험하는 다양한 감정을 탐색한 후, 자신만의 '감정 사전'을 만들었습니다. 각 감정에 대한 정의, 신체적 반응, 대처 방법 등을 자신만의 언어로 정리하는 과정에서, 아이들은 감정에 대한 이해도를 높이고 자기 표현 능력을 향상시켰습니다.

- 사례 2: 가치관 형성 프로젝트 '까만 크레파스'(나카야 미와 저, 웅진주니어)를 통해 '다름'과 '포용'의 가치를 탐구하는 프로젝트를 진행했습니다. 아이들은 책을 읽은 후, 자신이 경험한 '다름'에 대해 이야기를 나누고, 학급에서 소외된 친구들을 포용할 수 있는 구체적인 방법을 함께 모색했습니다. 이 활동은 단순한 토론을 넘어, 실제 교실 문화를 변화시키는 계기가 되었습니다.

- 사례 3: 가족 그림책 프로젝트 가족 구성원이 함께 참여하는 '가족 그림책 만들기' 프로젝트를 진행했습니다. 먼저 '가족은 꼬옥 안아주는거야'(박윤경 저, 웅진주니어)과 같은 가족 이야기를 함께 읽은 후, 가족의 소중한 추억이나 전통을 담은 간단한 그림책을 공동으로 제작했습니다. 이 과정은 세대 간 소통을 촉진하고, 가족의 유대감을 강화하는 의미 있는 경험이 되었습니다.

3.2 그림책과 연계한 창의적 감상 활동

독후 활동으로 진행할 수 있는 감성 그림 그리기

그림책 감상 후 진행할 수 있는 창의적인 감성 그림 활동들을 소개합니다:

1. 감정 풍경화: 그림책을 읽고 느낀 감정을 색과 형태로 표현하는 추상화를 그립니다. 구체적인 형태보다는 감정을 색과 선으로 자유롭게 표현하도록 안내합니다.

2. 스토리 확장하기: 그림책의 결말 이후 또는 이야기 중간에 생략된 장면을 상상하여 그림으로 표현합니다. "주인공이 10년 후에 어떻게 되었을까?" 또는 "이 장면과 다음 장면 사이에 어떤 일이 있었을까?"와 같은 질문으로 시작할 수 있습니다.

3. 캐릭터 변신: 그림책 속 인물을 다른 시대, 문화, 환경에 놓인 모습으로 재해석하여 그립니다. "용감한 강아지 로키가 우주 탐험가라면 어떤 모습일까?"와 같은 질문으로 상상력을 자극합니다.

4. 감정 만다라: 동심원 형태의 만다라를 그리면서 그림책에서 느낀 감정을 패턴과 색상으로 표현합니다. 내면에서부터 바깥쪽으로 확장되는 형태로, 가장 강렬한 감정은 중심에, 부차적인 감정은 바깥쪽에 배치하도록 안내합니다.

5. 협동 벽화: 그림책의 주요 주제나 메시지를 담은 대형 협동 벽화를 제작합니다. 각자 다른 부분을 담당하되, 전체적인 주제와 색감을 통일성 있게 유지하도록 합니다.

감정 카드, 연극 놀이 등 감각적 감상법 적용

그림책 감상을 더욱 풍부하게 만드는 감각적 감상법들을 소개합니다:

1. 감정 카드 활용하기: 다양한 감정을 표현한 이미지 카드를 활용하여 그림책 속 인물의 감정이나 자신의 감정을 표현합니다. "이 장면에서 주인공의 기분을 가장 잘 나타내는 카드는 무엇인가요?"와 같은 질문으로 활동을 진행할 수 있습니다.

2. 감각 상자 만들기: 그림책 속 중요한 장면이나 사물과 관련된 다양한 질감의 물건들을 상자에 담아 촉각적 경험을 제공합니다.

3. 역할극과 즉흥극: 그림책 속 이야기를 역할극으로 재현하거나, 특정 상황을 주고 즉흥적으로 연기해보는 활동입니다. 대사뿐만 아니라 감정과 생각을 자유롭게 표현하도록 격려합니다.

4. 사운드스케이프 만들기: 그림책 속 장면에 어울리는 소리 환경을 만드는 활동입니다. 간단한 악기나 생활 소품, 목소리 등을 활용하여 이야기 속 분위기를 소리로 표현합니다. '정글북'(조지프 러드야드 키플링)이나 '나무와 친구가 되었어요'(임혜경)와 같은 자연 환경이 중요한 그림책에 적합합니다.

5. 오감 저널: 그림책을 읽고 난 후, 오감으로 느낀 것을 기록하는 저널 활동입니다. "이 이야기의 맛/냄새/촉감/소리는 어떨까?", "어떤 색으로 표현할 수 있을까?" 등의 질문을 통해 다감각적 감상을 유도합니다.

그림책과 심리 표현 워크숍 운영 사례

그림책을 활용한 심리 표현 워크숍 운영 사례를 소개합니다:

- 사례 1: 감정 표현 워크숍 '소피가 화나면 정말 정말 화나면'(몰리 뱅 글·그림, 책 읽는 곰)를 활용한 감정 표현 워크숍을 진행할 수 있습니다. 아이들은 책을 읽은 후, 자신이 화가 났을 때의 신체적 반응과 감정을 점토로 표현했습니다. 이어서 화를 건강하게 표현하고 다스리는 방법을 함께 모색하고, '나만의 화 다스리기 방법'을 기록한 작은 책자를 만들었습니다. 이 활동은 아이들이 분노와 같은 강한 감정을 인식하고 적절히 표현하는 방법을 배우는 데 큰 도움이 되었습니다.

- 사례 2: 불안 극복 프로젝트 '큰 토끼 작은 토끼'(이올림 저, 한울림어린이)를 중심으로 불안과 두려움을 다루는 워크숍을 진행했습니다. 아이들은 자신의 두려움을 '걱정 인형' 형태로 만들고, 그 인형에게 편지를 썼습니다. 편지에는 두려움을 느끼는 이유와 그것을 극복하기 위한 방법을 담았습니다. 마지막으로 '용기의 방패'를 만들어, 자신에게 용기를 주는 말이나 사람, 사물 등을 그리거나 적었습니다. 이 활동은 아이들이 자신의 불안을 구체화하고, 이를 극복하기 위한 내적 자원을 발견하는 기회가 되었습니다.

- 사례 3: 자아 탐색 워크숍 '너는 특별하단다'(맥스 루카도 저, 고슴도치)를 활용하여 자아 탐색 워크숍을 진행했습니다. 아이들은 책을 읽은 후, 자신만의 특별함을 발견하는 '나의 보물지도'를 만들었습니다. 지도에는 자신의 강점, 좋아하는 것, 잘하는 것, 소중한 사람들 등을 창의적으로 표현했습니다. 이어서 '미래의 나에게 쓰는 편지'를 작성하며, 자신의 꿈과 희망을 구체화했습니다. 이 워크숍은 아이들의 자아 존중감을 높이고, 긍정적 자아상을 형성하는 데 기여했습니다.

3.3 그림책 감상법을 활용한 공감 교육

공감 능력을 키우는 그림책 선정 기준

공감 능력을 효과적으로 키울 수 있는 그림책을 선정하기 위한 기준들입니다:

1. 다양한 감정을 섬세하게 표현: 등장인물의 감정이 텍스트와 일러스트레이션을 통해 풍부하고 섬세하게 표현된 그림책이 효과적입니다. 아이들은 이를 통해 감정의 미묘한 차이와 표현 방식을 배울 수 있습니다.

2. 다양한 관점 제시: 하나의 사건이나 상황을 여러 인물의 관점에서 바라볼 수 있게 하는 그림책은 다양한 시각을 이해하는 능력을 길러줍니다. '반이나 차 있을까 반밖에 없을까?'(이보나 흐미엘레프스카 글·그림, 논장)과 같이 한 사건을 여러 시점에서 보여주는 책이 좋은 예입니다.

3. 갈등과 해결 과정 포함: 인물 간의 갈등과 이를 해결해가는 과정이 잘 묘사된 그림책은 사회적 문제 해결 능력과 공감을 함께 발달시킵니다. '시간도둑 내 시간표를 돌려줘'(김서아 글·그림, 재노북스)과 같은 책이 이에 해당합니다.

4. 사회적 다양성 반영: 다양한 문화, 가족 형태, 능력, 외모 등을 자연스럽게 다루는 그림책은 다양성에 대한 이해와 존중을 길러줍니다. '딱 맞는 돌을 찾으면'(메리 린 레이 저, 피카주니어)이 좋은 예입니다.

5. 깊이 있는 공감 메시지: 단순히 "착한 아이가 되자" 식의 교훈이 아닌, 타인에 대한 깊은 이해와 배려를 담은 메시지가 있는 그림책이 효과적입니다. '보이지 않는 아이'(트루디 루드위그 저, 책과콩나무)와 같은 책이 이에 해당합니다.

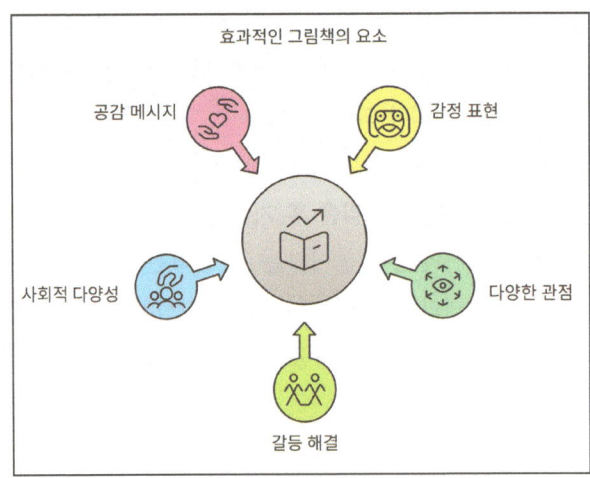

인성 교육과 연계할 수 있는 그림책 활동

그림책을 통한 인성 교육을 위한 효과적인 활동들을 소개합니다:

1. 가치 토론하기: 그림책 속 등장인물의 선택과 행동을 바탕으로 정직, 용기, 책임, 배려 등의 가치에 대해 토론합니다. "주인공의 선택은 옳았을까?", "다른 방법은 없었을까?" 등의 질문으로 토론을 이끌어갑니다.

2. 착한 행동 릴레이: 그림책 속 배려와 친절을 주제로 한 이야기를 읽은 후, '착한 행동 릴레이'를 계획합니다. 일주일 동안 매일 한 가지씩 타인을 위한 작은 친절을 실천하고, 그 경험을 함께 나누는 활동입니다.

3. 감사 표현하기: 감사를 주제로 한 그림책을 읽은 후, 주변 사람들에게 감사의 마음을 표현하는 편지나 작은 선물을 만듭니다. 이를 통해 감사하는 마음과 표현하는 습관을 기릅니다.

4. 헌신과 봉사 프로젝트: 봉사를 주제로 한 그림책을 읽은 후, 지역사회를 위한 작은 봉사 프로젝트를 계획하고 실행합니다. 아이들의 연령과 능력에 맞는 활동(재활용품 수거, 쓰레기 줍기, 봉사활동 신청 등)을 선택합니다.

5. 자기 성찰 저널: 그림책을 읽은 후, 자신의 행동과 가치관을 성찰하는 저널을 작성합니다. "내가 주인공이었다면 어떻게 했을까?", "이 이야기에서 배울 수 있는 교훈은 무엇일까?", "나의 어떤 행동을 바꾸고 싶은가?" 등의 질문에 답하며 자기 성찰의 기회를 갖습니다

감정 표현 및 토론을 유도하는 질문법

그림책 감상 후 감정 표현과 깊이 있는 토론을 이끌어낼 수 있는 효과적인 질문 기법들입니다:

1. 개방형 질문 활용하기: "이 이야기에서 가장 인상 깊었던 부분은 무엇인가요?"와 같이 '예/아니오'로 답할 수 없는 열린 질문을 통해 자유로운 표현을 유도합니다.

2. 감정에 초점 맞추기: "주인공이 이 장면에서 어떤 기분이었을까요?", "여러분이 이런 상황에 처한다면 어떤 감정이 들까요?"와 같이 감정에 초점을 맞춘 질문을 합니다.

3. 연결점 찾기: "이 이야기 속 상황과 비슷한 경험이 있나요?", "우리 주변에서도 이런 일이 일어날 수 있을까요?"와 같이 이야기와 실제 경험을 연결하는 질문을 합니다.

4. 가정법 질문하기: "만약 주인공이 다른 선택을 했다면 어떻게 달라졌을까요?", "여러분이 이 이야기에 등장한다면 어떤 역할을 맡고 싶나요?"와 같은 가정법 질문을 통해 상상력과 창의적 사고를 자극합니다.

5. 깊이 있는 사고 유도하기: "작가가 이 이야기를 통해 전하고 싶은 메시지는 무엇일까요?", "이 이야기가 우리에게 주는 교훈은 무엇일까요?"와 같은 질문으로 깊이 있는 사고를 유도합니다.

6. 다양한 관점 탐색하기: "다른 등장인물의 입장에서는 이 상황을 어떻게 느꼈을까요?", "이 문제에 대해 다른 생각을 가진 사람이 있나요?"와 같은 질문으로 다양한 관점을 탐색합니다.

효과적인 질문을 위한 팁:

- 아이들이 답변할 시간을 충분히 제공합니다. 침묵을 두려워하지 말고, 생각할 시간을 주세요.
- 아이들의 답변에 판단이나 평가를 하지 않고, 모든 의견을 존중하는 태도를 보여주세요.
- 답변에 대해 "왜 그렇게 생각하나요?"와 같은 후속 질문을 통해 더 깊이 탐색하도록 유도합니다.
- 질문의 난이도를 아이들의 연령과 발달 단계에 맞게 조절합니다.
- 사례: 그림책 독서모임에서 '나와 조금 다를 뿐이야'(이금희 저, 푸른책들)를 읽은 후 진행한 토론에서는, "등장인물들이 서로의 차이점을 어떻게 받아들이게 되었나요?", "여러분은 친구들과 어떤 점이 다른가요?", "다른 점이 오히려 특별한 장점이 된 경험이 있나요?" 등의 질문을 통해 다양성에 대한 깊이 있는 대화를 이끌어냈습니다. 아이들은 처음에는 간단한 답변으로 시작했지만, 점차 자신의 경험과 감정을 더 풍부하게 표현하게 되었습니다.

 4. 창의적인 그림책 독서 활동 및 교육 활용법

4.1 창의적 수업을 위한 그림책 활용 전략

다년간의 독서 지도 경험을 바탕으로, 아이들의 호기심과 참여도를 끌어올리는 방법론을 소개합니다. 먼저 보드게임 논술의 경우, 교사는 선정한 그림책의 주제·인물·장소·갈등을 카드나 말판으로 시각화합니다. 아이들은 주사위를 굴려 도착한 칸에서 질문에 답하거나 미션을 수행하며 줄거리와 가치를 자연스럽게 재구성합니다. 게임판을 직접 설계하도록 하면 메타인지가 자극되고 창의성이 증폭됩니다. 비슷한 방식으로, 책 속 핵심 가치(정직·용기·협력 등)를 상황 카드로 만들어 토론하는 가치 탐구 게임을 구성할 수 있습니다. 여기에서 아이들은 선택지를 논리적으로 설득하며 윤리적 사고를 심화합니다. 또 다른 확장 활동으로 스토리텔링 주사위를 활용합니다. 인물, 배경, 문제, 해결책, 감정 등을 여섯 면에 그려 넣은 주사위를 던져 즉흥적인 이야기를 만들면, 서사 구조 이해와 언어 표현력이 동시에 자랍니다.

그림책을 신문 논술(NIE)에 접목할 때는 두 단계가 효과적입니다. 먼저, 책의 주제를 현실과 연결할 수 있는 최신 기사를 찾아 스크랩하며 비판적 사고력을 넓힙니다. 이어서 책 속 사건을 제목·리드·본문·인터뷰 구조로 기사화하면 정보 선별과 글의 구조화 능력이 키워집니다. 메시지를 광고·캠페인으로 재해석해 디자인하는 활동은 카피라이팅과 시각 커뮤니케이션 역량을 동시에 길러 줍니다.

미디어 기반 독서 활동도 중요합니다. 오디오 드라마를 제작하면서 아이들은 대본 작성, 녹음, 편집, 효과음 삽입을 경험하여 스토리텔링과 음향 연출을 익힙니다. 영화 예고편 형식의 북 트레일러를 제작하면 줄거리를 압축하는 능력과 영상 문해력이 향상됩니다. 또한 태블릿이나 PC를 이용해 텍스트·이미지·음성을 결합한 디지털 스토리를 만들게 하면, 인터랙티브 환경에서 창의적 사고가 확장됩니다.

그림책은 교과 연계 수업에서도 유용합니다. 수학 영역에서는 덧셈이나 비율 개념을 작품 속 상황에 적용하여 문제 해결 과정을 설계할 수 있습니다. 과학 영역으로 확장하면 서사적 사건을 실험이나 관찰로 연결해 탐구 활동을 체화할 수 있고, 사회 영역에서는 문화·역사·직업 요소를 비교·토론하며 프로젝트 학습을 전개할 수 있습니다.

프로젝트 기반 학습(PBL)도 그림책에서 시작하면 효과가 큽니다. 환경 프로젝트에서는 기후 이슈 조사, 실천 계획 수립, 캠페인 제작, 성과 공유의 흐름으로 진행합니다. 다문화 프로젝트는 국가 연구, 문화 체험, 전시·박람회 기획으로, 지역사회 탐구 프로젝트는 현장 답사, 문제 발견, 개선 아이디어 제안의 단계로 이어집니다.

감각을 활용한 활동은 다양합니다. 음식이 등장하는 장면과 실제 요리 활동을 연결해 계량·변화를 관찰하게 하거나, 의성어·의태어를 음악적 요소로 전환해 소리와 감정을 매핑할 수 있습니다. 색·질감·형태를 탐구하는 미술 활동은 시각 문해력과 미적 감수성을 증진합니다.

실전 운영 팁으로는 목표·도서·질문 리스트를 명확히 설정하는 사전 준비, 예측·질문·연결 전략을 활용하는 상호작용적 읽기, 토론·연극·글쓰기·메이킹을 혼합하는 활동 다양화, 포트폴리오·자기평가·교사 관찰을 결합하는 평가 및 성찰, 그리고 분기별 '그림책 축제'를 통한 정기 행사 운영이 있습니다.

4.2 그림책을 활용한 융합 교육 사례

그림책은 STEAM(과학·기술·공학·예술·수학) 교육의 이상적인 출발점입니다. 과학 탐구에서는 이야기 속 자연·생명 현상을 탐색한 뒤 간이 실험으로 원리를 검증하고 관찰 일지를 작성합니다. 기술·공학적 접근에서는 서사 속 문제 상황을 설계 과제로 바꿔 모형을 제작·테스트·개선하며 공학적 사고를 기릅니다. 예술적 표현 과정에서는 텍스트 요소를 시각·청각·신체 표현으로 재구성하여 공감각적 창작을 유도합니다. 수학적 사고 단계에서는 서사 패턴을 수와 도형, 통계 개념에 대응시켜 게임과 문제 해결 활동을 설계합니다.

현장에서 이 네 가지 축을 '읽기→탐구→제작→공유'의 네 단계로 순환시킬 때, 과학적 근거 검증, 공학적 설계 사고, 예술적 표현, 수학적 검증이 자연스럽게 연결되어 통합적 사고력을 키우는 효과가 극대화됩니다.

4.3 그림책을 통한 실전 수업 기획법

그림책 중심 창작 워크숍은 명확한 목표 설정에서 시작합니다. 먼저 대상의 연령과 발달 수준, 흥미를 분석한 뒤, '영감 얻기→계획하기→창작하기→다듬기→공유하기'의 단계별 커리큘럼을 작성하고 필요한 재료를 준비합니다. 진행 단계에서는 다양한 그림책의 텍스트·이미지·구조를 분석해 창작 아이디어 씨앗을 제공하고, 브레인스토밍과 스토리보드를 통해 개별 또는 팀 콘셉트를 구체화합니다. 창작 시간이 충분히 확보되어야 하며, 교사는 질문 창구를 열어 지속적 피드백을 제공합니다. 중간 점검 라운드로 문제를 발견·해결하도록 돕고 동료 학습을 장려한 뒤, 최종 발표와 전시·리뷰를 통해 성취감과 비평적 시각을 함양합니다. 대표적 5일 모듈은 1일차 탐색, 2일차 플롯·캐릭터 구성, 3일차 스토리보드, 4일차 원고·일러스트 제작, 5일차 발표·질의응답 순으로 설계할 수 있습니다.

일반 학급과 독서 모임에서는 정기·특별·일상 활동을 조합해 적용합니다. 정기 활동으로는 아침 독서 5분 뒤 감정·생각을 세 문장으로 공유하거나, 주제별 그림책 주간을 운영해 토론·창작·체험 활동을 연계합니다. 특별 행사로는 그림책 축제(전시·공연·작가 초청)나 그림책 여행(배경 지역·박물관·스튜디오 방문)을 계획할 수 있습니다. 일상적 운영에서는 감정 조절·갈등 해결 코너에 관련 도서를 비치하고, 학급 규칙을 논의할 때 그림책의 메시지를 참고해 공동체 의식을 높입니다.

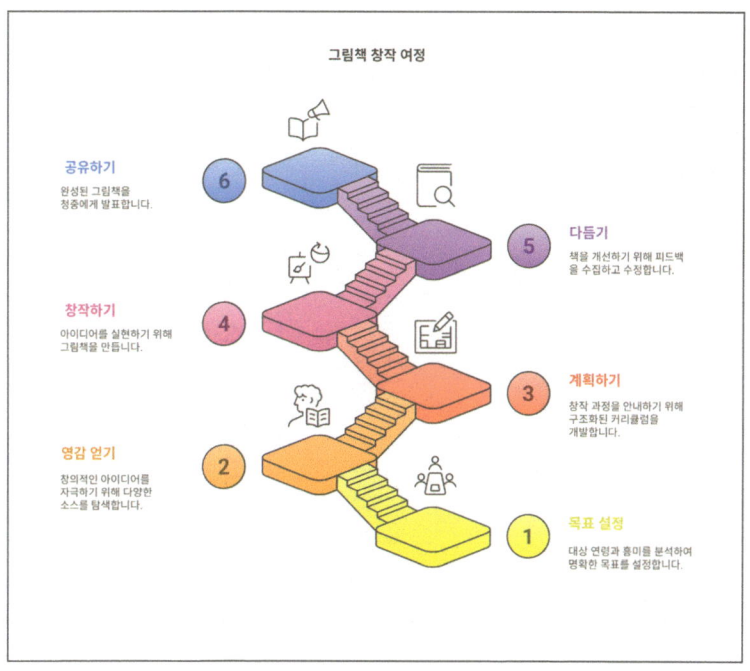

핵심 전략은 읽기 → 탐구 → 창작 → 나눔 네 단계 사이클을 모든 활동에 적용하는 것입니다. 학습자가 주제 선택, 설계, 발표를 주도하도록 권한을 이양하면 몰입도와 자기 효능감이 극대화됩니다. 텍스트, 이미지, 미디어, 실험, 토론 등 다양한 매체와 방법을 혼합해 학습 스타일의 다양성을 보장하고, 교사와 학습자가 활동 후 의미 있는 배움을 기록·공유하는 지속적 성찰 과정을 거치면 프로그램이 자연스럽게 고도화됩니다. 이러한 방법론을 따르면 특정 그림책이 바뀌더라도 언제든 맞춤형 창의 독서 수업을 설계하고 운영할 수 있습니다.

3장

AI와 함께하는 그림동화 창작

스토리텔링과 디지털일러스트

―――――――――

이성미 윤서아

1. 그림동화 이해하기: 시작하기 전에 알아야 할 것
1.1 그림동화의 정의와 현대적 의미 84
1.2 연령별 그림동화의 특징과 핵심 요소 85
1.3 성공적인 그림동화 창작을 위한 필수 요소 87

2. 나도 할 수 있다: 초보자를 위한 스토리 만들기
2.1 나만의 이야기 찾기: 아이디어 발상법 88
2.2 그림동화에 맞는 스토리 구조 설계하기 92
2.3 텍스트와 일러스트의 조화로운 구성 99

3. AI와 함께하는 그림동화 제작 실전 가이드
3.1 AI 일러스트레이션 도구의 이해와 활용 104
3.2 AI를 활용한 스토리 구성과 텍스트 생성 123
3.3 AI 작업물의 후보정과 완성도 높이기 125

이성미 작가

"일상의 섬세함을 디지털 캔버스에 담다"

이성미 작가는 일상의 섬세한 감성을 AI 미디어 아트와 그림동화로 풀어내는 디지털 미디어 아티스트입니다. 봄비가 내린 뒤 찾아오는 해 질 녘의 신비롭고 깊은 딥보랏빛의 감성을 바탕으로, 세상이 가장 고요해지는 순간을 자신만의 따뜻한 이야기와 신비로운 색채로 표현하고 있습니다. 누구나 창작자가 될 수 있다는 희망의 메시지를 전하며 사람들의 마음에 깊은 위로와 여운을 남기는 작품 활동을 이어가고 있습니다.

2025년 삼성동 코엑스 광장 미디어아트 상영, 케이리즈갤러리 펠리즈 박 작가와의 BOOM 미디어 아트 전시, 롯데 호텔 아트페어 그룹전, 한불특별교류전 등 다양한 전시를 통해 AI와 인간의 감성이 조화를 이루는 새로운 예술적 가능성을 선보이고 있습니다. 또한 『인공지능콘텐츠트렌드』, 『PROMPT ARCHIVE BOOK』 등의 저술과 강의를 통해 AI 콘텐츠 분야의 대중화와 전문성을 꾸준히 알리고 있습니다.

- (사)서울국제광고영화제 이사 겸 선임연구원
- 한국 AI작가 협회 이사
- 새움북스 출판사 대표

출간도서로는 『인공지능 콘텐츠 트렌드』 『투명괴물 쓰깨비 납치사건』 『PROMPT ARCHIVE BOOK I』 『PROMPT ARCHIVE BOOK II』 외 다수

- 2025. 5 삼성동 코엑스 광장 미디어아트 상영
- 2025. 5 케이리즈갤러리 펠리즈 박 작가와 콜라보. BOOM 미디어 아트 전시2025. 그림동화 3종 출간
- 2025. 3. 일산 롯데 백화점 한광숙작가와 콜라보
- 2025. 2. 롯데 호텔 아트페어 그룹전

"AI로 쉽게 시작하는
동화책 만들기"

CHAPTER 3은 그림동화를 처음 창작하는 이들을 위해 AI를 활용한 스토리텔링과 디지털 일러스트 제작의 전체 흐름을 안내합니다. 이 장에서는 그림동화의 기본 개념부터 연령별 특징, 구성 요소를 이해하는 것에서 출발하여, AI 도구를 통해 어떻게 창작 과정을 효율적으로 설계하고 실행할 수 있는지를 실습 중심으로 설명합니다. ChatGPT와 Claude를 활용한 이야기 생성, Midjourney와 Canva를 활용한 시각적 구현, 텍스트와 이미지의 통합 편집까지, 그림동화 제작의 전 과정을 단계별로 익힐 수 있습니다. 스토리를 쓰고 그림을 그리고 싶은 누구라도, AI와 함께라면 그 꿈을 현실로 만들 수 있습니다.

 1. 그림동화 이해하기: 시작하기 전에 알아야 할 것

그림동화 창작을 시작하기 전, 우리는 먼저 이 장르가 가진 본질과 시대에 따른 변화를 이해할 필요가 있습니다. 전통적인 그림동화가 감성과 상상력을 중심으로 유아와 아동에게 접근했다면, 오늘날의 그림동화는 디지털 기술과 결합해 더 넓은 연령층, 더 다양한 주제와 표현으로 확장되고 있습니다. 이 단원에서는 그림동화의 정의, 연령별 특징, 창작 시 고려해야 할 핵심 요소들을 차근차근 살펴보며, AI 기술과의 접목 가능성까지 함께 알아봅니다.

1.1 그림동화의 정의와 현대적 의미

그림동화는 글과 그림이 조화를 이루어 이야기를 전달하는 독특한 장르입니다. 전통적으로는 유아를 주요 독자로 삼아 짧은 문장과 감성적인 삽화로 구성되었으며, 이야기보다는 정서적 경험에 초점을 맞추는 경우가 많았습니다. 그러나 현대에 들어서면서 그림동화는 단순한 '아이들의 책'을 넘어, 세대와 문화를 초월한 콘텐츠로 진화하고 있습니다.

오늘날의 그림동화는 다양한 주제를 다루고 있으며, 사회적 메시지를 전달하거나 감정 교육, 생태 감수성, 다양성 존중 등 교육적 목적을 포함하기도 합니다. 또한 디지털 기술의 발달로 인해 종이책을 넘어 e북, 오디오북, 인터랙티브북, 애니메이션 등 다양한 형태로 재해석되고 있습니다. 특히 생성형 AI의 등장으로 스토리 기획, 캐릭터 설정, 일러스트 제작까지 창작의 전 과정이 자동화·보조화되는 흐름이 가속화되고 있습니다.

이제 그림동화는 더 이상 작가 혼자 손으로 그리는 시대를 넘어, 창작자와 AI가 협업하여 감성과 상상력을 극대화하는 장르로 자리 잡고 있습니다. 전통적인 이야기의 틀은 유지하되, 현대적 메시지와 기술이 결합된 그림동화는 앞으로 더욱 다양하고 풍성한 방식으로 발전해 나갈 것입니다.

전통적인 그림동화 vs. 현대 그림동화

구분	전통적인 그림동화	현대 그림동화
대상 연령	유아 중심	유아 + 초등 + 청소년까지 확장
형식	종이책 중심	디지털북, 오디오북, 인터랙티브북 등 다양
창작 방식	작가 개인의 수작업 중심	AI 도구와 협업 가능한 시스템 기반
스토리 구성	단순한 이야기 구조	다양성과 사회적 메시지를 반영한 복합 구조
그림 스타일	수작업 일러스트, 수채화 등 감성 중심	다양한 디지털 스타일과 효과 사용 가능
출판 경로	출판사 투고 중심	1인 출판, POD, 전자책 플랫폼 활용 가능
확장성	책으로만 존재	애니메이션, 굿즈, 교육 콘텐츠 등 IP 확장 가능

전통적인 그림동화는 유아를 위한 감성 중심의 종이책이었습니다. 반면, 현대 그림동화는 디지털 기술과 결합해 연령, 형식, 주제 면에서 확장되고 있습니다. 이제는 AI 도구를 활용해 누구나 다양한 방식으로 창작과 출판을 할 수 있는 시대입니다.

그림동화 창작 방식의 변화와 디지털 기술의 영향

항목	과거의 창작 방식	현재의 창작 방식 (디지털 기반)
스토리 작성	작가 혼자 아이디어 구상 및 집필	ChatGPT, Claude 등 AI를 활용한 공동 집필
캐릭터·세계관 설정	수작업으로 구상 및 설정 정리	AI와 협업하여 빠르게 아이디어 확장
일러스트 제작	손그림, 페인팅 위주의 작업	Midjourney, DALL·E, Canva 등으로 이미지 생성
편집 및 디자인	출판 디자이너와 협업 필요	Canva 등 툴을 이용한 직접 편집 가능
출판 방식	출판사 중심 종이책 위주	1인 전자책 출판, POD, 글로벌 플랫폼 확대
유통 및 마케팅	서점 중심, 홍보 제한적	SNS, 크라우드 펀딩, 유튜브 등 디지털 홍보 가능

1.2 연령별 그림동화의 특징과 핵심 요소

그림동화는 독자의 연령에 따라 내용, 구성, 표현 방식이 달라집니다. 유아용 그림책은 감정 표현과 시각 자극에 집중하며, 초등 저학년은 공감 가능한 일상과 관계 중심의 이야기 구조를 따릅니다. 반면 초등 고학년 이상은 주제와 표현이 복잡해지고, 감정의 흐름과 문제 해결 과정을 중심으로 구성됩니다. 이 단원에서는 연령별로 어떤 서사와 시각적 표현이 효과적인지 구체적으로 살펴봅니다.

유아, 초등 저·고학년 대상 그림동화의 차이

연령대	주요 독자 특징	스토리 구성	그림 표현 방식
유아 (3~5세)	언어 발달 초기, 감정 중심 반응	반복 구조, 단순한 갈등과 해소	강한 색감, 단순 형태, 표정 중심
초등 저학년 (6~8세)	읽기 능력 성장, 공감 능력 발달	일상 속 사건, 우정과 감정 변화 중심	선명한 색감, 상황 중심 일러스트
초등 고학년 (9~12세)	추론 능력, 감정 이해 능력 향상	문제 해결형 서사, 성장 이야기 중심	디테일 강화, 감정과 배경 강조

표에 나타난 것처럼 유아는 직관적이고 반복적인 구조에 익숙하며, 색감과 표정 중심의 일러스트에 반응합니다. 초등 저학년은 친구 관계나 감정 변화에 관심을 가지며, 보다 구체적인 상황과 장면 표현이 필요합니다. 초등 고학년 이상이 되면 갈등, 선택, 성장 등 복합적인 주제를 다룬 이야기를 선호하며, 시각적 표현 또한 섬세함과 사실성을 요구합니다. 이러한 차이를 반영한 창작이 독자의 몰입도를 높이는 핵심이 됩니다.

연령별 맞춤형 서사와 시각적 표현 기법

연령대	서사 구성 방식	시각적 표현 기법
유아 (3~5세)	반복, 리듬감, 간단한 대화 중심	크고 단순한 이미지, 원색 위주, 감정 표정 강조
초등 저학년 (6~8세)	일상적인 사건과 감정의 흐름, 교훈적 이야기	캐릭터 중심 구도, 이야기 흐름에 따라 장면 구분
초등 고학년 (9~12세)	갈등 → 선택 → 성장으로 이어지는 구조	감정선 표현 강조, 배경·소품 등 디테일 풍부한 구성

이 표는 각 연령대의 인지 발달과 감정 수용 능력에 맞춰 서사와 시각적 표현이 어떻게 달라져야 하는지를 보여줍니다. 유아 대상 동화는 반복과 감정 중심의 간단한 이야기로 흥미를

유도하며, 시각적으로는 원색과 큰 형태를 사용해 시선을 집중시킵니다. 초등 저학년은 일상적인 사건과 또래 관계 중심의 흐름이 효과적이며, 이야기의 흐름에 따라 장면 전환이 자연스럽게 느껴지는 구성이 중요합니다. 고학년 이상은 주제와 메시지가 뚜렷한 복합 서사가 적합하며, 그림 역시 감정의 변화와 인물의 내면을 반영할 수 있는 세밀한 묘사가 요구됩니다. 이러한 기법은 연령별 몰입도를 높이고 독자의 감정적 참여를 이끌어냅니다.

1.3 성공적인 그림동화 창작을 위한 필수 요소

그림동화를 완성도 있게 창작하기 위해서는 단순한 이야기 전달을 넘어서는 전략이 필요합니다. 특히 독자의 감정을 사로잡는 독창적인 스토리텔링과, 오랫동안 기억에 남을 매력적인 캐릭터 구축은 핵심입니다. 또한 글과 그림이 각각의 역할을 하면서도 유기적으로 어우러지는 구성, 독자의 눈높이에 맞춘 페이지 배치와 흐름 설계가 함께 고려되어야 합니다. 이 단원에서는 그림동화 창작의 핵심 요소들을 구체적으로 살펴봅니다.

독창적인 스토리텔링과 매력적인 캐릭터 구축

그림동화에서 스토리와 캐릭터는 단순한 설정을 넘어서 이야기의 정서적 핵심을 형성합니다.

항목	설명
스토리텔링	일상에서 출발해 상상력을 더하거나, 반전과 메시지를 포함한 이야기 구성
서사 구조	도입-갈등-해결의 3막 구조를 간결하게 담아내되, 감정선을 분명히 설계
캐릭터 설정	개성이 뚜렷하고 감정 표현이 가능한 주인공 설계 (외형, 성격, 말투 포함)
공감 요소	독자가 캐릭터와 감정적으로 연결될 수 있도록 경험·문제·소망을 반영

캐릭터는 단순히 외형만 귀엽고 예뻐서는 안 되며, 명확한 욕구와 갈등, 변화 과정을 겪어야 독자의 몰입을 유도할 수 있습니다. 독창적인 설정과 서사 흐름 속에서 아이들은 공감하고, 어른들은 감동할 수 있는 이야기를 만들어야 합니다. 특히 AI를 활용할 경우, 다양한 설정안을 실험하고 조합하는 방식으로 창작 속도를 높일 수 있습니다.

글과 그림의 균형 잡힌 조화와 독자 친화적 구성

항목	설명
텍스트 분량	한 장면당 2~3문장 이내, 짧고 리듬감 있는 문장 중심
일러스트 역할	텍스트에서 말하지 않는 정보를 시각적으로 보완하거나 강조
페이지 구성	시선 흐름을 고려한 좌우 배치, 페이지 넘김 효과 활용
독자 접근성	연령별 눈높이에 맞춘 단어 선택, 복잡하지 않은 장면 구성

그림동화는 글과 그림이 협력하여 하나의 메시지를 전달하는 예술 형식입니다. 좋은 그림동화는 글이 없더라도 이야기의 흐름이 이해될 만큼 그림이 역할을 하고, 반대로 그림이 없이도 감정 흐름을 느낄 수 있을 만큼 텍스트가 단단해야 합니다. 페이지를 넘길 때마다 자연스럽게 이야기가 전개되고, 독자가 캐릭터의 감정에 몰입할 수 있도록 배치의 리듬과 시각적 강조도 중요합니다. 특히 AI 기반 레이아웃 도구나 편집툴을 활용하면 이러한 조화를 더 정교하게 설계할 수 있습니다.

 2. 나도 할 수 있다: 초보자를 위한 스토리 만들기

2장은 그림동화 창작이 막막하게 느껴지는 초보자들을 위한 실전 안내서입니다. 누구나 마음속에 하나쯤은 품고 있는 이야기를 어떻게 꺼내고, 구조화하며, 실제 동화로 발전시킬 수 있는지를 단계별로 알려줍니다. 창작의 시작인 아이디어 발상부터 3막 구조의 스토리 설계, 캐릭터 설정, 삽화와 텍스트의 조화까지 모두 포함되어 있습니다. 특히 ChatGPT나 Claude 같은 AI 도구를 활용해 아이디어를 구체화하고, 플롯을 완성하는 과정은 글쓰기에 익숙하지 않은 이들에게도 강력한 도구가 되어줍니다. 지금부터 누구나 따라할 수 있는 스토리 창작의 첫걸음을 함께 시작해봅니다.

2.1 나만의 이야기 찾기: 아이디어 발상법

그림동화 창작의 시작은 '내가 어떤 이야기를 하고 싶은가'를 묻는 순간에서 출발합니다. 하지만 처음부터 완성된 스토리를 떠올리는 일은 쉽지 않습니다. 이때 필요한 것이 브레인스토밍입니다. 머릿속에 흩어진 단서들을 끄집어내어 주제, 인물, 배경, 사건으로 발전시키는 사고 훈련입니다. 또한 AI 도구인 ChatGPT나 Claude를 활용하면 막연했던 아이디어를 구체화하고, 다양한 설정과 전개를 빠르게 실험해볼 수 있습니다. 이 단원에서는 생각을 스토리로 전환하는 방법과 AI를 활용한 창작 도구 사용법을 함께 익힙니다.

창작 스토리를 위한 브레인스토밍 기법

방법	설명
키워드 나열법	내가 좋아하는 단어, 장소, 감정을 종이에 무작위로 써보고 연결점을 찾습니다.
질문 던지기	"만약 ○○라면?", "왜 그럴까?", "그 다음엔 무슨 일이 일어날까?" 같은 질문을 반복해봅니다.
연상 지도 만들기	중심 키워드를 가운데 놓고, 관련된 단어나 상황을 가지처럼 확장해보는 마인드맵 기법입니다.
실제 경험 활용하기	어린 시절 경험이나 인상 깊은 사건을 바탕으로 이야기 소재를 찾습니다.

브레인스토밍은 창의성을 끌어내는 데 효과적인 시작점입니다. 완성도 높은 스토리를 만들겠다는 부담보다는, 마음에 떠오르는 장면이나 감정부터 가볍게 써보는 것이 좋습니다. 특히 키워드에서 출발한 연상은 전혀 예상하지 못한 흥미로운 스토리로 이어지기도 합니다. 이렇게 정리된 생각은 이후 AI 도구를 활용한 본격적인 구조 설계로 연결됩니다.

AI(GPT, Claude)를 활용한 스토리 아이디어 생성

도구	활용 방식
ChatGPT	등장인물 설정, 이야기 시작 문장, 반전 아이디어 등을 다양하게 제안받을 수 있습니다.
Claude	보다 감성적인 문장 표현이나 주제에 맞는 문체 추천 등 서술 중심 작업에 유리합니다.

AI는 창작을 대신해주는 도구가 아니라, 창작자가 더 빠르고 넓게 상상할 수 있도록 도와주는 파트너입니다. 예를 들어, "작은 동물이 자신보다 큰 세상을 탐험하는 이야기" 같은 문장을 입력하면 다양한 플롯 구조, 캐릭터의 성격, 반전 아이디어를 제안받을 수 있습니다. AI가 제안한 내용 중 마음에 드는 방향을 선택해 살을 붙여 나가면, 창작 속도는 훨씬 빨라지고 아이디어의 폭도 넓어집니다.

창작에 대한 두려움은 완벽한 시작을 기대할 때 생깁니다. 그러나 스토리는 단순한 생각 한 줄에서 시작합니다. 지금 떠오른 상상 한 조각이 곧 한 권의 그림동화가 될 수 있습니다. AI와 함께라면 그 시작을 훨씬 쉽게 열 수 있습니다.

■ GPT 활용 예시

예시 1

[프롬프트]

"초등 저학년 아이들이 공감할 수 있는 이야기 주제를 3가지 제안해줘. 주인공은 동물이어야 하고, 모두 감정적인 성장을 다루는 내용이면 좋겠어."

[답변 요약]

1. 겁쟁이 토끼의 첫 캠핑 – 밤마다 무서워하던 토끼가 친구들과 함께 캠핑하며 용기를 배우는 이야기
2. 말썽쟁이 여우의 사과 편지 – 장난을 치고 후회한 여우가 진심 어린 편지를 쓰며 용서를 구하는 이야기
3. 수줍은 고양이의 발표 연습 – 반에서 말 한마디 못하던 고양이가 발표 대회를 준비하며 자신감을 얻는 이야기

활용 포인트: GPT는 타깃 연령, 감정 키워드, 동물 캐릭터라는 명확한 조건을 바탕으로 실제 창작 가능한 수준의 아이디어를 빠르게 제시함

예시 2

[프롬프트]

"'시간'과 '우정'을 주제로 한 그림동화 줄거리를 간단히 써줘. 말이 없는 동물 캐릭터를 중심으로 하고 싶어."

[답변 요약]

제목: "시계토끼와 느린 달팽이"
줄거리: 모든 것을 빨리 하는 토끼와 느릿한 달팽이는 처음엔 서로 답답해한다. 하지만 함께 시간을 보내며 '함께 있는 시간이 가장 소중하다'는 사실을 깨닫고 친구가 된다.

활용 포인트: GPT는 이야기 구조와 메시지, 캐릭터 대비, 감정선의 흐름까지 기본 줄거리를 자연스럽게 형성함

■ Claude 활용 예시

예시 1

[프롬프트]
"외로운 아이가 친구를 찾는 이야기인데, 전체 분위기는 따뜻하고 서정적으로 표현해줘. 동물 캐릭터를 사용하고 감정 묘사가 섬세하면 좋아."

[답변 요약]
제목: "달빛 너머의 고슴도치"
줄거리: 외로운 고슴도치가 매일 밤 숲을 걸으며 친구를 찾아 헤맨다. 어느 날 달빛 아래에서 조용히 혼자 노래를 부르던 올빼미를 만나고, 말없이 서로를 바라보며 따뜻한 우정을 나누게 된다.

활용 포인트: Claude는 문체의 감정 밀도가 높아 감성적인 동화에 적합. 풍경 묘사와 감정 흐름이 부드럽게 연결되어 있음

예시 2

[프롬프트]
"다름을 받아들이는 이야기를 만들고 싶어요. 등장인물은 아이가 아닌 새들이고, 상징적인 장면이 있으면 좋겠어요."

[답변 요약]
제목: "검은 깃털의 까치"
줄거리: 숲의 새들은 모두 알록달록한 깃털을 자랑하지만, 검은색만 가진 까치는 늘 소외된다. 비가 내린 어느 날, 까치의 깃털이 가장 따뜻하게 친구들을 덮어주며 진정한 아름다움이 무엇인지 깨닫는 상징적 장면이 나온다.

활용 포인트: Claude는 서사 구조보다 분위기와 상징을 풍부하게 표현하는 데 강점이 있음. 시적인 문체로 직관보다 감성에 호소

각 도구는 서로 다른 강점을 가집니다:
- GPT는 구조적이고 빠른 아이디어 생성에 유리합니다. (목차, 줄거리, 캐릭터 설정 등)
- Claude는 감성 표현과 감정선 중심의 이야기 발굴에 적합합니다. (문체, 묘사, 분위기 중심)

이 조합을 잘 활용하면, 그림동화의 콘셉트부터 캐릭터 정리, 전체 구조 설계까지 완성도 높은 아이디어를 빠르게 도출할 수 있습니다.

2.2 그림동화에 맞는 스토리 구조 설계하기

스토리는 감정을 따라가는 구조입니다. 아무리 좋은 아이디어도 구조가 없으면 독자의 몰입을 이끌어내기 어렵습니다. 그림동화는 제한된 분량 안에서 이야기의 전개와 감정의 흐름을 명확히 전달해야 하므로, 구조적 설계가 특히 중요합니다. 이 단원에서는 가장 기본이 되는 '3막 구조'를 바탕으로 그림동화에 적합한 서사 구성법을 익히고, ChatGPT를 활용해 플롯을 설계하고 캐릭터를 구체화하는 방법까지 함께 다룹니다. 스토리를 쌓아가는 기본 뼈대를 이해하면, 누구나 자기만의 이야기를 완성할 수 있습니다.

3막 구조와 그림동화 서사 구성법

구분	내용	구성 포인트
1막 (도입)	주인공 소개, 배경 설정, 평범한 일상	"누가, 어디서, 무엇을 하고 있는가"를 짧고 분명하게 제시
2막 (갈등/전환)	문제 발생, 모험 또는 갈등 시작	사건 전개와 감정 변화 중심, 긴장과 갈등 유도
3막 (해결/성장)	문제 해결, 주인공의 변화 또는 메시지 전달	감정 정리, 성찰 또는 작은 깨달음으로 마무리

그림동화는 보통 12~16페이지 안팎의 짧은 이야기입니다. 그래서 스토리도 간단하고 자연스럽게 흐르도록 구성하는 것이 중요합니다. 가장 기본이 되는 구조는 '시작-문제-해결'이라는 세 부분입니다. 처음에는 주인공이 어떤 아이인지, 어떤 평범한 하루를 보내는지 보여줍니다. 그다음에는 예상치 못한 일이 생기며 아이가 감정적으로 흔들리는 순간이 들어갑니다. 마지막에는 문제를 스스로 해결하거나, 작은 용기를 내면서 성장하는 장면으로 마무리합니다. 어렵게 느껴질 수 있지만, 이 흐름만 따라가도 짧지만 감동 있는 그림동화를 만들 수 있습니다.

각 예시는 3막 구조와 AI 도구를 실제로 활용해 스토리 플롯과 캐릭터 설정까지 연습할 수 있도록 구성했습니다.

■ 예시 1: 유아 대상 그림동화 – 감정 표현 중심 이야기

- 제목: "울보 아기곰의 첫 인사"
- 목표: 3~5세 유아가 공감할 수 있는 감정 표현과 일상 속 작은 성장 이야기 구성
- 튜토리얼 흐름:

1. 도입 (1막)

설정:
아기곰은 새로운 유치원에 가지만 낯선 친구들이 무섭고 겁이 납니다.

캐릭터 생성 프롬프트:
"3살~5살 유아가 좋아할 귀여운 곰 캐릭터를 만들어줘. 성격은 소심하지만 따뜻한 아이야."

2. 전개 (2막)

사건:
유치원 첫날, 아기곰은 친구들에게 인사를 못하고 숨어 있습니다. 하지만 실수로 넘어져 울음을 터뜨리고, 이를 본 다른 아기 동물이 먼저 다가와 손을 잡아줍니다.

갈등 강화 프롬프트:
"낯가림이 심한 캐릭터가 친구와 가까워지는 계기를 만들어줘. 감정이 잘 드러나는 장면으로."

3. 결말 (3막)

해결:
아기곰은 용기를 내어 작게 "안녕"이라고 인사합니다. 친구들과 함께 놀며 웃게 되고, 집에 돌아와 "오늘, 안녕 했어!"라고 말합니다.

포인트: 간단한 감정 변화 중심 이야기, 말보다 표정과 행동으로 감정을 전달하는 일러스트 중심 구성에 적합합니다.

■ 예시 2: 초등 저학년 대상 그림동화 – 문제 해결 중심 이야기

- 제목: "연필요정의 선물"
- 목표: 초등 1~2학년 독자에게 협동과 책임감을 주제로 한 이야기 구성
- 튜토리얼 흐름:

1. 도입 (1막)

설정:
학교에 다니는 다람쥐 아이 '루디'는 필통에 항상 연필이 없습니다. 숙제도 안 하고, 수업도 잘 듣지 않습니다.

캐릭터 설정 프롬프트:
"게으르지만 마음은 착한 초등학생 캐릭터를 다람쥐로 설정해줘. 이름, 말버릇, 성격을 알려줘."

2. 전개 (2막)

사건:
밤에 연필요정이 나타나 "숙제를 하면 특별한 연필을 하나씩 줄게요"라고 말합니다. 루디는 반신반의하며 숙제를 해보는데, 정말로 빛나는 연필이 생깁니다.

플롯 생성 프롬프트:
"게으른 아이가 특별한 보상을 통해 점점 달라지는 그림동화 이야기 플롯을 3막 구조로 구성해줘."

3. 결말 (3막)

해결:
마지막 날, 루디는 보상 없이도 자발적으로 숙제를 하고, 친구에게 연필을 나눠줍니다. 요정은 마지막으로 말합니다. "가장 빛나는 건 네 마음이야."

포인트: 교훈적이지만 억지스럽지 않은 메시지, 시각적으로 빛나는 연필을 일러스트로 강조할 수 있어 연출에도 적합합니다.

이 두 가지 예시는 각기 다른 연령대와 주제를 바탕으로 3막 구조를 실제로 적용하고, ChatGPT 프롬프트로 스토리를 구체화하는 과정까지 보여줍니다.

실습용으로 사용할 수 있도록 구성해 책이나 강의에 바로 활용해도 좋습니다. 필요하다면 각 단계에 맞는 캔바 화면 캡처 가이드도 추가로 제공해드릴 수 있습니다.

ChatGPT를 활용한 플롯 개발 및 캐릭터 설정

활용 목적	프롬프트 예시	기대 효과
전체 플롯 설계	"겁이 많은 아기 고양이가 밤길을 지나며 용기를 얻게 되는 동화를 3막 구조로 구성해줘."	장면 구분, 사건 배치, 감정 흐름 정리
캐릭터 성격 설정	"4~6세 유아가 좋아할 귀여운 동물 캐릭터 3종을 제안해줘. 각각 성격과 말버릇을 알려줘."	감정 이입 가능한 주인공 설정
반전 아이디어 생성	"마지막 장면에 따뜻한 반전이 있는 동화 플롯을 만들어줘. 주인공은 외로운 고슴도치야."	여운을 남기는 마무리 아이디어 제공
서사 흐름 점검	"이야기 전개가 자연스러운지 확인해줘. 중간 갈등이 약하다면 보완 아이디어도 줘."	구조의 균형과 흐름 감수 가능

ChatGPT는 단순히 아이디어만 던져주는 도구가 아닙니다. 머릿속에 떠오른 장면이나 분위기를, 누구나 따라갈 수 있는 이야기 흐름으로 정리해주는 역할을 합니다. 예를 들어 주인공이 어떤 성격인지, 어떤 말을 자주 하는지, 어떤 상황에서 마음이 흔들리는지를 설정하면, 스토리의 감정선이 자연스럽게 이어집니다.

특히 ChatGPT가 만들어주는 기본 뼈대를 바탕으로, 작가가 감정을 더하거나 장면을 구체화해 나가는 방식이 가장 효과적입니다. 그림동화는 마치 음악처럼 흐름이 중요합니다. 감정이 생기고, 흔들리고, 다시 정리되는 과정을 따라가기만 해도 이야기는 완성됩니다. AI는 이 흐름을 쉽고 빠르게 잡아주는 든든한 조력자가 되어줍니다.

그림동화에서 구조는 곧 리듬입니다. 감정이 시작되고, 흔들리고, 정리되는 흐름을 설계할 수 있다면, 누구나 좋은 이야기를 만들 수 있습니다. ChatGPT는 그 구조를 빠르고 유연하게 만들 수 있는 창작 파트너가 되어줍니다.

그림동화를 처음 만드는 초보 작가에게 가장 어려운 부분 중 하나는 캐릭터를 어떻게 설정하고, 이야기 전체에서 일관되게 유지할 것인가입니다. ChatGPT는 캐릭터의 기본 정보를 구조화하고, 장면마다 감정과 행동이 자연스럽게 이어지도록 도와줍니다. 아래는 GPT를 활용해 캐릭터 설정과 일관성을 유지한 대표적인 활용 팁 2가지입니다.

■ 사례 1: 말버릇과 반응 패턴을 고정해 감정선 유지하기

활용 상황:
처음에는 겁 많고 소심한 성격이지만, 이야기가 진행되며 용기를 얻게 되는 캐릭터를 만들고 싶을 때

GPT 프롬프트 예시:
"겁이 많고 소심한 토끼 캐릭터를 만들어줘. 이름, 외형, 말버릇, 긴장했을 때 행동을 포함해서 설정해줘."

GPT 답변 요약:
이름: '토리'
외형: 큰 귀와 초롱초롱한 눈, 뽀얀 털
말버릇: "에구… 그럴 리가…", "혹시… 내가 틀린 건가요?"
행동: 긴장하면 두 귀를 꼭 붙잡고 숨는다

노하우 팁:
스토리 전반에서 토리가 어떤 상황에 처할 때마다 이 말버릇과 행동을 반복해서 넣으면, 독자는 캐릭터의 정체성을 쉽게 인식하고 감정 흐름에 공감하게 됩니다. 플롯이 전개되어도 '토리답게 행동하는 것'이 일관성 유지의 핵심입니다. 또한, GPT에게 "이 장면에서 토리가 평소 말버릇을 유지하면서 놀라는 대사를 써줘"라고 입력하면 자동으로 톤에 맞춘 대사가 나옵니다.

■ 사례 2: 캐릭터 '성격 카드'를 먼저 만든 뒤, 장면별 반응 유도하기

활용 상황:
이야기 속에서 다양한 사건이 벌어질 때, 캐릭터가 매번 자연스럽고 일관되게 반응하게 하고 싶을 때

GPT 프롬프트 예시:
"그림동화 주인공으로 활발하고 참견 좋아하지만 외로움을 잘 타는 고양이 캐릭터를 만들어줘. 이름과 성격, 외형, 평소 말투, 슬플 때 하는 행동까지 정리해서 캐릭터 성격표로 알려줘."

GPT 답변 요약 (성격 카드 형태):

이름: '미오'
성격: 호기심 많고 친구 사귀는 걸 좋아하지만, 혼자 있는 걸 두려워함
외형: 분홍 코와 줄무늬 털, 꼬리가 휘어 있음
말투: "그게 뭐야? 나도 해볼래!", "내가 먼저 해볼까?"
슬플 때 행동: 조용히 꼬리를 끌고 방 구석에 웅크림

노하우 팁:

이렇게 '성격 카드'를 GPT로 미리 만들어두면, 각 장면에서 캐릭터가 어떻게 반응할지 일관되게 설정할 수 있습니다. 예를 들어 "미오가 친구가 안 놀아준 상황에서 할 만한 대사를 써줘"라고 요청하면, 감정선에 맞춰 자동으로 자연스러운 반응이 나옵니다. GPT는 상황에 따라 말투, 표정, 행동까지 연결해 서술해주기 때문에 그림 작가가 장면을 구성할 때도 큰 도움이 됩니다.

이처럼 GPT를 활용하면 단순한 설정을 넘어 말투–감정–행동까지 연결된 캐릭터의 흐름을 만들 수 있습니다. 그림동화는 짧은 이야기지만 캐릭터의 일관성이 바로 작품의 힘이 됩니다. AI를 잘 활용하면 초보 작가도 흔들림 없는 캐릭터를 쉽게 만들 수 있습니다.

■ 예시 1: 유아 대상 그림동화 – 감정 표현 중심 이야기

- 제목: "울보 아기곰의 첫 인사"
- 목표: 3~5세 유아가 공감할 수 있는 감정 표현과 일상 속 작은 성장 이야기 구성
- 튜토리얼 흐름:

1. 도입 (1막)

설정:
아기곰은 새로운 유치원에 가지만 낯선 친구들이 무섭고 겁이 납니다.

캐릭터 생성 프롬프트:
"3살~5살 유아가 좋아할 귀여운 곰 캐릭터를 만들어줘. 성격은 소심하지만 따뜻한 아이야."

2. 전개 (2막)

사건:
유치원 첫날, 아기곰은 친구들에게 인사를 못하고 숨어 있습니다. 하지만 실수로 넘어져 울음을 터뜨리고, 이를 본 다른 아기 동물이 먼저 다가와 손을 잡아줍니다.

갈등 강화 프롬프트:
"낯가림이 심한 캐릭터가 친구와 가까워지는 계기를 만들어줘. 감정이 잘 드러나는 장면으로."

3. 결말 (3막)

해결:
아기곰은 용기를 내어 작게 "안녕"이라고 인사합니다. 친구들과 함께 놀며 웃게 되고, 집에 돌아와 "오늘, 안녕 했어!"라고 말합니다.

포인트:
간단한 감정 변화 중심 이야기, 말보다 표정과 행동으로 감정을 전달하는 일러스트 중심 구성에 적합합니다.

■ **예시 2: 초등 저학년 대상 그림동화 – 문제 해결 중심 이야기**

- 제목: "연필요정의 선물"
- 목표: 초등 1~2학년 독자에게 협동과 책임감을 주제로 한 이야기 구성
- 튜토리얼 흐름:

1. 도입 (1막)

설정:
학교에 다니는 다람쥐 아이 '루디'는 필통에 항상 연필이 없습니다. 숙제도 안 하고, 수업도 잘 듣지 않습니다.

캐릭터 설정 프롬프트:
"게으르지만 마음은 착한 초등학생 캐릭터를 다람쥐로 설정해줘. 이름, 말버릇, 성격을 알려줘."

2. 전개 (2막)

사건:
밤에 연필요정이 나타나 "숙제를 하면 특별한 연필을 하나씩 줄게요"라고 말합니다. 루디는 반신반의하며 숙제를 해보는데, 정말로 빛나는 연필이 생깁니다.

플롯 생성 프롬프트:
"게으른 아이가 특별한 보상을 통해 점점 달라지는 그림동화 이야기 플롯을 3막 구조로 구성해줘."

3. 결말 (3막)

해결:
마지막 날, 루디는 보상 없이도 자발적으로 숙제를 하고, 친구에게 연필을 나눠줍니다. 요정은 마지막으로 말합니다. "가장 빛나는 건 네 마음이야."

포인트: 교훈적이지만 억지스럽지 않은 메시지, 시각적으로 빛나는 연필을 일러스트로 강조할 수 있어 연출에도 적합합니다.

이 두 가지 예시는 각기 다른 연령대와 주제를 바탕으로 3막 구조를 실제로 적용하고, ChatGPT 프롬프트로 스토리를 구체화하는 과정까지 보여줍니다.

2.3 텍스트와 일러스트의 조화로운 구성

그림동화는 글과 그림이 함께 이야기를 전달하는 장르입니다. 어떤 문장을 쓰느냐만큼, 어떤 장면에 어떤 그림을 넣을지가 중요합니다. 좋은 그림동화는 글 없이도 내용을 유추할 수 있을 만큼 삽화가 강한 전달력을 가지며, 반대로 그림 없이도 이야기의 흐름이 잡혀야 완성도 있는 작품이 됩니다. 이 단원에서는 스토리에 어울리는 삽화를 어떻게 기획할지, 페이지 흐름에 따라 어떤 방식으로 구성할지, 그리고 Canva를 활용해 텍스트와 그림을 실제로 배치하는 방법까지 함께 배웁니다. 초보 작가도 따라 하기 쉬운 구성 팁을 중심으로 안내합니다.

스토리에 맞는 삽화 기획과 페이지 구성

구성 요소	설명	체크 포인트
핵심 장면 선정	이야기의 흐름 중 가장 감정이 집중되는 4~5개의 장면을 우선 결정합니다	이야기의 전환점, 반전, 클라이맥스 중심으로 선택
페이지 분할	한 페이지에 글과 그림을 같이 배치할지, 펼침면 전체를 장면 하나로 쓸지를 정합니다	연령에 따라 글의 양과 삽화 비중 조절
시선 흐름 설계	그림 속 인물의 눈 방향, 동작, 배치 위치 등을 고려해 페이지를 넘기도록 유도합니다	왼쪽→오른쪽, 위→아래 흐름을 기준으로 구성
공백 활용	말하지 않아도 느껴지는 여백과 침묵의 장면도 배치에 포함합니다	그림 속 감정 표현이 풍부한 장면은 텍스트를 줄이기

그림동화는 페이지마다 한 장면이 자연스럽게 흘러가도록 구성하는 것이 핵심입니다. 예를 들어 12페이지짜리 그림책이라면, ①도입, ②사건 시작, ③갈등 심화, ④전환점, ⑤해결, ⑥여운 장면 정도로 나누고 각 장면에 필요한 감정 표현을 중심으로 삽화를 설계해야 합니다. 또한 페이지를 넘길 때마다 다음 장면이 궁금해지도록 '비워두는 글'과 '말하는 그림'의 균형을 유지하는 것이 중요합니다.

"투명 괴물 쓰개비 납치 사건"은 이성미 작가가 집필한 환경 동화입니다. 목차와 1장 장간지 화면을 통해 독자들은 흥미진진한 이야기에 빠져들게 됩니다.

스토리에 맞는 삽화 기획과 페이지 구성 사례: 이성미 작가의 "투명 괴물 쓰개비 납치 사건"

이성미 작가의 환경 동화 "투명 괴물 쓰개비 납치 사건"은 삽화 기획과 페이지 구성이 돋보이는 작품입니다. 작품의 목차와 1장 장간지 화면을 통해 독자들은 흥미진진한 이야기에 몰입하게 됩니다.

핵심 장면 선정

작가는 이야기의 흐름에서 감정이 고조되는 주요 장면들을 선정하여 삽화로 표현했습니다. 이를 통해 독자들은 이야기의 전환점, 반전, 클라이맥스 부분을 시각적으로 더욱 생생하게 느낄 수 있습니다.

페이지 분할

각 페이지에서 글과 그림의 균형을 적절히 맞추었습니다. 어떤 페이지에서는 그림이 주를 이루고, 다른 페이지에서는 글이 더 많은 비중을 차지합니다. 이는 독자의 연령대를 고려하여 글의 양과 삽화 비중을 조절한 결과입니다.

시선 흐름 설계

그림 속 인물의 눈 방향, 동작, 배치 위치 등을 통해 독자의 시선을 자연스럽게 다음 페이지로 유도합니다. 왼쪽에서 오른쪽으로, 위에서 아래로 이어지는 시선 흐름을 효과적으로 활용하여 페이지를 넘길 때마다 이야기의 흐름이 끊기지 않고 이어지도록 했습니다.

공백 활용

삽화와 텍스트 사이의 적절한 공백은 독자에게 상상력을 발휘할 여지를 제공합니다. 특히 그림 속 감정 표현이 풍부한 장면에서는 텍스트를 줄여 그림이 주는 여운을 극대화했습니다. 이를 통해 독자는 그림을 통해 느껴지는 감정을 충분히 음미하고 자신만의 해석을 더할 수 있습니다.

이처럼 "투명 괴물 쓰개비 납치 사건"은 삽화 기획과 페이지 구성에 심혈을 기울여 독자의 몰입도를 높이는 데 성공한 작품입니다. 핵심 장면 선정, 페이지 분할, 시선 흐름 설계, 공백 활용 등 다양한 요소를 조화롭게 활용하여 그림 동화의 강점을 잘 보여주고 있습니다.

Canva를 활용한 그림과 텍스트 배치 실전 적용법

단계	설명	실습 팁
1단계: 기본 템플릿 선택	Canva에서 그림책 또는 A4 가로형 프레젠테이션 템플릿을 선택합니다	"storybook" 또는 "children's book" 키워드로 검색
2단계: 삽화와 텍스트 분할 설정	한 장면에 들어갈 그림과 텍스트 영역을 나누어 지정합니다	왼쪽 그림 - 오른쪽 글, 하단 그림 - 상단 글 등 다양하게 실험
3단계: 텍스트 박스 디자인	텍스트가 잘 읽히도록 반투명 배경, 여백, 글씨 크기 조절을 적용합니다	배경 색과 대비되도록 서체 색 조절 필수
4단계: 장면별 흐름 연결	이전 페이지와 시각적 톤을 일치시키면서, 시선 흐름을 고려해 컷을 배치합니다	캐릭터 위치나 배경 색을 이어지도록 구성
5단계: 프린트 전 미리보기	전체 흐름과 리듬이 자연스러운지 Canva의 프레젠테이션 모드로 확인합니다	너무 많은 텍스트는 줄이고, 이미지와 간격 조절 반복 점검

Canva는 그림이 준비되지 않았더라도 미리 삽화 자리와 텍스트 배치를 시뮬레이션해볼 수 있는 강력한 도구입니다. AI로 만든 일러스트를 불러와 배치하고, 글자 크기와 박스 형태를 조절하면 실제 출판에 가까운 결과물을 예비할 수 있습니다. 또한 전체 페이지를 한눈에 보며 흐름을 점검할 수 있어, 페이지마다 감정의 강약이나 시선 방향을 조율하기에도 좋습니다.

그림과 글은 따로 노는 것이 아니라, 하나의 흐름입니다.

아이들은 그림으로 먼저 감정을 읽고, 그 감정을 글로 확인합니다. Canva는 그 두 요소를 자연스럽게 이어주는 시각적 설계 도구입니다. 지금부터 직접 배치해보며 내 이야기의 흐름을 눈으로 확인해보세요.

Canva 그리드 뷰 활용, 텍스트 배치 실전 팁 5가지

팁	설명
1. 시각적 계층 구조 확립	제목, 부제목, 본문 텍스트 크기와 굵기를 다르게 설정하여 중요도를 명확히 구분합니다. 핵심 메시지를 강조하고 시선을 효과적으로 유도합니다.
2. 여백의 미학	텍스트 박스 주변에 충분한 여백을 두어 가독성을 높이고 시각적인 안정감을 줍니다. 특히 이미지와 텍스트 간의 간격을 조절하여 답답한 느낌을 없앱니다.
3. 정렬의 중요성	텍스트를 왼쪽, 오른쪽, 중앙 등으로 정렬하여 일관성을 유지하고 깔끔한 인상을 줍니다. 그리드 시스템을 활용하여 정확하게 정렬하면 더욱 완성도 높은 결과물을 얻을 수 있습니다.
4. 대비 활용	배경색과 텍스트 색상 간의 대비를 확실하게 주어 가독성을 높입니다. 밝은 배경에는 어두운색 글자를, 어두운 배경에는 밝은색 글자를 사용하는 것이 일반적입니다.
5. 폰트 선택과 조합	전달하고자 하는 메시지와 분위기에 맞는 폰트를 선택합니다. 제목에는 눈에 띄는 폰트를, 본문에는 가독성이 좋은 폰트를 사용하는 것이 좋습니다. 폰트 조합을 통해 디자인의 완성도를 높일 수 있습니다.

3. AI와 함께하는 그림동화 제작 실전 가이드

3장은 AI 도구를 활용해 실제 그림동화를 제작하는 과정을 안내합니다. Midjourney, 구글 ImageFX 같은 이미지 생성 도구와 Canva, Photoshop을 활용한 편집법, ChatGPT를 통한 이야기 구성까지 전 과정을 실습 중심으로 다룹니다. 글과 그림이 함께 어우러지는 그림동화를 AI와 함께 완성하는 실전 가이드를 통해, 누구나 쉽게 창작자가 될 수 있는 길을 제시합니다.

3.1 AI 일러스트레이션 도구의 이해와 활용

그림동화에서 이미지는 단순한 그림이 아니라, 이야기를 감정적으로 전달하는 핵심 수단입니다. 하지만 전문 일러스트 실력이 없어도 이제는 누구나 AI 도구를 통해 수준 높은 그림을 만들 수 있습니다. Midjourney나 구글 ImageFX 같은 생성형 AI는 글로 묘사한 장면을 그대로 이미지로 시각화해줍니다. 여기에 Canva를 활용하면 생성된 이미지를 그림책 포맷에 맞게 배치하고 편집할 수 있어, 실제 책 제작까지도 연결됩니다. 이 단원에서는 AI 일러스트 도구의 기본 개념과 활용법, 그리고 Canva를 이용한 실전 편집 과정까지 단계별로 안내합니다.

Midjourney, 구글 ImageFX를 활용한 AI 삽화 제작

도구	특징	활용 방법
Midjourney	감성적이고 예술적인 스타일의 이미지 생성에 특화	'/imagine' 명령어로 영어 프롬프트 입력 후 삽화 생성
Google ImageFX	구체적인 장면 묘사에 강하며, 색감과 구조가 안정적	한국어 또는 영어 프롬프트로 자연스러운 장면 생성 가능

예시 프롬프트 (Midjourney):

A small raccoon holding a red balloon, standing in front of a rainy forest, Pixar-style, soft lighting, highly detailed

→ 감성적이고 동화적인 톤의 일러스트를 자동 생성함

예시 프롬프트 (ImageFX):

"비 오는 날 학교 가는 길에 우산을 쓴 강아지 아이가 혼자 걷고 있는 장면, 따뜻하고 촉촉한 수채화 느낌"

→ 장면 설명만으로도 구체적이고 감정이 살아 있는 그림 생성 가능

AI 삽화 생성 시 주의할 점은 프롬프트 안에 등장 인물, 배경, 감정, 스타일, 조명 등을 구체적으로 표현하는 것입니다. 원하는 분위기와 동화 톤을 명확히 해야 AI가 제대로 이해하고 반영할 수 있습니다.

또한 같은 프롬프트를 반복해서 조금씩 수정해보면 가장 적합한 결과물을 찾을 수 있습니다. 특히 Midjourney에서는 --ar (비율 설정), --v (버전 설정), --style 등 추가 명령어를 통해 일관된 시리즈 이미지 제작도 가능합니다.

스타일 통일을 위한 Midjourney 스타일 참조(--sref) 기능 사용법

AI 그림동화에서 여러 장면을 만들 때, 스타일이 매번 바뀌면 책 전체의 통일성이 무너지기 쉽습니다. 이럴 때 Midjourney 웹버전의 스타일 참조 기능(--sref)을 활용하면 하나의 스

타일을 기준으로 모든 그림을 일관되게 만들 수 있습니다. 아래 튜토리얼을 따라 캡처 이미지와 함께 직접 실습해보세요.

캡처 이미지 ①

Midjourney 웹버전 주요 메뉴 기능 안내

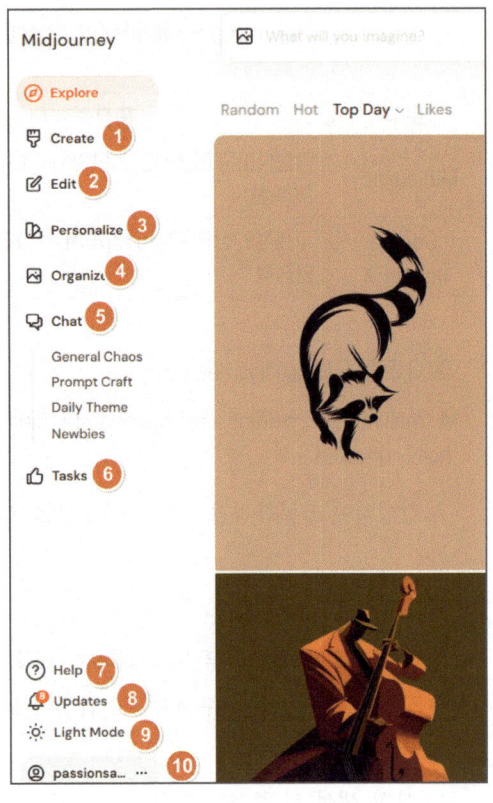

Midjourney 웹사이트에 접속하면 왼쪽에 다양한 기능 메뉴가 보입니다. 아래는 화면에 표시된 ①부터 ⑩까지의 메뉴에 대한 간단한 설명입니다. 그림동화 제작에 자주 사용하는 기능 위주로 이해해두면 작업이 훨씬 수월해집니다.

① Create

AI 이미지를 새로 생성하고 싶은 경우 사용하는 메뉴입니다.
프롬프트를 입력해 그림을 만들 수 있는 핵심 기능입니다.

② Edit

이미 만들어진 이미지를 다시 편집하거나 확장할 때 사용하는 기능입니다.
프롬프트를 수정하거나 이미지 일부를 바꾸고 싶을 때 활용됩니다.

③ Personalize

Midjourney 스타일을 나만의 방식으로 설정할 수 있는 메뉴입니다.
기본 이미지 톤이나 모델 버전을 고정해 둘 수 있습니다.

④ Organize

생성한 이미지들을 정리하고 컬렉션별로 모아보는 기능입니다.
프로젝트별로 이미지 폴더를 만들거나 분류하고 싶을 때 유용합니다.

⑤ Chat

다른 사용자들과 프롬프트 아이디어를 공유하거나 팁을 얻을 수 있는 공간입니다.
Prompt Craft, Daily Theme 등 다양한 주제가 마련되어 있습니다.

⑥ Tasks

내가 요청한 이미지 생성 작업의 진행 상황을 확인하는 메뉴입니다.
요청이 처리 중인지, 완료되었는지 실시간으로 볼 수 있습니다.

⑦ Help

도움말 기능으로, Midjourney 사용법이나 자주 묻는 질문을 찾을 수 있습니다.

⑧ Updates

Midjourney의 새로운 기능이나 버전 업데이트 소식을 확인하는 메뉴입니다.

⑨ Light Mode

사이트의 화면 밝기 테마를 바꾸는 기능입니다.
'Light Mode'를 누르면 어두운 배경에서 밝은 배경으로 전환됩니다.

⑩ 사용자 계정

현재 로그인 중인 사용자 정보와 계정 설정, 로그아웃 기능이 포함된 메뉴입니다.

이 화면 구성은 처음 Midjourney를 접하는 사용자도 쉽게 탐색할 수 있도록 설계되어 있습니다. 특히 ① Create, ② Edit, ④ Organize 기능은 그림동화 제작 시 반복적으로 활용하게 되는 핵심메뉴이므로, 익숙해지는 것이 좋습니다.

아래는 Midjourney 웹버전의 [Create] 화면에서 넘버링된 기능(①~⑮)에 대한 설명입니다. 초보 사용자도 쉽게 이해할 수 있도록 그림동화 제작 관점에서 간결하게 안내합니다.

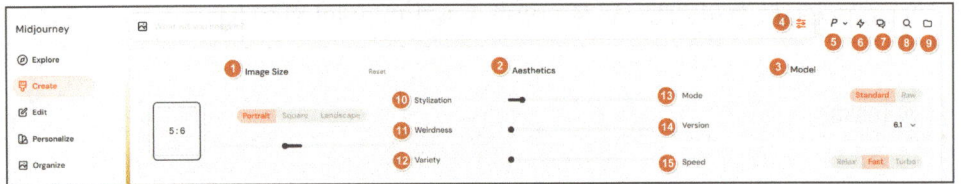

Midjourney Create 화면 기능 설명

① Image Size (이미지 비율 설정)

이미지의 가로세로 비율을 정할 수 있습니다.
- Portrait: 세로형 (예: 책 장면)
- Square: 정사각형
- Landscape: 가로형 (풍경이나 배경에 적합)

② Aesthetics (심미적 스타일 선호도)

이미지의 예술적 표현 수치를 설정합니다.
왼쪽으로 갈수록 사실적이고 단순하게, 오른쪽으로 갈수록 화려하고 감각적으로 생성됩니다.

③ Model (모델 설정 영역)

어떤 버전의 Midjourney AI 모델을 사용할지 선택합니다.

기본은 최신 모델(예: v6.1)을 사용하며, "Standard"와 "Raw" 중 선택 가능합니다.
- Standard: 표현력 중심
- Raw: 입력된 프롬프트를 더 충실하게 반영

④ 전체 설정 토글 (세부 조절 패널 열기/닫기 버튼)

이 버튼을 누르면 이미지 설정 영역 전체를 보이게 하거나 숨길 수 있습니다.

⑤ 프롬프트 옵션 선택 (글자 스타일 등)

텍스트 프롬프트 입력 시 스타일 요소를 빠르게 적용할 수 있는 도구입니다.
굵기, 기호, 인용 등 텍스트 편집 옵션이 표시됩니다.

⑥ 번개 아이콘 (실행 우선권 관련)

빠른 생성 모드 또는 리소스 사용량과 관련된 실행 속도를 확인하거나 설정할 수 있습니다.

⑦ 대화 말풍선 (생성 히스토리 또는 피드백 관련)

AI가 생성한 이미지에 대한 피드백을 보거나, 채팅 형태로 대화하듯 이미지 요청을 관리할 수 있습니다.

⑧ 돋보기 (검색 기능)

내가 생성한 이미지, 프롬프트, 최근 작업 등을 키워드로 검색할 수 있습니다.

⑨ 복사 아이콘 (프롬프트 복사 기능)

입력한 프롬프트를 복사해서 재활용하거나 다른 장면에 응용할 수 있게 해주는 기능입니다.

⑩ Stylization (스타일 강조 정도)

AI가 얼마나 개성 있게 그림을 표현할지를 설정합니다.
값이 높을수록 판타지나 예술적 느낌이 강하게 반영됩니다.

⑪ Weirdness (기괴함/독창성 정도)

일반적이지 않은 색이나 구성, 독특한 결과물을 원할 때 조절합니다.
그림동화에 상상력을 강조하고 싶을 때 활용됩니다.

⑫ Variety (다양성 조절)

동일한 프롬프트로도 다양한 결과가 나오도록 설정합니다.
높일수록 한 가지 장면을 여러 스타일로 받아볼 수 있습니다.

⑬ Mode (모드 설정)

'Standard' 또는 'Raw' 중 선택합니다.
- Standard는 미드저니 스타일이 많이 반영된 결과
- Raw는 텍스트 프롬프트를 충실히 해석한 결과

⑭ Version (AI 모델 버전 선택)

현재 사용할 Midjourney 버전을 선택합니다.
버전이 높을수록 정교하고 사실적인 표현이 가능합니다.

⑮ Speed (속도 설정)

이미지 생성 속도를 설정합니다.
- Relax: 느리지만 사용량 제한 없음

- Fast: 빠르게 생성됨 (기본 추천)
- Turbo: 최우선 생성, 단 사용량 소진 속도도 빠름

이 [Create] 화면은 Midjourney의 이미지 생성 결과를 결정짓는 핵심 조절판입니다.

특히 ① 이미지 비율, ③ 모델 설정, ⑩~⑮ 스타일 조절 옵션은 그림동화 스타일을 정할 때 반드시 점검해야 할 요소입니다.

ImageFX 주요 화면 기능 설명

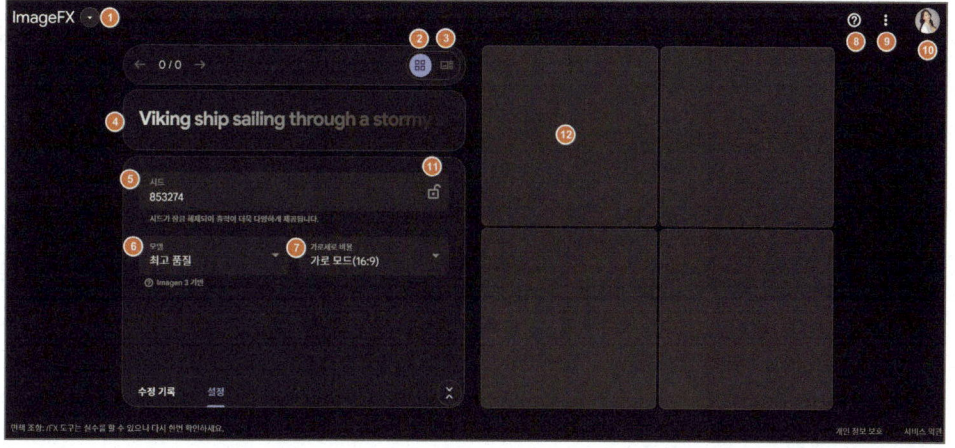

https://labs.google/fx/ko/tools/image-fx

① ImageFX 로고 메뉴

ImageFX의 로고를 클릭하면 언제든지 메인 화면으로 돌아갈 수 있습니다.
처음 시작할 때 기본 홈화면으로 이동하는 버튼입니다.

② 보기 전환 – 그리드 보기

이미지 생성 결과를 4분할 격자 형태로 한눈에 비교하며 볼 수 있도록 설정합니다.

다양한 이미지 버전을 동시에 확인할 수 있어 편리합니다.

③ 보기 전환 – 목록 보기

이미지를 리스트 형태로 길게 보며, 하나하나 세부적으로 확인할 수 있도록 전환합니다.
텍스트와 함께 비교 분석할 때 유용합니다.

④ 프롬프트 입력창

이미지를 만들고 싶은 장면이나 키워드를 입력하는 곳입니다.
예: "밤하늘을 나는 고양이와 무지개 풍선"처럼 구체적으로 적을수록 정밀한 결과가 생성됩니다.

⑤ 시드(Seed) 설정

이미지의 무작위성을 조정하는 '시드값'입니다. 같은 시드값을 입력하면 비슷한 스타일로 반복 생성할 수 있어 시리즈 그림 제작에 유용합니다.

⑥ 모델 품질 선택

현재 사용할 이미지 생성 모델을 선택하는 메뉴입니다.
'최고 품질'을 선택하면 더 정교하고 고해상도 이미지를 생성할 수 있습니다.
(예: Imagen 3 기반)

⑦ 가로세로 비율 설정

이미지의 비율을 설정합니다.
- 가로 모드(16:9): 풍경이나 장면 배경에 적합
- 세로 모드(9:16): 전신 캐릭터나 표지 이미지에 적합
- 정사각형(1:1): SNS용 포맷 등 다양하게 활용 가능

⑧ 도움말(Help)

ImageFX 사용법이나 기능에 대한 도움말을 확인할 수 있는 버튼입니다.
막힐 때 클릭해 보세요.

⑨ 더보기 메뉴(옵션)

고급 설정이나 기타 도구, 정보 등을 추가로 확인할 수 있는 메뉴입니다.

⑩ 사용자 계정 메뉴

현재 로그인한 사용자 정보를 확인하거나 로그아웃, 프로필 설정 등을 할 수 있는 영역입니다.

⑪ 설정 고정/복사 버튼

입력한 프롬프트나 설정값을 복사할 수 있어, 여러 이미지에 동일한 조건을 적용할 때 편리합니다.

⑫ 이미지 출력 결과 영역

AI가 생성한 이미지가 4칸으로 출력되는 곳입니다.
한눈에 다양한 버전을 비교하고, 마음에 드는 결과를 선택하거나 다시 생성할 수 있습니다.

이미지FX를 활용한 그림동화 1장면 생성 튜토리얼

예시 장면: "비 오는 날 혼자 우산을 쓰고 걷는 작은 고양이"

① ImageFX 웹사이트 접속 및 시작 화면 진입

ImageFX에 접속하면 첫 화면 왼쪽 상단에 로고(①)가 보입니다.

'Create your image' 영역으로 자동 진입됩니다.
- 추천 캡처 위치: 상단 왼쪽 ImageFX 로고와 전체 화면 구성 (① 강조)

② 프롬프트 입력

화면 중앙(④)에 보이는 입력창에 다음과 같은 문장을 입력합니다.

프롬프트 예시

"A small kitten walking alone in the rain with a yellow umbrella, wet street reflection, gentle lighting, storybook style"

짧고 명확한 주어 + 상황 + 스타일(예: storybook style) 구성으로 넣는 것이 중요합니다.
- 추천 캡처 위치: 프롬프트 입력창에 문장을 입력한 상태 (④ 강조)

③ 시드 및 모델 설정

입력창 아래 시드(⑤)와 모델 품질(⑥)을 확인합니다.
특별히 원하는 스타일이 있다면 시드를 고정해둡니다.
모델은 **'최고 품질'**을 선택합니다.
- 추천 캡처 위치: 시드 번호와 모델 설정 화면이 함께 보이도록 (⑤⑥ 강조)

④ 비율 설정

가로세로 비율(⑦)에서 정사각형(1:1) 또는 세로 모드(9:16)를 선택합니다.
이 장면은 인물 중심이므로 세로 모드를 추천합니다.
- 추천 캡처 위치: 비율 드롭다운 메뉴 클릭한 상태, '세로 모드' 선택된 모습 (⑦ 강조)

⑤ 이미지 생성 및 결과 확인

화면 우측 4분할 영역(⑫)에 생성된 이미지가 순차적으로 표시됩니다.
마음에 드는 이미지를 선택하거나 다른 시드로 재생성할 수 있습니다.

- 추천 캡처 위치: 생성된 이미지 4개 전체가 보이는 화면 (⑫ 강조)
- 선택한 1컷을 클릭해 확대된 모습도 별도로 캡처하면 좋습니다.

> 요약 팁

- 감정 중심 키워드 사용: alone, gentle, rainy, cozy 등
- 스타일 명시: storybook style, watercolor style 등
- 묘사 구체화: 장소, 동작, 시간대, 조명까지 설명할수록 정교한 이미지가 나옵니다.

이처럼 ImageFX는 간단한 문장 한 줄로도 고품질 그림동화 장면을 빠르게 만들어줍니다. 하나의 장면을 만든 뒤, 캐릭터와 톤을 유지하면서 --sref(스타일 참조) 기능이나 시드 고정을 통해 시리즈 이미지도 연속적으로 제작할 수 있습니다.

> Canva를 활용한 AI 기반 일러스트 편집 및 디자인

기능	활용 예	장점
이미지 업로드 및 배치	AI로 생성한 삽화를 Canva에 불러와 페이지에 배치	직관적인 드래그 앤 드롭 인터페이스
텍스트 삽입 및 스타일 조정	그림 위에 대사, 설명 문장, 페이지 번호 삽입	폰트, 크기, 여백, 배경 조절 가능
삽화 보정 및 프레임 활용	그림 가장자리에 그림자, 프레임, 색보정 효과 추가	일러스트의 통일감과 완성도 향상
표지 디자인	제목, 작가명, 장면 중심 일러스트 조합으로 표지 완성	고해상도 표지 저장 및 출력 가능

Canva는 AI 삽화를 책 형태로 정리하는 데 최적의 도구입니다. 특히 초보자도 쉽게 다룰 수 있으며, 일러스트를 넣고 텍스트만 얹는 것만으로도 그림책의 전체 구조를 설계할 수 있습니다.

예를 들어, 한 장면에 대사 없이 그림만 보여주고 싶다면 전체 페이지를 그림으로 채우고, 다음 장면에서 짧은 내레이션을 삽입하는 방식으로 감정 흐름에 따라 리듬을 조정할 수 있습니다. 또한 캐릭터 위치, 배경의 톤, 프레임 디자인을 통일감 있게 구성하면 AI로 만든 그림도 실제 작가의 스타일처럼 일관된 인상을 줄 수 있습니다.

AI 도구와 Canva는 그림동화 제작의 가장 강력한 조합입니다. 복잡한 일러스트 스킬 없이도 이야기에 어울리는 그림을 만들고, 그것을 책의 형태로 정돈해 출판까지 이어질 수 있습니다. 지금부터 하나의 장면을 직접 만들어보고, Canva에서 배치해보세요. AI는 창작의 출발점이자, 완성을 돕는 손입니다.

아래는 ImageFX로 생성한 그림동화 장면을 Canva에 배치하여 실제 그림책처럼 구성하는 튜토리얼입니다. 실습형으로 구성하였고, 캡처 시 유용한 추천 캡처 위치와 화면 요소 넘버링도 함께 안내해드립니다. Canva 무료 계정으로도 충분히 작업이 가능합니다.

Canva를 활용한 그림동화 장면 배치 튜토리얼

목표: AI로 만든 그림을 그림책 형태의 페이지로 구성하고, 텍스트를 자연스럽게 배치하는 방법 익히기

① Canva 접속 및 템플릿 선택

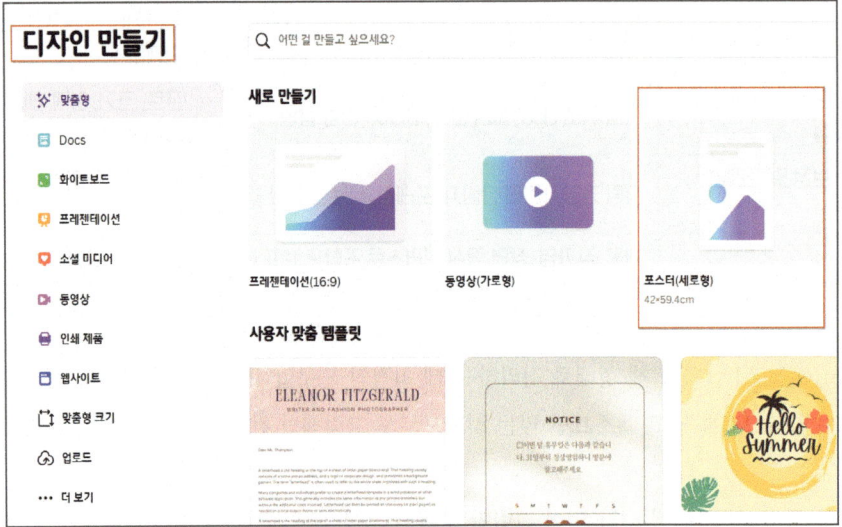

1. www.canva.com에 접속 후 로그인합니다.
2. 상단 검색창에 'storybook' 또는 'A4 세로형'을 입력합니다.
3. 빈 템플릿 또는 '어린이 그림책' 스타일 템플릿을 선택해 새 디자인을 시작합니다.

- 추천 캡처 위치:

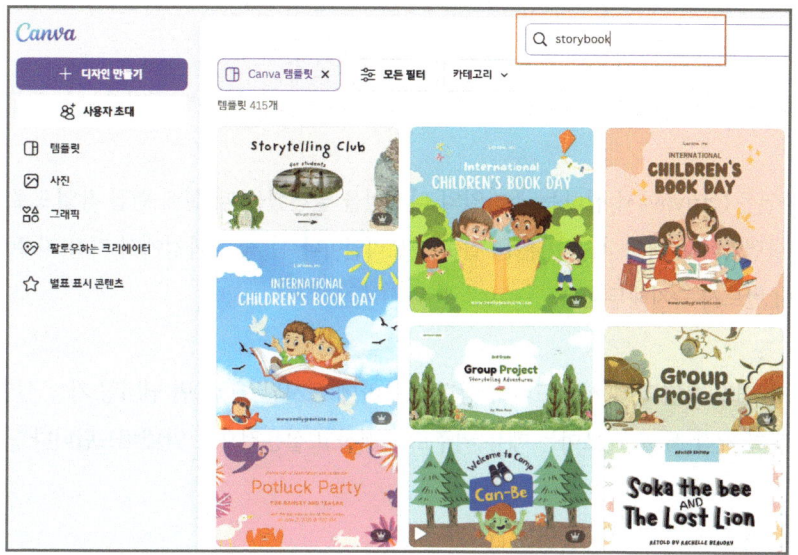

Canva 메인화면 상단 검색창 + 'storybook' 입력합니다.

Canva 템플릿 선택 화면 기능 설명

① 이 템플릿 맞춤 편집하기 버튼

선택한 템플릿을 내 디자인으로 불러와 직접 편집할 수 있는 버튼입니다.
이 버튼을 누르면 Canva 편집 화면으로 이동하며, 글씨, 이미지, 색상 등을 자유롭게 수정할 수 있습니다. 그림동화 표지, 속지, 카드 디자인 작업을 시작할 때 가장 먼저 눌러야 하는 핵심 버튼입니다.

② 즐겨찾기 추가 (☆ 아이콘)

해당 템플릿을 즐겨찾기에 등록해 나중에 다시 쉽게 찾을 수 있도록 저장하는 기능입니다. 계정에 로그인한 상태에서 클릭하면 [내 즐겨찾기] 메뉴에서 확인 가능합니다.

③ 더보기 메뉴 (… 아이콘)

템플릿에 대한 추가 옵션을 확인할 수 있는 메뉴입니다.
공유, 복사 링크 만들기, 템플릿 정보 보기 등의 기능이 포함되어 있습니다.

이 화면은 Canva에서 원하는 스타일의 디자인을 발견했을 때 실제 편집 작업으로 넘어가기 직전의 화면입니다. 특히 ①번 버튼은 실습 튜토리얼이나 책 제작 과정에서 가장 자주 활용되는 기능이니 반드시 숙지해두세요.

Canva 편집 화면 좌측 사이드바와 상단 도구바에 표시된 ①~⑰번 넘버링 기능 설명입니다. 그림동화 제작 시 자주 쓰이는 메뉴 위주로 친절하고 실용적으로 안내해드립니다.

Canva 편집 화면 주요 기능 안내 (①~⑰)

◆ 상단 도구바

① 메뉴 버튼

전체 작업 메뉴를 펼치는 버튼입니다. Canva 홈으로 나가거나 새 프로젝트를 만들 때 사용합니다.

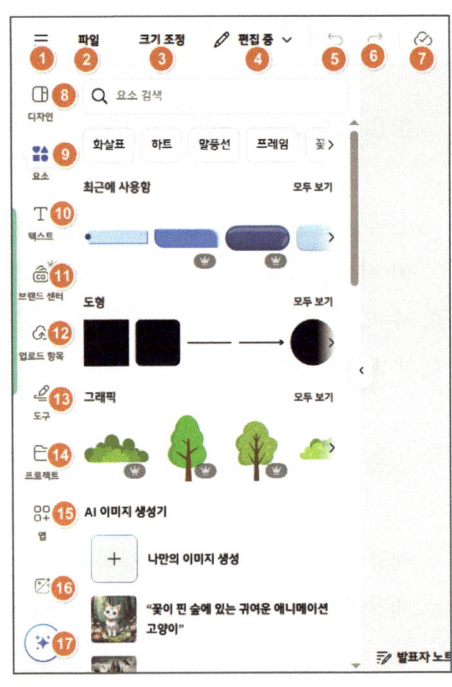

② 파일

현재 디자인의 이름 저장, 복사, 다운로드, 버전 기록 보기 등 주요 파일 기능을 설정합니다.

③ 크기 조정

캔버스 사이즈를 원하는 비율로 변경할 수 있습니다.
그림책 표지나 내지 사이즈에 맞게 조정할 때 유용합니다.

④ 편집 중 표시

현재 디자인의 작업 상태를 알려줍니다. (클릭 시 제목 변경 가능)

⑤ 실행 취소

방금 한 작업을 취소합니다. (Ctrl+Z와 동일 기능)

⑥ 다시 실행

실행 취소한 작업을 다시 되돌립니다. (Ctrl+Shift+Z와 동일)

⑦ 변경 사항 초기화

현재 작업 중인 요소를 원래 상태로 초기화합니다. 스타일을 실험한 후 원상복귀할 때 사용합니다.

◆ 좌측 사이드 메뉴

⑧ 검색창

Canva 내부에서 템플릿, 아이콘, 일러스트 등을 검색할 수 있습니다.
예: "storybook", "rain", "cat" 등 키워드 입력

⑨ 요소

도형, 프레임, 아이콘, 스티커, 선 등 다양한 시각 요소를 불러올 수 있습니다.
그림동화 장면을 꾸밀 때 자주 사용하는 메뉴입니다.

⑩ 텍스트

제목, 본문, 대사 등 원하는 텍스트를 삽입할 수 있습니다.
글꼴, 크기, 간격, 배경색 등 자유롭게 편집 가능합니다.

⑪ 브랜드 센터

브랜드 색상, 로고, 글꼴을 미리 저장해두고 프로젝트마다 빠르게 적용할 수 있는 메뉴입니다.(유료 사용자가 주로 활용)

⑫ 업로드 항목

PC에서 이미지나 영상 파일을 업로드할 수 있는 공간입니다.
ImageFX나 Midjourney에서 만든 그림을 불러올 때 사용합니다.

⑬ 도구

사진 편집, 배경 제거, 자르기 등 고급 이미지 조정 기능이 모여 있는 메뉴입니다.

⑭ 프로젝트

내가 저장한 모든 디자인 파일을 한눈에 볼 수 있는 저장 공간입니다.

⑮ AI 이미지 생성기

텍스트 프롬프트로 이미지를 직접 생성하는 기능입니다.
'나만의 이미지 생성'을 클릭하면 Canva 내에서 그림을 만들 수 있습니다.

⑯ Magic Media (AI 기능 모음)

영상 생성, 이미지 변환 등 Canva의 다양한 AI 기능을 모아둔 메뉴입니다.

⑰ 앱

Canva 외부 확장 도구들을 연결하여 사용할 수 있는 공간입니다.
예: GIPHY, Pixabay, QR코드 생성 등

활용 팁
- ⑫ 업로드 + ⑩ 텍스트 + ⑨ 요소 조합은 그림동화 한 페이지를 구성하는 데 가장 많이 사용하는 조합입니다.
- ⑮ AI 이미지 생성기는 그림이 부족한 초보 작가에게 유용한 보조 도구입니다.
- ⑬ 도구를 통해 이미지 색감 조정이나 배경 제거 등을 하면 일관된 스타일을 유지할 수 있습니다.

② AI로 생성한 이미지 업로드

1. 왼쪽 메뉴에서 [업로드] > 이미지 업로드를 클릭합니다.
2. ImageFX에서 다운로드한 그림 장면 파일을 업로드합니다.
3. 캔버스 화면에 드래그해 배치합니다.

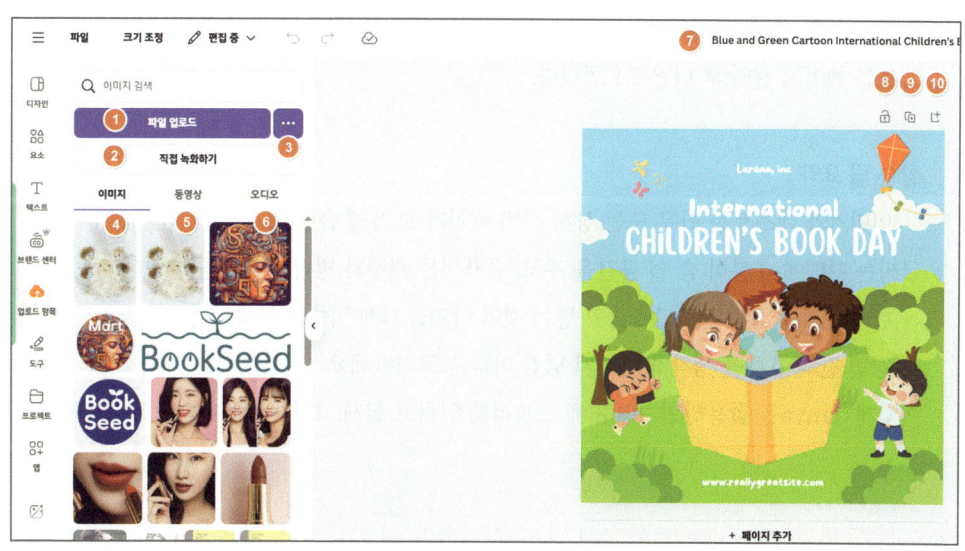

③ 텍스트 삽입 및 위치 조정

1. 왼쪽 메뉴 [텍스트] 클릭 → 소제목 또는 본문 추가 선택
2. 다음과 같은 짧은 텍스트를 입력합니다.
예: "고양이는 조용히 우산을 쓰고, 젖은 거리를 걸었어요."
3. 텍스트 상자 크기, 글꼴, 색상을 이미지와 조화롭게 조정합니다.
추천 글꼴: Noto Sans, 나눔손글씨 붓 등
추천 위치: 이미지 하단 여백 또는 왼쪽 여백

④ 페이지 구성 리듬 설정

1. 다음 장면 추가 시 [페이지 추가] 버튼을 클릭합니다.
2. 그림만 있는 장면 → 텍스트 중심 장면 → 그림+글 조합 장면 순으로 리듬감 있게 배열합니다.
3. 페이지 순서를 드래그하여 자유롭게 재정렬할 수 있습니다.

⑤ 전체 미리보기 및 PDF 저장

1. 오른쪽 상단 **[공유] → [다운로드]**를 클릭
2. 파일 유형: PDF (인쇄용) 또는 PNG 선택
3. 모든 페이지 선택 후 다운로드합니다.

실습 팁 요약

- 이미지와 텍스트는 좌우 또는 상하 분리 배치가 보기 좋습니다.

글씨는 여백에 충분히 숨 쉴 공간을 주고, 글자색은 배경과 명확한 대비를 줍니다.

- 한 장면에는 짧은 문장 1~2줄만 넣는 것이 아이들에게 집중도 높습니다.
- 장면 간의 흐름을 생각해 페이지 넘김 리듬을 고려하세요.

이렇게 Canva를 활용하면 이미지에 스토리를 입히고 실제 그림책처럼 배치할 수 있습니다.

3.2 AI를 활용한 스토리 구성과 텍스트 생성

그림동화는 짧은 분량 안에 강한 감정, 명확한 흐름, 그리고 매력적인 캐릭터가 담겨야 합니다. 하지만 스토리를 처음부터 끝까지 혼자 설계하는 일은 초보 작가에게 쉽지 않은 일입니다. 이때 ChatGPT나 Claude 같은 AI 도구를 활용하면, 짧은 문장 하나로도 이야기의 구조, 분위기, 대사, 캐릭터 설정까지 빠르게 완성할 수 있습니다. 이 단원에서는 두 AI 도구를 활용해 동화 대본을 설계하고, 등장인물 간의 대화와 감정 흐름을 자연스럽게 구성하는 방법까지 단계별로 배워봅니다.

ChatGPT 및 Claude를 활용한 동화 대본 작성

도구	활용 방식	장점
ChatGPT	플롯 생성, 대화 구성, 캐릭터 설정	구조 중심의 플롯 설계에 강함
Claude	묘사 표현, 감성 대사, 상황 전개	감정 묘사와 문장 톤 유지에 유리

[프롬프트 예시 1: 이야기 구성 요청]

프롬프트 (ChatGPT)
"4~6세 유아 대상 그림동화를 기획 중이야. 주인공은 수줍은 고양이인데, 새로운 친구를 사귀며 변하는 이야기를 3막 구조로 200자씩 써줘."

응답 예시
1막: 수줍은 고양이 '미오'는 매일 혼자 창밖을 바라보며 시간을 보낸다.
2막: 어느 날 다가온 강아지 '루키'가 먼저 말을 걸지만 미오는 대답하지 못한다. 하지만 루키는 매일 인사를 하며 미오의 곁을 지킨다.
3막: 어느 비 오는 날, 미오는 루키에게 처음으로 "같이 뛰자!"고 말하고, 둘은 빗속에서 신나게 논다.

→ 이처럼 이야기의 흐름을 짧게 설계하고, 감정 변화를 기준으로 장면을 구분할 수 있습니다.

[프롬프트 예시 2: 묘사 강화 요청]

프롬프트 (Claude)

"숲속에서 길을 잃은 토끼가 달빛 아래서 친구를 만나는 장면을 따뜻하고 서정적인 문장으로 묘사해줘. 그림동화 톤으로."

응답 예시 (요약)

토끼는 작은 몸을 떨며 풀숲에 몸을 숨겼다. 달빛이 부드럽게 뺨을 비출 때, 나뭇잎 뒤에서 부스럭 소리가 났다. 조심스럽게 얼굴을 내민 너구리는 조용히 다가와 말했다. "같이 기다려줄까?"

→ Claude는 장면의 분위기와 감정을 시처럼 부드럽게 서술해주는 데 강점이 있습니다.

AI 기반 캐릭터 설정 및 대화형 스토리텔링 기법

구성 요소	프롬프트 활용법	예시
이름/외형/성격	"유아가 좋아할 고양이 캐릭터를 만들어줘. 이름, 외형, 성격, 말투까지 알려줘."	→ 이름: 미오 / 특징: 줄무늬 / 말투: "그건… 나 좀 무서워…"
감정 반응	"이 고양이가 친구에게 고마움을 표현하는 따뜻한 대사를 1줄 써줘."	→ "나랑 같이 있어줘서… 정말 기뻐."
대화형 구성	"고양이와 강아지가 처음 만나는 장면을 3줄 대사로 구성해줘."	→ 강아지: "안녕! 너 여기 자주 와?" / 고양이: "…처음이야." / 강아지: "그럼 오늘은 내가 길 안내해줄게!"

실전 활용 팁

- AI는 '명확한 정보'를 줄수록 좋은 답을 줍니다.

→ 연령대, 성격, 감정 톤, 메시지를 분명히 적어야 합니다.

- 스토리 톤을 반복 강조하면 AI도 그것을 유지합니다.

→ 예: "따뜻하고 유아 친화적인 톤으로", "4세 대상 그림동화처럼" 등

- Claude는 묘사 중심, ChatGPT는 구조 중심으로 나누어 활용하면 좋습니다.

AI를 활용한 스토리 설계는 단순한 도우미를 넘어, 작가의 창작 파트너가 될 수 있습니다. 감정 흐름과 대사, 이야기 뼈대까지 함께 잡아가며, 나만의 동화 세계를 보다 쉽게 구체화해보세요. 이제는 '창작 능력'보다 '프롬프트 설계력'이 이야기를 완성하는 새로운 시대입니다.

3.3 AI 작업물의 후보정과 완성도 높이기

AI로 생성한 이미지가 아무리 뛰어나더라도 그림동화 전체에 자연스럽게 어우러지려면, 후보정과 스타일 통일이 필수입니다. 이미지 간의 색감, 분위기, 선 굵기, 배경 처리 등이 제각각이면 독자가 이야기 흐름에 몰입하기 어렵기 때문입니다. 이 단원에서는 Canva 안에서 포토샵처럼 활용할 수 있는 편집 기능을 통해 그림동화 이미지를 보정하고, 책 전체의 스타일을 하나로 묶는 실전 편집 노하우를 안내합니다.

- Canva 에 수록된 포토샵 기능을 활용한 AI 이미지 보정

Canva에서 포토샵 기능을 대체할 수 있는 앱 이름

■ 앱 이름: Photo Editor by Canva

(일부 기능은 "Magic Edit" 및 "Magic Eraser" 같은 AI Edit Tool이라는 이름으로도 표기됩니다.)

대표 기능 및 활용 예시

기능 이름	설명	그림동화 활용 예시
Background Remover	이미지에서 배경을 한 번에 삭제하거나 교체할 수 있는 기능	AI로 만든 장면에서 배경을 없애고, 통일된 하늘/숲 배경으로 대체하여 시리즈 전체 분위기를 맞춤
Magic Edit	이미지의 일부분을 선택하여 다른 그림 요소로 바꾸는 기능 (예: 꽃→나비)	장면 속 캐릭터 주변에 흐릿한 배경을 삽입하거나, 계절감을 바꾸기 위해 잎 색상을 가을톤으로 변경
Adjust (색상/톤 조정)	밝기, 대비, 채도, 온도 등을 조절하여 이미지 톤을 보정	너무 어둡거나 노란빛이 강한 이미지의 색감을 통일하여 '따뜻한 수채화 스타일'로 맞춤

스타일 통일을 위한 편집 기법

AI로 만든 삽화는 장면마다 조명, 명암, 구도 등이 미묘하게 다릅니다. 이때는 다음의 방식으로 '그림책 전체의 톤'을 통일할 수 있습니다.

1. 색감 일관화

모든 이미지의 밝기/대비/온도 값을 비슷하게 조절해 따뜻하거나 시원한 톤으로 정리
예: "모든 장면에 은은한 주황빛 필터 적용" → 이야기 감정 흐름 강화

2. 배경 구성 통일

각 장면의 배경이 너무 복잡할 경우, Canva에서 '배경 색을 통일'하거나 같은 프레임을 씌워 통일감 부여
예: 하늘을 통일감 있게 만들기 위해 같은 구름 PNG를 삽입

3. 글자 박스와 캐릭터 위치 통일

모든 페이지의 텍스트 위치를 하단 중앙, 캐릭터를 중앙 오른쪽으로 고정
페이지 넘길 때 리듬이 흐트러지지 않음

실전 팁
- 후보정은 "통일성 유지"가 목적입니다.
스타일이 너무 다르면 내용보다 '툴이 바뀌었네?'라는 시선이 먼저 갑니다.
- Canva의 Edit Photo 기능은 무료 계정도 대부분 사용할 수 있으며, Pro 계정일 경우 배경 제거, Magic Edit, 필터 추가 기능까지 풀로 제공됩니다.
- Canva에서 편집한 이미지는 내보내기(PNG) 후 바로 책 내지에 삽입하거나, 텍스트 삽입과 함께 표지 디자인에도 활용 가능합니다.

AI는 초안을 빠르게 만들어주는 파트너이고, Canva는 그 결과물을 '진짜 동화책'처럼 다듬는 도구입니다. 이 두 가지를 유기적으로 활용하면 누구나 그림동화 작가로서 완성도 높은 결과물을 만들 수 있습니다. 지금 한 장면만 먼저 열어 Magic Edit를 눌러보세요. 변화의 시작은 생각보다 빠릅니다.

■ 1. Cartoonify

기능 설명:

실제 사진이나 이미지를 만화 스타일로 변환해주는 기능입니다. 선명한 윤곽선과 간결한 컬러 톤으로 표현되며, 그림동화 삽화처럼 가공하기에 적합합니다.

활용 예시:

AI로 만든 배경 이미지에 Cartoonify 필터를 적용해 전체적인 선 처리와 컬러 톤을 통일시킵니다.

→ 캐릭터와 배경 사이의 스타일 차이를 줄이고, '종이책 느낌' 강화

■ 2. Animeify

기능 설명:

이미지를 일본 애니메이션 스타일로 바꿔주는 필터 기능입니다. 큰 눈, 밝은 색, 부드러운 그라데이션 효과가 특징입니다.

활용 예시:

감정 표현이 중요한 장면(예: 놀람, 울음, 미소)에서 캐릭터 얼굴에 Animeify 적용

→ 감정선이 더 극적으로 표현되어 아이 독자에게 강한 인상을 줌

■ 3. Pixelify

기능 설명:

이미지를 8비트 픽셀 아트 스타일로 바꿔주는 효과입니다. 복고적이고 게임 같은 분위기를 줄 수 있습니다.

활용 예시:

부록 페이지나 놀이 요소가 포함된 '숨은그림찾기' 장면에 Pixelify 적용

→ 시각적 리듬을 만들고, 아이들에게 재미 요소 제공

■ 4. Image Blender

기능 설명:

두 개의 이미지를 자연스럽게 섞어 새로운 이미지로 합성하는 기능입니다. 그림 위에 배경을 입히거나 스타일을 입히는 데 유용합니다.

활용 예시:

Midjourney에서 만든 캐릭터와 ImageFX에서 만든 배경 이미지를 Image Blender로 합성 → 서로 다른 AI툴에서 생성된 이미지 간 톤&조도 일치로 일관된 장면 구현

■ 5. Cool Text Maker

기능 설명:

입력한 문장을 다양한 스타일의 타이포그래피(3D, 그림자, 네온 등)로 꾸며주는 기능입니다. 그림동화 제목이나 대사에 시각적 포인트를 줄 수 있습니다.

활용 예시:
- 표지에 들어갈 책 제목: "마법의 새싹" → 반짝이는 손글씨 스타일로 설정
- 마지막 장면 클로징 내레이션에 포인트 문장 강조: "그리고… 용기를 냈어요!"

📌 활용 팁 정리

기능	주요 목적	그림동화 예시
Cartoonify	삽화 전체 통일	다양한 장면을 하나의 톤으로 통합
Animeify	감정 강조	표정 중심 컷에 애니풍 효과
Pixelify	장면 전환, 부록	숨은그림찾기, 미로찾기 배경 구성
Image Blender	이질감 제거	서로 다른 툴에서 만든 이미지 병합
Cool Text Maker	타이틀·내레이션 강조	표지 제목, 대사 강조용 텍스트 생성

이 기능들은 Canva의 앱(Apps) 메뉴나 효과(Effects) 탭에서 직접 실행할 수 있으며, 대부분

드래그 한 번으로 적용됩니다. 디자인 경험이 없어도 쉽게 사용할 수 있고, 그림동화의 분위기나 대상 연령에 따라 선택적으로 조합하면 더 완성도 높은 결과물을 만들 수 있습니다.

그림동화 스타일 통일을 위한 편집 기법

AI를 활용해 그림동화를 제작하면 장면마다 스타일이 조금씩 달라질 수 있습니다. 배경의 채도, 인물의 선 굵기, 명암 표현 등이 일정하지 않으면 책 전체의 완성도가 떨어지고 독자의 몰입도 역시 낮아질 수 있습니다. 그렇기 때문에 본문에서 사용하는 이미지 스타일은 반드시 일정한 흐름과 규칙을 갖도록 통일해야 합니다. 이 단원에서는 AI로 제작한 삽화들을 그림동화답게 정리하는 편집 기법을 소개합니다.

1. 이미지 톤과 색감 맞추기

- 색감 통일은 그림동화 분위기를 결정짓는 핵심 요소입니다. 따뜻한 이야기라면 전체 이미지를 주황빛이나 베이지 톤으로 통일하고, 모험이나 신비로운 이야기라면 보랏빛, 푸른빛으로 조정합니다.
- Canva에서는 '조정(Adjust)' 기능을 통해 밝기, 대비, 채도, 온도 등을 일괄 조정할 수 있습니다. 이미지마다 약간씩 다른 색조를 동일한 기준에 맞춰 정리하면, 시리즈 전체가 하나의 작품처럼 느껴집니다.

2. 캐릭터 크기와 위치 고정하기

- 장면이 바뀔 때마다 캐릭터의 크기나 방향이 달라지면 어린 독자에게 혼란을 줄 수 있습니다. 인물의 비율과 시선 방향은 되도록 일정하게 유지해야 스토리 흐름이 안정적으로 전달됩니다.
- Canva에서는 인물을 같은 위치에 배치하기 위해 눈금자와 안내선 기능을 사용할 수 있으며, 복제된 페이지를 활용하면 정확히 동일한 레이아웃을 유지할 수 있습니다.

3. 배경과 소품 간결화

- 다양한 AI 도구로 만든 이미지들은 종종 지나치게 디테일하거나 현실감이 과한 경우가 있습

니다. 그림동화에서는 불필요한 배경이나 복잡한 소품을 지워주거나 단순화하는 것이 좋습니다.
- Canva의 '배경 제거', '자르기', '흐림 효과'를 활용하면 시선이 분산되지 않고, 인물과 중심 장면에 집중할 수 있습니다.

4. 동일한 프레임 또는 테두리 사용

- 각 장면을 같은 테두리 프레임 안에 배치하면 페이지마다 형식이 달라도 책 전체의 리듬과 정체성을 유지할 수 있습니다.

예: 전 페이지에 흰 여백 테두리 삽입, 말풍선에 동일한 스타일 사용 등

- '그림자 효과', '둥근 모서리', '스크랩북 테두리' 같은 Canva 요소를 활용하면 디자인 일관성이 향상됩니다.

5. 텍스트 스타일과 위치 고정

- 페이지마다 글씨 크기, 폰트, 위치가 다르면 이야기의 흐름이 끊기게 됩니다.

본문 서체는 1종, 대사 말풍선은 1종 정도로 고정하는 것이 좋습니다.

- 텍스트는 페이지 하단 또는 좌우 측면에 배치하고, 항상 같은 위치, 같은 크기로 유지하세요.

특히 유아 대상 동화는 글자 수가 적고 간결한 문장일수록 더 효과적입니다.

마무리 팁

- 스타일 통일은 '예쁘게 만드는 작업'이 아니라, 독자의 몰입을 돕고 창작자의 메시지를 정확히 전달하기 위한 편집 설계입니다.
- Canva에서 표지-본문-클로징까지 동일한 이미지 톤, 캐릭터 위치, 텍스트 구조를 유지하는 것만으로도 완성도 높은 그림동화가 탄생할 수 있습니다.
- 여러 AI 이미지 도구를 병행했다면, Canva에서 마지막으로 정리하는 편집 기법이 전체의 완성도를 좌우합니다.

지금까지 만든 장면들을 다시 펼쳐보고, 색감이나 배치의 흐름이 자연스러운지 점검해보세요. 조화로운 스타일이 독자의 시선을 오래 붙잡습니다.

4장

—

애니메이션 제작과 영상콘텐츠 확장

———

유양석

1. 그림동화에서 영상 콘텐츠로: 애니메이션 기획과 스토리 구성

1.1 그림동화를 영상화할 때 고려해야 할 요소 135
1.2 애니메이션 스토리보드와 컷 구성 기법 136
1.3 영상 연출을 고려한 동화책 제작 전략 137

2. 애니메이션 제작을 위한 캐릭터 및 배경 디자인

2.1 캐릭터 디자인과 모션 적용 방법 139
2.2 배경 디자인과 움직이는 요소 적용 140
2.3 AI 및 디지털 툴을 활용한 애니메이션 제작 최적화 142

3. 애니메이션 제작 실전 가이드 및 AI 활용법

3.1 애니메이션 제작 단계별 워크플로우 143
3.2 AI 도구별 애니메이션 제작 소개 145
3.3 하이루를 활용해서 동화속 주인공 캐릭터 영상 만들기 147
3.4 런웨이로 캐릭터 레퍼런스 만들기 154
3.5 일레븐랩스로 캐릭터 AI 음성 만들기 159
3.6 캡컷으로 최종 편집 163

4. 사운드와 내레이션: 감성적인 영상 연출법

4.1 음악과 사운드 효과가 영상에 미치는 영향 172
4.2 성우 더빙 및 AI 내레이션 활용법 173
4.3 음악 동화로 확장하는 사운드 기반 콘텐츠 기획 175

5. 출판과 영상 콘텐츠의 융합 마케팅 전략

5.1 출판과 영상 콘텐츠를 동시에 홍보하는 방법 175
5.2 굿즈 및 부가 콘텐츠 제작으로 브랜드 확장 177
5.3 애니메이션 기반 크라우드 펀딩 및 글로벌 진출 전략 178

유양석 작가

"AI 콘텐츠 혁신과 미디어 융합의 선구자"

　AI 기술과 미디어 융합을 통해 창작과 소통의 새로운 길을 개척하는 베스트셀러 작가이자 AI 콘텐츠 전문가입니다. 그는 생성형 AI를 활용한 창작 및 교육 분야에서 두각을 나타내며, 디지털 시대의 창작자들에게 실질적이고 혁신적인 솔루션을 제시하고 있습니다. 밴더빌트 대학에서 챗GPT 프롬프트 엔지니어링 과정을 수료하고, 언론중재위원회의 언론인 전문연수를 이수하며, AI와 미디어를 아우르는 전문성을 갖추었습니다.

　한국AI영상제작협회 이사로 활동하며, AI 영화감독과 디지털 크리에이터로서 독창적인 콘텐츠를 제작하고 있습니다. 그의 단편 영화 The Last Guardian은 국제 영화제에 공식 선정되었으며, 환경 문제와 희망의 메시지를 담은 스토리텔링으로 큰 주목을 받았습니다.

- 한국AI영상제작협회 이사
- 한국미디어창업뉴스 객원기자
- 호주 환경영화제 최우수상 수상
- 챗GPT 전문강사 및 구글 웍스 강사
- 밴더빌트 대학 챗GPT 프롬프트 엔지니어링 과정 수료

　출간저서로는 『쿠키와 친구들의 돌고래 섬 모험』, 『솔비와 서리마녀의 최후의 대결』, 『인공지능 콘텐츠 트렌드』, 『광고하지 말고 언론하라』, 『여성 창업시대 리더가 된 여자들』, 『디지털아티스트 틱톡스티커디자인의 시작』, 『AI 하나로 광고의 신이 되는법』 외 다수

"이야기는 책 안에만
머물지 않아요.
세상 밖으로 자라나요"

 1. 그림동화에서 영상 콘텐츠로: 애니메이션 기획과 스토리 구성

1.1 그림동화를 영상화할 때 고려해야 할 요소

어릴 적 읽었던 그림동화는 책장을 넘길 때마다 펼쳐지는 아름다운 그림과 함께 상상의 나래를 펼치게 했습니다. 만약 그 그림동화가 애니메이션으로 제작된다면, 동화 속 캐릭터들이 움직이고 목소리를 내며 배경음악이 흐르는 생생한 이야기로 다가옵니다. 그러나 정적인 그림동화를 동적인 영상 콘텐츠로 변환하는 과정은 단순하지 않습니다. 몇 가지 중요한 요소를 세심하게 고려해야 자연스럽고 몰입감 높은 영상을 완성할 수 있습니다.

정적인 그림동화를 동적인 애니메이션으로 변환하는 핵심 원리

그림동화는 한 장면 한 장면이 정지된 상태로 이야기를 전달하는 형식입니다. 반면, 애니메이션은 시간의 흐름 속에서 장면이 연결되며 이야기가 전개됩니다. 따라서 정적인 이미지를 어떻게 자연스럽게 움직이게 할 것인지 고민하는 것이 필수적입니다. 단순히 그림을 이어붙이는 방식으로는 부족하며, 캐릭터의 동작과 감정을 입체적으로 표현해야 합니다. 예를 들어, 슬퍼하는 장면을 연출할 때는 눈물이 흐르는 동작, 어깨가 움찔거리는 미세한 움직임, 표정의 변화까지 섬세하게 담아야 진정성이 느껴집니다.

타깃 연령층에 따른 영상 기획 전략

애니메이션 역시 타깃 연령층에 따라 기획 전략이 달라져야 합니다. 유아를 대상으로 하는 경우에는 단순한 이야기 구조, 화려한 색감, 반복적인 장면 구성이 효과적입니다. 반면 초등학생이나 중학생을 대상으로 할 때는 보다 복잡한 스토리라인과 개성 있는 캐릭터 설정이 필요합니다. 최근에는 부모와 아이가 함께 즐길 수 있는 패밀리 콘텐츠가 증가하고 있습니다. 이런 경우에는 어린이뿐 아니라 성인도 공감할 수 있도록 감동적인 메시지나 유머 요소를 추가하는 전략이 요구됩니다.

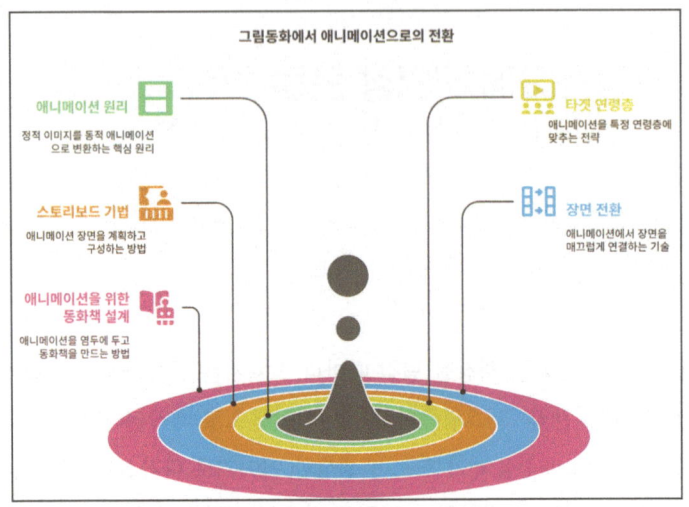

1.2 애니메이션 스토리보드와 컷 구성 기법

그림동화를 애니메이션으로 제작하기 위해 가장 먼저 해야 할 일은 스토리보드를 만드는 일입니다. 스토리보드는 전체 애니메이션의 흐름을 시각적으로 설계하는 설계도와 같습니다. 한 장면씩 어떤 그림이 나올지, 카메라는 어떻게 움직일지, 캐릭터는 어떤 동작을 할지를 구체적으로 계획하여, 영상 전체의 리듬과 흐름을 통제하는 역할을 합니다.

그림동화 장면을 애니메이션 씬으로 변환하는 방법

그림동화의 한 페이지는 정지된 한 장면만으로 이야기를 전달합니다. 그러나 애니메이션에서는 같은 장면을 여러 개의 세부 컷으로 나누어야 자연스러운 흐름을 만들 수 있습니다. 예를 들어 '주인공이 문을 열었다'는 그림동화 속 한 장면은 애니메이션에서는 다음과 같이 세분화할 수 있습니다. 주인공이 문 앞에 서는 장면, 손잡이를 잡는 장면, 문을 여는 순간, 문 너머 세상을 바라보는 장면으로 나누는 것입니다. 이러한 세부 컷 구성이 이야기에 생동감을 부여하고, 시청자가 몰입할 수 있도록 만듭니다.

영상 흐름을 자연스럽게 만드는 장면 전환 기법

애니메이션에서는 장면과 장면이 자연스럽게 이어지도록 다양한 트랜지션 기법을 사용합니다. 가장 기본적인 방법은 페이드인과 페이드아웃입니다. 화면이 서서히 어두워졌다가 다시 밝아지게 하여 시간의 흐름이나 감정의 변화를 표현할 수 있습니다. 반면, 빠른 속도감을 강조하고 싶을 때는 점프 컷(Jump Cut) 기법이 효과적입니다. 점프 컷은 같은 구도를 유지하면서 중간 과정을 생략해 속도감을 높이는 방식입니다. 예를 들어, 주인공이 급하게 뛰어가는 장면에서는 점프 컷을 활용해 긴박감을 효과적으로 전달할 수 있습니다. 장면 전환 기법을 적절히 활용하면 애니메이션의 몰입도를 크게 높일 수 있습니다.

1.3 영상 연출을 고려한 동화책 제작 전략

최근에는 그림동화를 기획할 때부터 애니메이션화를 염두에 두는 경우가 늘어나고 있습니다. 처음부터 영상으로 확장할 가능성을 고려해 설계하면, 이후 애니메이션 작업이 훨씬 자연스럽고 효율적으로 진행됩니다. 동화책 단계에서부터 영상 연출을 고려한 접근이 필요합니다.

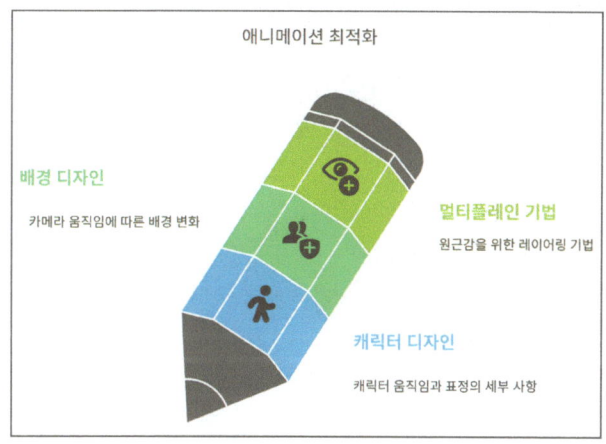

그림동화 출판 단계에서 애니메이션화를 염두에 둔 설계 방법

동화책을 기획할 때 '이 장면이 영상으로 만들어진다면 어떤 모습일까?'를 항상 함께 상상하는 것이 중요합니다. 캐릭터의 움직임이 잘 드러나는 구도, 감정을 효과적으로 전달할 수 있는 클로즈업 장면, 연속 동작을 암시하는 연출을 의도적으로 설계해야 합니다. 대사가 많은 경우에는 말풍선보다는 내레이션 형태로 정리하는 것이 영상으로 변환할 때 자연스럽게 연결될 수 있습니다.

캐릭터 동작과 배경 디자인을 영상 연출에 최적화하는 방법

애니메이션에서는 캐릭터가 다양한 방향으로 움직이고 세밀한 표정 변화를 보여주어야 합니다. 따라서 동화책에서도 손과 발의 움직임, 표정 디테일, 옷의 주름 등까지 세심하게 디자인해야 합니다. 배경 또한 고정된 화면이 아니라 카메라 이동을 고려한 구성이 필요합니다. 이를 위해 멀티플레인 기법을 활용하는 것이 효과적입니다. 멀티플레인 기법이란 배경을 여러 층으로 나누어, 가까운 물체는 빠르게, 먼 배경은 천천히 이동시키는 방식으로 공간감을 극대화하는 기술입니다. 예를 들어, 주인공이 숲속을 걷는 장면에서는 나뭇잎, 나무줄기, 먼 산을 각각 다른 속도로 움직이게 하여 더욱 입체적이고 생동감 있는 화면을 연출할 수 있습니다.

[쿠키와 친구들의 돌고래 섬 모험]

큐알(유튜브영상)

 2. 애니메이션 제작을 위한 캐릭터 및 배경 디자인

2.1 캐릭터 디자인과 모션 적용 방법

캐릭터 디자인과 모션 적용 방법은 애니메이션 제작에서 캐릭터를 생동감 있게 표현하기 위해 반드시 알아야 하는 핵심 과정입니다. 정적인 그림동화 캐릭터를 움직이는 영상용으로 재구성하려면 움직임을 고려한 단순화된 디자인, 감정을 전달하는 표정 강조, 색감과 스타일의 일관성 유지가 필요합니다. 또한 2D와 3D 애니메이션의 차이를 이해하고 각 방식에 맞게 설계해야 높은 완성도의 캐릭터가 완성됩니다. 이 단원에서는 이러한 실전 팁을 자세히 설명합니다.

그림동화 속 캐릭터를 애니메이션용으로 재구성하는 방법

그림동화 속 캐릭터는 주로 정적인 일러스트로 표현되지만, 애니메이션에서는 끊임없이 움직이며 다양한 감정을 전달해야 합니다. 따라서 캐릭터를 애니메이션용으로 재구성할 때는 몇 가지 핵심 요소를 고려해야 합니다.

첫째, 움직임을 고려한 디자인이 필요합니다. 세밀한 디테일이 많을수록 애니메이션 작업이 복잡해지기 때문에, 머리카락이나 의상 주름 등은 단순화하여 효율성을 높이는 것이 중요합니다.

둘째, 표정 변화의 강조가 요구됩니다. 감정을 효과적으로 전달하기 위해 눈, 입, 손동작 등 주요 부위를 강조하여 디자인해야 합니다. 캐릭터의 미세한 표정 변화가 생동감을 좌우하기 때문입니다.

셋째, 색감과 스타일의 일관성을 유지해야 합니다. 원작 그림동화의 색감과 분위기를 살리면서도, 애니메이션 제작 과정에서 조명과 그림자 효과가 자연스럽게 적용될 수 있도록 조정하는 것이 필요합니다.

2D/3D 애니메이션 스타일에 맞는 캐릭터 디자인 기법

애니메이션은 크게 2D 스타일과 3D 스타일로 나뉘며, 각각에 맞는 캐릭터 디자인 기법이 다르게 적용됩니다.

2D 애니메이션에서는 선명한 윤곽선과 개성 있는 실루엣이 중요합니다. 또한, 컷아웃 기법(각 부위를 따로 분리해 움직이는 방식)을 활용하기 위해 몸통, 팔, 다리 등을 독립적으로 디자인해야 합니다. 장면 전환이 부드럽게 이어질 수 있도록 단순하면서도 역동적인 포즈를 강조하는 것도 필수적입니다.

3D 애니메이션은 입체적인 모델링을 기반으로 제작되기 때문에, 균형 잡힌 캐릭터 구조가 가장 중요합니다. 리깅(Rigging) 과정을 고려하여 관절이 자연스럽게 움직일 수 있도록 설계해야 하며, 이를 통해 자유롭고 현실감 있는 모션을 구현할 수 있습니다. 리깅은 캐릭터 모델에 '뼈대'를 심어 애니메이션 작업을 가능하게 만드는 기술입니다.

또한, 피부, 의상, 머리카락 등의 질감을 사실적으로 표현하기 위해 텍스처 작업이 필요합니다. 여기에 조명 효과를 적용하여 빛의 방향과 그림자를 섬세하게 조정하면, 한층 몰입감 있는 3D 애니메이션을 완성할 수 있습니다.

2.2 배경 디자인과 움직이는 요소 적용

애니메이션에서 배경은 단순한 장식이 아니라 캐릭터의 감정과 장면의 분위기를 극대화하는 중요한 요소입니다. 정적인 그림동화 배경을 생동감 있게 변환하려면 여러 레이어를 분리해 공간감을 살리고, 색감과 질감을 유지하면서 작은 움직이는 요소를 추가하는 작업이 필요합니다. 또한 패럴랙스 스크롤링 같은 기법을 활용하면 화면에 깊이감을 더해 몰입도를 높일 수 있으며, 전체 연출의 완성도를 크게 향상시킬 수 있습니다.

정적인 동화 배경을 영상에서 자연스럽게 활용하는 방법

애니메이션에서 배경은 단순한 장식이 아닙니다. 배경은 캐릭터의 감정을 극대화하고 장면의 몰입도를 높이는 데 중요한 역할을 합니다. 그림동화의 정적인 배경을 애니메이션으로 변환할 때는 몇 가지 핵심 요소를 고려해야 합니다.

첫째, 배경을 여러 개의 레이어로 분리해야 합니다. 앞쪽, 중간, 뒤쪽 레이어를 따로 구성하면 캐릭터가 배경 속을 자연스럽게 이동할 수 있으며, 공간감이 살아나는 효과를 얻을 수 있습니다.

둘째, 색감과 질감을 유지해야 합니다. 원작 그림동화의 고유한 분위기를 살리면서도 애니메이션에 적용했을 때 자연스럽게 보이도록 색상과 질감을 세밀하게 조정하는 것이 필요합니다.

셋째, 움직이는 배경 요소를 추가하는 것이 중요합니다. 예를 들어, 나뭇잎이 살짝 흔들리거나 구름이 천천히 흐르는 등의 작은 움직임을 배경에 더하면, 화면 전체가 더욱 생동감 있게 살아납니다.

애니메이션 배경을 더욱 생동감 있게 표현하는 방법

배경이 정적인 그림처럼 보이는 것을 방지하기 위해서는 패럴랙스 스크롤링(Parallax Scrolling) 기법을 적극 활용할 수 있습니다. 패럴랙스 스크롤링은 서로 다른 레이어를 서로 다른 속도로 움직이게 하여 깊이감을 부여하는 기법입니다.

가까운 요소는 빠르게, 먼 배경은 느리게 움직이게 함으로써 입체적이고 현실감 있는 공간을 연출할 수 있습니다. 예를 들어, 주인공이 숲속을 걸어가는 장면에서는 가까운 나뭇잎은 빠르게, 먼 산은 천천히 움직이게 설정하여 자연스럽고 몰입도 높은 화면을 완성할 수 있습니다. 이러한 기법을 적절히 활용하면 애니메이션 전체의 품질과 몰입도가 크게 향상됩니다.

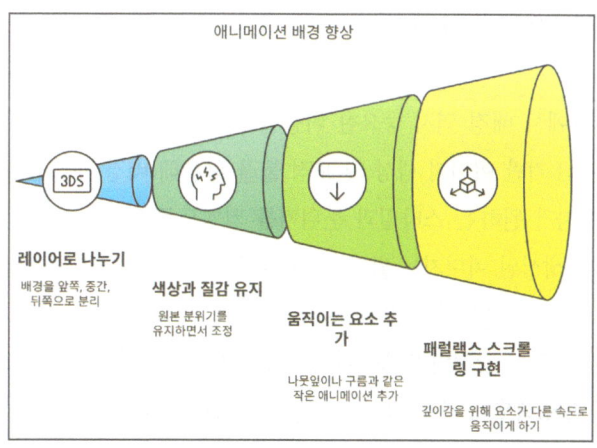

2.3 AI 및 디지털 툴을 활용한 애니메이션 제작 최적화

애니메이션 제작 과정은 복잡하고 시간이 많이 소요되지만, 최신 AI 및 디지털 툴을 활용하면 효율성을 크게 높일 수 있습니다. AI는 캐릭터 모션 생성, 배경 자동 제작, 음성 합성, 편집 자동화 등 다양한 영역에서 작업 시간을 단축하고 품질을 향상시킵니다. 디지털 툴은 초보자도 직관적으로 사용할 수 있는 강점을 가지고 있어, 누구나 창의적인 아이디어를 빠르고 손쉽게 실현할 수 있도록 돕습니다. 이를 통해 제작 과정 전체가 최적화됩니다.

AI 기반 캐릭터 애니메이션 적용 방법

최근에는 AI 기술을 활용하여 캐릭터 애니메이션 작업을 더욱 빠르고 효율적으로 수행할 수 있습니다. 대표적인 방법 중 하나는 모션 캡처 기반 AI 툴을 이용하는 것입니다. 예를 들어, Dzine.ai이나 RunwayML 같은 툴은 간단한 동작 데이터를 입력하면 자연스러운 캐릭터 모션을 자동으로 생성해줍니다.

이러한 툴은 복잡한 프레임 단위 작업을 줄여주며, 캐릭터의 움직임을 손쉽게 조정할 수 있는 기능을 제공합니다. 특히 표정, 손짓, 걸음걸이 같은 세부 동작까지 자동으로 구현할 수 있어 제작자가 더 창의적인 연출에 집중할 수 있는 환경을 만들어줍니다. AI 기반 캐릭터 애니메이션 툴은 작업 시간과 비용을 절감하면서도 높은 완성도를 유지할 수 있는 강력한 솔루션으로 자리잡고 있습니다.

배경 자동 생성 및 보정 AI 툴 활용법

애니메이션 제작에서 배경 역시 중요한 비중을 차지합니다. 최근에는 Canva AI, Adobe Express AI 같은 AI 기반 이미지 생성 및 보정 툴을 활용해 배경 제작을 최적화할 수 있습니다. 이런 툴은 사용자가 원하는 스타일과 분위기를 키워드로 입력하면 자동으로 고화질 배경 이미지를 생성하며, 생성된 이미지는 밝기, 색감, 질감 등을 세밀하게 보정할 수 있습니다.

특히 초보자도 손쉽게 사용할 수 있도록 직관적인 인터페이스를 제공하며, 배경 작업 시간을 대폭 단축시킬 수 있는 강점이 있습니다. AI 툴을 활용하면 기존 일러스트 작업보다 더 빠르고 일관성 있게 프로젝트에 맞는 배경을 완성할 수 있습니다.

AI 툴을 활용할 때 주의할 점

AI는 제작 속도를 크게 높여주지만, 무조건 의존하기보다는 작가의 의도와 감성을 살리는 방향으로 활용하는 것이 중요합니다. 생성된 결과물을 그대로 사용하는 것이 아니라, 최종 결과물을 꼼꼼히 검토하고 수정하여 작품의 완성도를 높여야 합니다. AI는 어디까지나 창작자의 보조 수단이라는 점을 잊지 말아야 합니다.

3. 애니메이션 제작 실전 가이드 및 AI 활용법

3.1 애니메이션 제작 단계별 워크플로우

애니메이션 제작은 단순한 작업의 연속이 아니라, 창의적이고 체계적인 과정을 거쳐 완성되는 종합 예술입니다. 여기서 말하는 워크플로우는 작업을 처음부터 끝까지 순서대로 진행하는 단계별 절차를 의미합니다. 즉, 무엇을 먼저 하고 그다음 무엇을 해야 하는지를 한눈에 알 수 있도록 정리한 작업 흐름도입니다.

이 이미지는 애니메이션 제작의 주요 단계들을 시각적으로 정리한 워크플로우로, 초보자도 각 단계의 흐름을 쉽게 이해할 수 있도록 구성되어 있습니다. 각 단계는 기획부터 디자인, 스토리보드, 제작, 최종 편집까지 이어지며, 최신 AI 도구들을 적절히 활용하면 더욱 빠르고 효율적으로 작업할 수 있습니다.

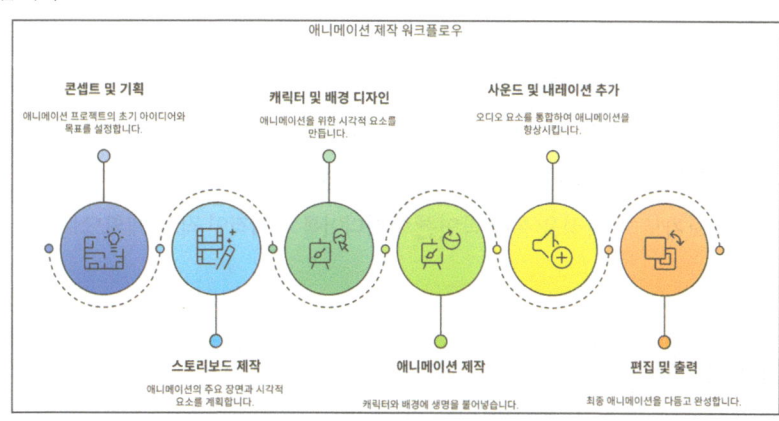

아래는 주요 단계 소개입니다. 애니메이션 제작의 흐름을 이해하기 쉽게 정리한 부분입니다. 기획, 디자인, 스토리보드, 제작, 사운드, 편집까지 각 단계가 순서대로 연결되어 있으며, 초보자도 이 과정을 따라가면 체계적이고 효율적으로 완성도 높은 애니메이션을 만들 수 있습니다.

콘셉트 및 기획

애니메이션 제작의 첫 단계는 전체 프로젝트의 아이디어와 목표를 구체화하는 과정입니다. 어떤 주제와 메시지를 전달할지, 어떤 연령대와 타깃 독자에게 맞출지, 어떤 분위기와 감정선을 표현할지를 명확히 정리해야 합니다.

이 단계에서는 스토리의 핵심 줄거리, 주요 캐릭터 설정, 배경 세계관, 그리고 프로젝트 완성 목표와 일정 등을 설계합니다. 기획이 튼튼해야 후속 단계에서도 방향성을 잃지 않고 일관된 작업을 진행할 수 있습니다.

캐릭터 및 배경 디자인

애니메이션에서 시각적 요소는 이야기만큼이나 중요합니다. 주인공 캐릭터의 생김새, 성격, 표정, 의상, 그리고 이야기의 배경이 될 공간과 소품들을 구체적으로 설계합니다. AI 이미지 생성 툴을 사용하면 원하는 스타일의 캐릭터와 배경을 손쉽게 만들 수 있어 시간과 비용을 절약할 수 있습니다. 이 단계에서 만들어진 디자인은 스토리보드와 애니메이션 제작 단계로 넘어가는 핵심 자료가 됩니다.

스토리보드 제작

스토리보드는 전체 애니메이션의 장면 구성과 시각적 흐름을 설계하는 작업입니다. 각 장면의 시작과 끝, 주요 액션, 대사, 카메라 앵글, 장면 전환 방식을 모두 시각적으로 정리합니다. 스토리보드는 후속 작업팀에게 명확한 지침을 제공하며, 작품의 완성도를 높이는 데 중요한 설계도 역할을 합니다. 초보자도 이 과정을 통해 막연한 아이디어를 구체적인 작업 계획으로 발전시킬 수 있습니다.

애니메이션 제작

이 단계에서는 캐릭터와 배경에 실제 움직임을 불어넣어 각 장면을 연결합니다. AI 모션 생성 툴이나 편집 프로그램을 활용하면 캐릭터의 자연스러운 동작, 카메라 무빙, 배경 전환 등을 손쉽게 구현할 수 있습니다. 이 과정에서 디테일을 얼마나 잘 살리느냐가 시청자의 몰입도를 좌우하며, 전체 작품의 완성도와 직결됩니다.

사운드 및 내레이션 추가

애니메이션의 몰입감을 극대화하려면 소리와 내레이션을 잘 활용해야 합니다. AI 음성 합성 프로그램을 사용하면 캐릭터 목소리나 장면 설명을 자연스럽게 제작할 수 있으며, BGM(배경음악)과 효과음을 넣어 감정과 분위기를 살릴 수 있습니다. 이 단계에서 사운드와 화면이 정확히 싱크되도록 정밀한 조율이 필요합니다.

편집 및 출력

마지막 단계에서는 전체 타임라인을 점검하고, 편집 프로그램에서 효과, 전환, 음악, 텍스트 등을 조율해 최종 영상을 완성합니다. 해상도, 화면 비율, 파일 형식 등을 최적화해 출력하고, 유튜브, SNS, OTT 같은 배포 채널에 맞춰 배포 준비를 합니다. 이 단계에서 완성본의 품질을 꼼꼼히 확인하고 수정해야 최종 결과물이 만족스러울 수 있습니다.

3-2 AI 도구별 애니메이션 제작 소개

애니메이션 제작은 캐릭터, 배경, 음악, 내레이션까지 모든 요소가 유기적으로 어우러져야 감동을 주는 완성도 높은 작품이 완성됩니다. 이 파트에서는 초보자도 쉽게 사용할 수 있는 최신 AI 도구들을 소개하며, 하이루(HiLuo), 런웨이(Runway ML), 일레븐랩스(ElevenLabs), 캡컷(CapCut)의 특징과 강점을 알려줍니다. 이 도구들은 각각 캐릭터 애니메이션, 장면 디자인, 음성 내레이션, 최종 편집에서 핵심 역할을 하며, 제작 효율을 극대화합니다.

하이루(HiLuo)

하이루는 한국어 기반 AI 플랫폼으로, 업로드한 이미지나 일러스트를 자동으로 애니메이션 영상으로 변환할 수 있는 강력한 도구입니다. 사용자는 장면 설명을 텍스트로 입력하기만 하면 AI가 자연스러운 캐릭터 동작과 장면 전환을 자동으로 만들어줍니다. 초보자도 손쉽게 사용할 수 있으며, 특히 한국어 지원이 강점이어서 국내 사용자에게 매우 친화적입니다. 복잡한 작업 없이도 매끄럽고 감각적인 애니메이션 영상을 빠르게 제작할 수 있어, 제작 시간과 비용을 크게 절감할 수 있습니다.

런웨이(Runway ML)

런웨이는 영상 편집과 스타일 변환에 특화된 AI 도구로, 캐릭터 레퍼런스 제작, 배경 디자인, 모션 브러시, 카메라 무빙 등의 고급 기능을 제공합니다. 이 도구는 초보자도 쉽게 사용할 수 있으면서도 전문가 수준의 디테일과 연출을 구현할 수 있는 강점을 가지고 있습니다. 간단한 데이터 입력만으로도 복잡한 프레임 단위 작업을 줄여주며, 창의적인 연출에 집중할 수 있는 환경을 마련해줍니다. 애니메이션 영상에 고급스러운 시각 효과를 더하고 싶을 때 매우 유용한 툴입니다.

일레븐랩스(ElevenLabs)

일레븐랩스는 AI 음성 합성 플랫폼으로, 캐릭터 목소리와 내레이션을 실감 나게 제작할 수 있는 도구입니다. 다양한 언어와 감정 톤, 말투를 선택할 수 있으며, 초보자도 텍스트를 입력하기만 하면 원하는 스타일의 음성을 자동으로 생성할 수 있습니다. 별도의 성우 섭외나 녹음 과정 없이도 몰입감 높은 음향 연출이 가능해, 애니메이션의 완성도를 한층 높여줍니다. 특히 여러 캐릭터의 목소리를 동시에 제작할 수 있어 제작 속도와 효율을 크게 향상시킵니다.

캡컷(CapCut)

캡컷은 최종 영상 편집과 마무리에 특화된 AI 기반 편집 툴입니다. 컷 편집, 전환 효과, 모션 그래픽, 자막, 배경음악 삽입까지 직관적인 인터페이스에서 손쉽게 수행할 수 있습니다. 초보자도 드래그 앤 드롭 방식으로 손쉽게 다룰 수 있으며, 완성된 애니메이션 영상을 유튜브, 틱톡, 인스타그램 등 다양한 SNS 플랫폼에 맞춰 최적화해 출력할 수 있습니다. 최종 단계에서 작품의 완성도를 높이고 매력적인 결과물을 만들 수 있는 강력한 편집 도구입니다.

이처럼 하이루, 런웨이, 일레븐랩스, 캡컷은 각각의 단계에서 애니메이션 제작을 효율적이고 창의적으로 완성할 수 있게 돕는 핵심 도구입니다. 초보자도 이들 AI 도구를 적절히 활용하면 복잡한 작업을 단순화하고, 시간과 비용을 절감하면서도 높은 완성도의 결과물을 만들어낼 수 있습니다. 앞으로 이어질 실전 활용법에서는 각 도구의 구체적인 사용 방법과 실습 팁을 통해 독자가 직접 자신만의 애니메이션을 완성할 수 있도록 단계별로 안내합니다.

3.3 하이루(HiLuo AI)로 동화 속 주인공 캐릭터 영상 만들기

하이루(HiLuo AI)는 한국어로 직관적으로 사용할 수 있는 애니메이션 생성 플랫폼입니다. 이 파트에서는 하이루를 활용해 동화 속 주인공 캐릭터 이미지를 업로드하고, 간단한 장면 설명을 입력해 자동으로 애니메이션 영상을 만드는 과정을 다룹니다. 초보자도 손쉽게 활용할 수 있으며, 특히 장면의 감정을 살리는 카메라 기법을 함께 적용해 한층 더 생동감 있는 결과물을 완성할 수 있습니다.

하이루(HiLuo AI) 회원가입 및 로그인

구글 검색창에 '하이루오 AI'를 입력한 후 나타난 검색 결과 화면입니다. 사용자는 하이루(HiLuo AI) 공식 사이트로 접속하기 위해 이 화면에서 검색 결과를 클릭하면 됩니다.(https://hiluo.ai)

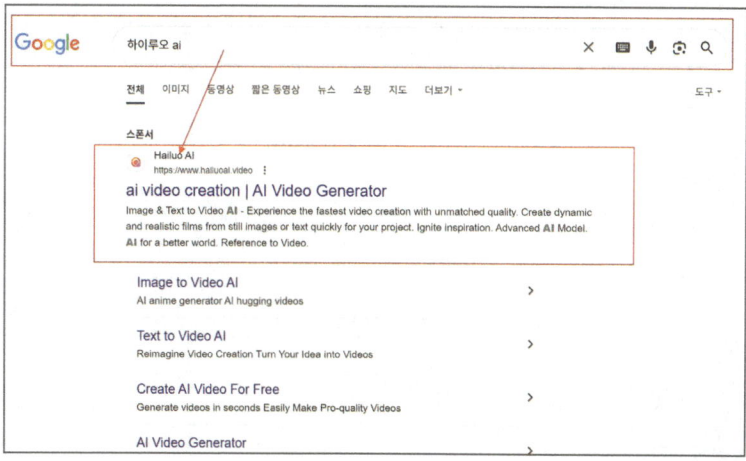

하이루오 홈화면 오른쪽 상단의 'Sign In' 버튼을 클릭하여 로그인 화면으로 이동합니다. 다음 화면에서 'Continue with Google' 버튼을 클릭하여 구글 계정으로 로그인합니다.

이 이미지는 Hailuo AI의 메인 대시보드 화면입니다. 화면은 직관적으로 구성되어 있어

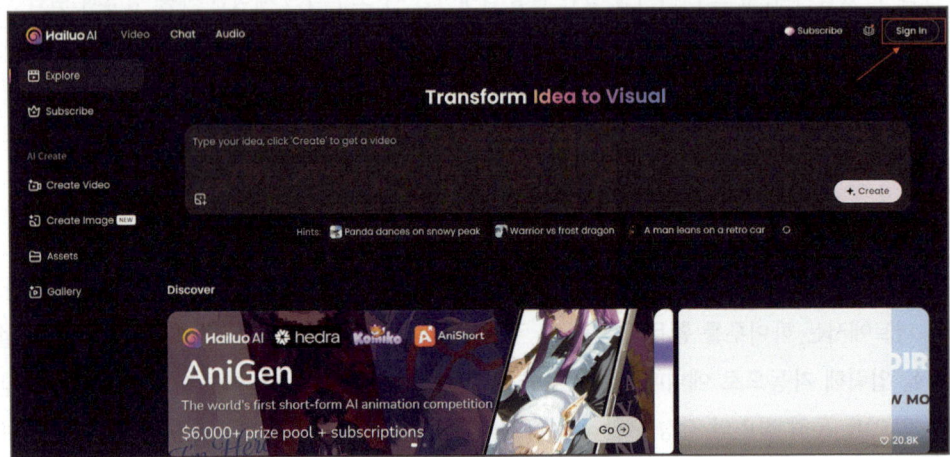

초보자도 쉽게 사용할 수 있으며, 메뉴별 기능과 작업 공간이 깔끔하게 정리되어 있습니다. 아래에 각 번호별로 화면 구성 요소를 설명합니다.

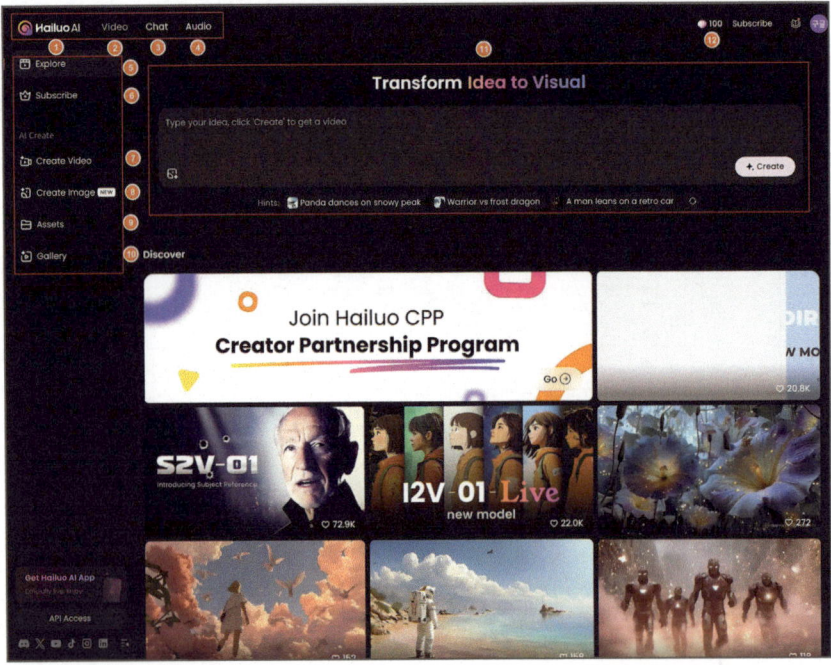

① Hailuo AI 로고: 메인 홈으로 돌아가기 버튼입니다.
② Video: 영상 제작 메뉴로 이동합니다.
③ Chat: AI 채팅 기능으로 이동합니다.
④ Audio: AI 오디오 및 음성 관련 기능으로 이동합니다.
⑤ Explore: 전체 탐색 메뉴로 최신 작품과 기능을 볼 수 있습니다.
⑥ Subscribe: 구독 관련 설정과 업그레이드 정보를 확인할 수 있습니다.
⑦ Create Video: AI로 영상을 제작하는 메뉴입니다.
⑧ Create Image: AI로 이미지를 제작하는 메뉴입니다.
⑨ Assets: 저장한 자료와 리소스를 관리하는 공간입니다.
⑩ Gallery: 다른 유저들의 작품을 감상할 수 있는 갤러리입니다.
⑪ 아이디어 입력 창: 원하는 아이디어를 입력하면 AI가 자동으로 작업을 시작합니다.
⑫ 계정 및 설정: 구독 상태, 알림, 프로필 등 계정 정보를 확인할 수 있습니다.

하이루 플랫폼 주요 기능 설명

Hailuo AI의 요금제 비교 화면입니다. 사용자는 필요와 예산에 맞게 무료, 기준, 찬성, 제한 없는 플랜 중 하나를 선택할 수 있습니다. 각 플랜은 제공하는 크레딧 수, 동시 작업 수, 워터마크 제거 여부 등에서 차이가 있습니다.

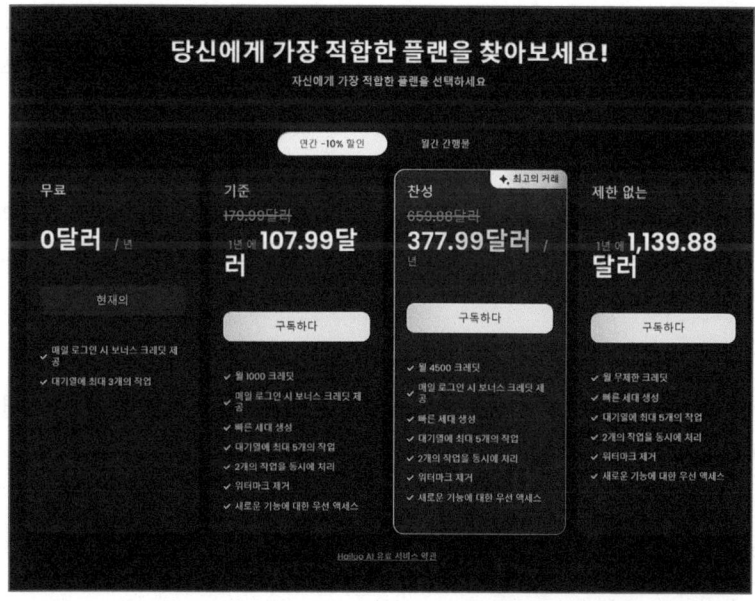

① 무료 플랜 → 연간 0달러, 매일 로그인 시 보너스 크레딧만 제공되며 대기열 최대 3개 작업 가능
② 기준 플랜 → 연간 107.99달러, 월 1,000 크레딧, 2개 작업 동시 처리, 워터마크 제거 포함
③ 찬성 플랜 → 연간 377.99달러, 월 4,500 크레딧, 최대 5개 작업 처리, 새로운 기능 우선 접근
④ 제한 없는 플랜 → 연간 1,139.88달러, 무제한 크레딧, 빠른 세대 생성, 모든 기능 우선 접근

다음은 Hailuo AI의 크레딧 정책과 이미지 및 비디오 생성 시 소모되는 크레딧을 정리한 표입니다.

항목	내용
신규 가입 보너스	가입 시 기간 한정 1000 크레딧 제공
일일 로그인 보너스	매일 로그인 시 100 크레딧 지급
이미지 생성 크레딧 소모	이미지 1장 생성 시 약 10~15 크레딧 소모
비디오 생성 크레딧 소모	5초 길이 비디오 생성 시 약 30 크레딧 소모

동화 속 이미지로 비디오 생성하기

Hailuo AI의 영상·이미지 생성 작업 화면입니다. 사용자는 좌측 창에서 이미지나 영상을 업로드하거나 프롬프트를 입력해 생성할 수 있으며, 우측에서는 생성된 결과물을 실시간으로 확인할 수 있습니다.

① 이미지 업로드 영역

"Drag / Paste / Click to upload an image" 표시가 된 영역으로, 이미지를 드래그하거나 클릭하여 업로드할 수 있습니다. 이곳에 사진을 올려 AI 영상 생성의 시작점으로 사용합니다.

② 비디오 모드

"Video" 버튼으로, 이미지를 비디오로(I2V), 텍스트를 비디오로(T2V), 또는 장면을 비디오로(S2V) 변환하는 기능을 선택할 수 있습니다.

③ 이미지 모드

"Image" 버튼으로, 텍스트 프롬프트를 통해 이미지를 생성하거나 업로드한 이미지를 기반으로 새로운 이미지를 만드는 기능입니다.

④ Brainstorm with Deepseek

AI 브레인스토밍 도구로, 영상이나 이미지 프로젝트를 시작하기 전에 콘셉트, 스토리보드, 스타일 등을 함께 구상할 수 있도록 도와주는 기능입니다.

⑤ 프리셋 라이브러리(Preset Library)

다양한 공개 프롬프트와 사용자가 저장한 나만의 프리셋(My Presets)을 한눈에 볼 수 있는 창이 열립니다.

⑥ 카메라 움직임 제어

"You can enhance camera movement by inputting natural language or inserting instructions"라고 표시된 영역으로, 자연어로 카메라 움직임(팬, 줌 등)을 제어할 수 있는 기능입니다.

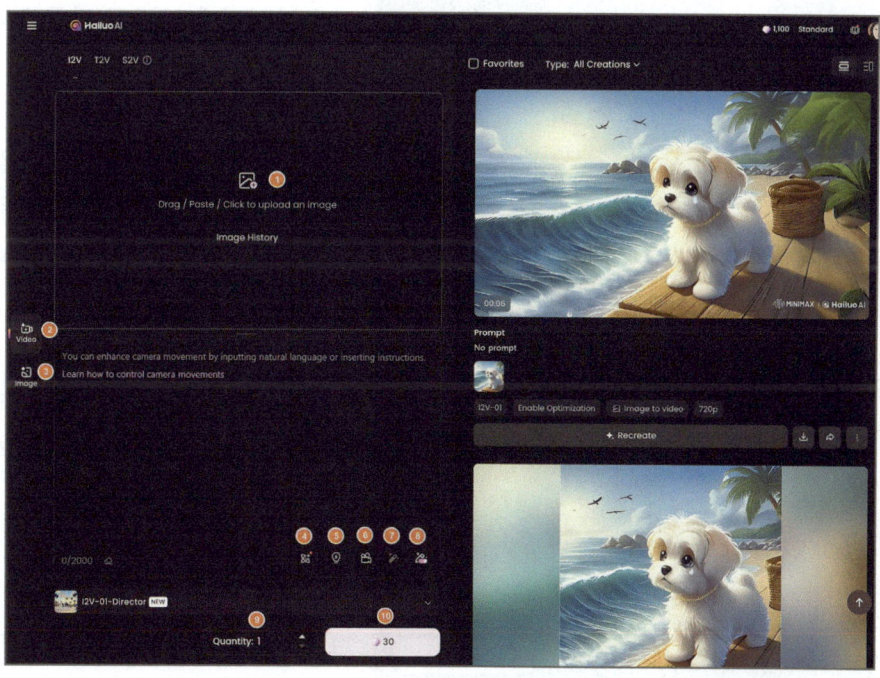

⑦ 이펙트(Efffects) 메뉴

메뉴를 클릭하면 다양한 AI 비디오 효과와 애니메이션 템플릿(예: Magic Hat, Dancing baby, Transformer Hug 등)을 영상에 적용할 수 있는 패널이 열립니다.

⑧ 프롬프트 자동 최적화(Refine Prompts) 기능

이 기능을 활성화하면 사용자가 입력한 프롬프트(설명문)가 자동으로 다듬어져, 더 높은 품질의 이미지 또는 영상이 생성되도록 AI가 프롬프트를 보정해줍니다.

⑨ 생성 수량(Quantity) 설정

숫자를 조절하여 한 번의 요청에 1개 또는 여러 개(최대 4개까지)의 결과물을 동시에 생성할 수 있습니다.

⑩ 크레딧 소모량 표시 및 생성 버튼

해당 작업(이미지 또는 영상 생성)에 필요한 크레딧 소모량을 보여주고, 실제로 생성을 시작하는 버튼입니다. "Generate (30)"처럼 크레딧 소모량이 숫자로 표시되어 있습니다.

① Video 버튼을 클릭해 영상 생성 모드로 전환합니다.

② 애니메이션으로 만들 동화책 이미지를 업로드합니다.

③ 이미지에 맞는 설명 문장을 입력합니다. 예: 바다를 바라보며 슬픈 표정을 짓고 있는 1살 말티즈 흰색 강아지.

④ 생성 버튼을 클릭하면 30 크레딧이 소모되며 영상 제작이 시작됩니다.

Hailuo AI에서 애니메이션 영상에 카메라 움직임을 설정하는 과정 화면입니다. 사용자는 업로드한 동

화책 이미지에 카메라 연출을 더해 더욱 생동감 있는 영상을 만들 수 있습니다.

① 카메라 움직임 아이콘을 클릭합니다.
② Camera Control 메뉴를 선택합니다.
③ 원하는 카메라 연출 효과(예: Right circling)를 클릭하여 장면에 적용합니다.

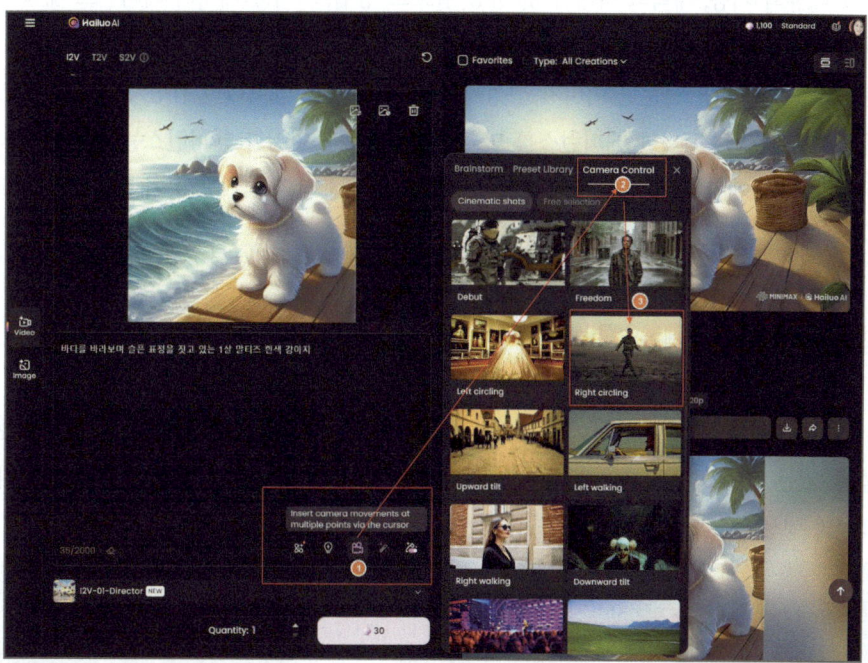

이 기능을 활용하면 정적인 이미지에도 다이내믹한 카메라 효과를 추가해 몰입감 있는 애니메이션 영상을 제작할 수 있습니다. 초보자도 직관적으로 조작할 수 있어 손쉽게 퀄리티 높은 결과물을 완성할 수 있습니다.

지금까지 동화책 이미지를 활용해 애니메이션으로 확장하는 과정을 살펴보았습니다. 이제 정적인 그림동화는 AI 도구를 통해 움직임과 감정을 가진 생생한 영상으로 거듭날 수 있습니다. 동화책 속 캐릭터가 살아 움직이고, 이야기 장면에 카메라 연출과 사운드가 더해지면 어린이 독자들에게 더 큰 감동과 몰입을 선사할 수 있습니다. AI를 활용한 동화책 애니메이션 제작은 창작자에게 새로운 가능성을 열어주며, 하나의 이야기로 책과 영상 두 가지 콘텐츠를 동시에 만들어낼 수 있는 강력한 도구가 됩니다.

3.4 런웨이(Runway ML)로 캐릭터 레퍼런스 만들기

런웨이(Runway ML)는 창작자가 캐릭터의 정체성과 스타일을 구체화할 수 있도록 돕는 AI 기반 영상·이미지 제작 플랫폼입니다. 특히 캐릭터 레퍼런스 제작에 최적화된 기능을 제공하여 초보자도 손쉽게 자신만의 창작물을 준비할 수 있게 합니다. 이 장에서는 런웨이의 홈 화면 주요 메뉴와 기능, 캐릭터 이미지 및 영상 업로드 방법, 그리고 캐릭터 레퍼런스 제작 과정을 단계별로 알아봅니다.

런웨이를 활용하면 단순한 이미지 생성에서 그치지 않고, 캐릭터의 감정, 포즈, 스타일, 색감 등을 시각적으로 정리한 레퍼런스를 만들 수 있습니다. 이러한 레퍼런스는 동화책 애니메이션 작업, 게임 개발, 웹툰 기획 등 다양한 창작 분야에서 기획과 제작의 기본 자료로 활용됩니다.

> 런웨이 홈 화면 주요 메뉴와 기능 설명

Runway ML의 홈 화면으로, 캐릭터 레퍼런스를 만들기 위한 다양한 메뉴와 기능을 한눈에 볼 수 있는 작업 공간입니다. 사용자는 여기서 이미지, 영상, 오디오 생성 기능뿐 아니라 최근 세션과 생성 기록도 확인할 수 있습니다.(https://runwayml.com)

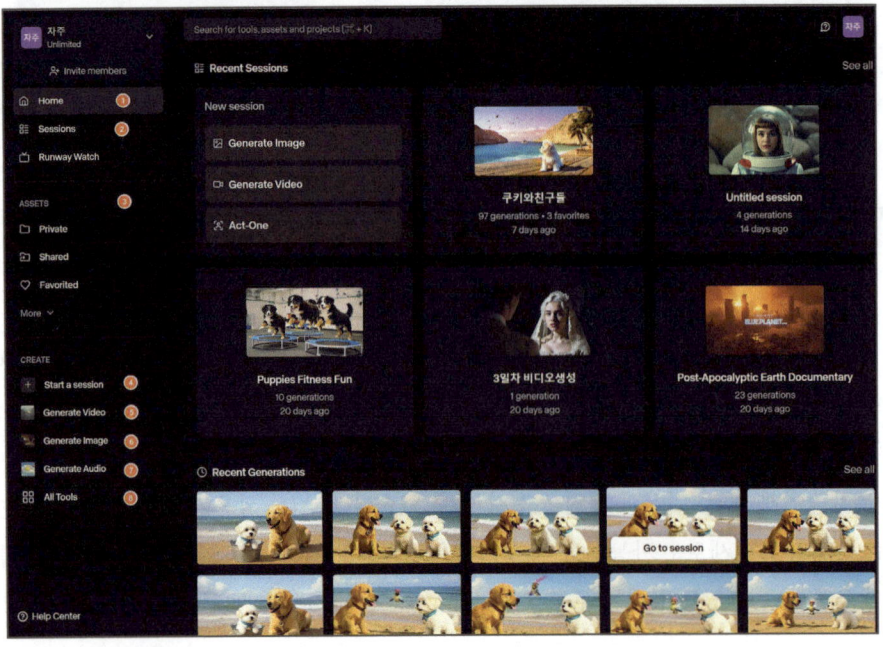

① Home: 메인 홈 화면으로 이동합니다.
② Sessions: 이전에 작업한 세션들을 관리할 수 있습니다.
③ Assets: 사용자가 생성하거나 업로드한 이미지, 영상, 오디오, 프로젝트 리소스를 관리하는 공간입니다.
④ Start a session: 새 작업 세션을 시작합니다.
⑤ Generate Video: AI로 영상을 생성합니다.
⑥ Generate Image: AI로 이미지를 생성합니다.
⑦ Generate Audio: AI로 오디오를 생성합니다.
⑧ All Tools: Runway의 모든 도구를 한곳에서 볼 수 있습니다.

이런 메뉴들을 활용하면 초보자도 손쉽게 원하는 캐릭터 이미지나 영상을 업로드하고, AI의 도움으로 다양한 스타일의 레퍼런스를 제작할 수 있습니다. 런웨이 플랫폼은 창작자의 상상을 현실로 만들어주는 강력한 도구로, 특히 동화책 애니메이션에서 동일한 캐릭터를 생성하는데 필요합니다.

캐릭터 이미지 및 영상 업로드하기

Runway ML에서 캐릭터 레퍼런스를 만들기 위한 작업 화면입니다. 사용자는 동화책 캐릭터 이미지나 레퍼런스 자료를 불러와 AI가 분석할 수 있도록 업로드하고, 생성 과정을 시작

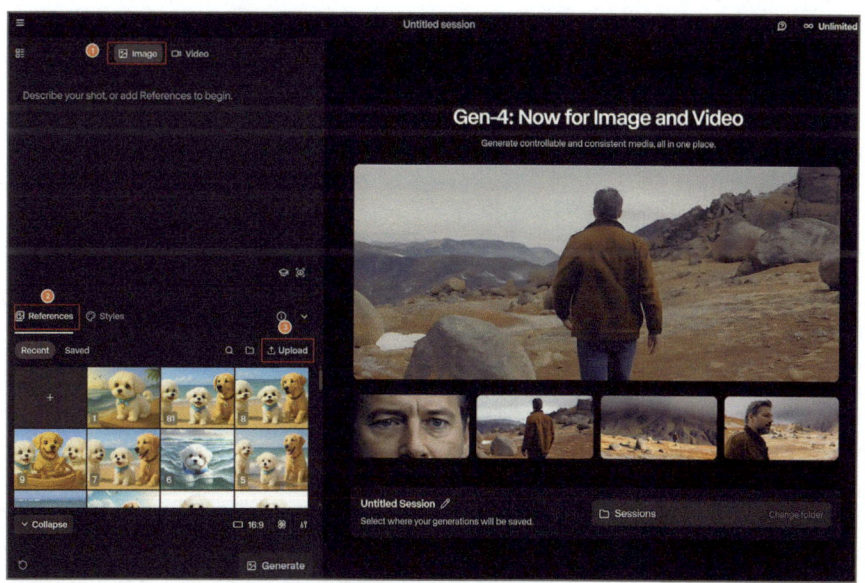

할 수 있습니다. 이 과정은 캐릭터의 외형, 표정, 색감 등을 일관성 있게 정리하는 데 매우 유용합니다.

① Image 버튼을 선택해 이미지 생성 모드로 들어갑니다.
② References 메뉴에서 참고할 이미지들을 불러옵니다.
③ Upload 버튼을 클릭해 새로운 캐릭터 이미지나 레퍼런스 파일을 업로드합니다.

이 단계를 거치면 AI가 업로드된 자료를 기반으로 캐릭터의 다양한 변형 이미지나 스타일 시안을 만들어주며, 창작자는 이를 활용해 보다 정교한 캐릭터 레퍼런스를 완성할 수 있습니다. 초보자도 쉽게 따라 할 수 있는 직관적인 작업 환경이 큰 강점입니다.

캐릭터 레퍼런스 만들기

캐릭터 레퍼런스를 생성하기 위해 동화 속 장면을 업로드하고, 캐릭터 이미지를 저장한 후 프롬프트를 입력합니다. 예를 들어, '슬픈 눈으로 바다를 바라보는 말티즈 흰색 1살 강아지'라는 문장을 입력하고, 저장된 참조 이미지 Cookie11을 "@" 기호와 함께 호출하면 스타일과 외형을 유지한 상태에서 새로운 장면 이미지가 생성됩니다. 좌측에서는 프롬프트와 레퍼런스를 설정하고, 우측에서는 생성된 4컷의 캐릭터 이미지를 통해 감정 표현과 화면 구도를 비교해 최적의 이미지를 선택할 수 있습니다.

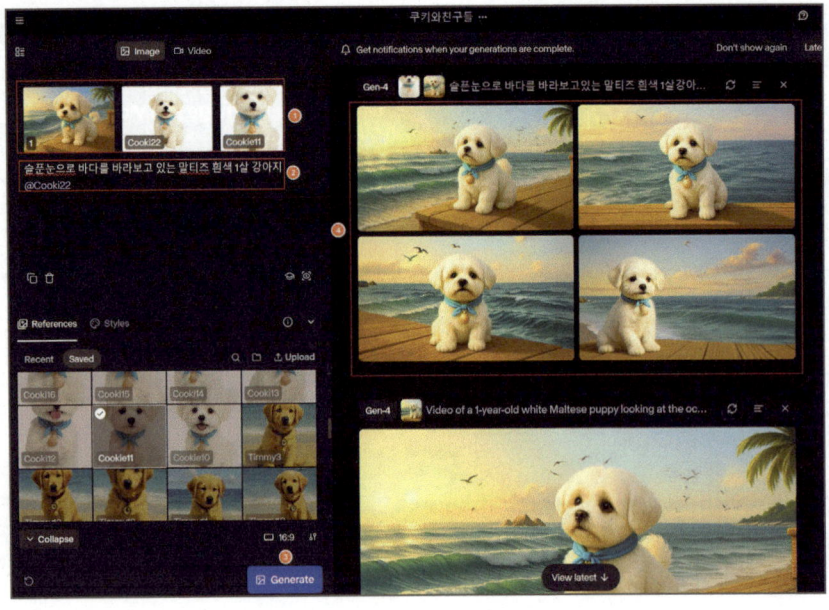

① 참조 이미지 선택 영역

사용자는 이전에 저장한 캐릭터 이미지(Cookie11)를 선택해 생성되는 이미지의 일관성을 유지할 수 있습니다. 이 영역은 이미지 스타일 통일에 중요한 역할을 합니다.

② 프롬프트 입력창

'슬픈 눈으로 바다를 바라보고 있는 말티즈 흰색 1살 강아지'라는 프롬프트를 입력하여 원하는 분위기와 장면을 AI에게 지시합니다. 감정, 배경, 나이 등 세부 정보를 담아야 더욱 정밀한 결과를 얻을 수 있습니다.

③ 비율 설정 및 이미지 생성 버튼

우측 하단의 16:9 비율 설정을 통해 출력 이미지의 화면 비율을 설정하고, 'Generate' 버튼을 눌러 최종 이미지를 생성합니다.

④ 이미지 생성 결과 영역

입력한 프롬프트와 참조 이미지를 기반으로 생성된 다양한 버전의 이미지가 네 컷으로 출력됩니다. 감정 표현, 배경 색감, 앵글 등을 비교하여 최적의 이미지를 선택할 수 있습니다.

레퍼런스 이미지를 활용한 캐릭터 애니메이션 영상 만들기

캐릭터 레퍼런스를 활용해 정적인 그림을 짧은 영상으로 만드는 과정을 보여줍니다. 사용자는 텍스트로 장면을 설명하고, 미리 만든 캐릭터 이미지를 업로드하면 AI가 자동으로 자연스럽게 움직이는 짧은 영상을 만들어줍니다.

① Video 탭 선택

영상 생성을 위해 좌측 상단의 탭에서 'Video' 항목을 클릭하여 이미지 생성이 아닌 영상 모드로 전환합니다.

② 영상 생성에 사용할 프레임 선택

정적인 캐릭터 이미지(예: 강아지)를 영상 프레임으로 지정하여, 이후 AI가 해당 장면을 기반으로 영상 연출을 구성할 수 있게 합니다.

③ 프롬프트 입력

영상 내용에 대한 설명을 입력합니다. 예시로는 "슬픈 눈으로 바다를 바라보는 말티즈 흰색 1살 강아지가 바다를 바라보는 장면"이라는 영문 프롬프트를 입력하면 이미지가 더 잘 생성됩니다.

④ 영상 비율 설정

16:9, 9:16 등 원하는 영상 비율을 선택할 수 있으며, 여기서는 유튜브용 표준인 16:9 비율을 설정한 상태입니다.

⑤ 영상 길이 및 생성 버튼

영상 길이를 5초로 설정하고, 'Generate' 버튼을 눌러 영상을 생성합니다. 길이는 사용 목적에 따라 10초 선택 가능합니다.

⑥ 생성된 영상 결과물 확인

우측에는 AI가 자동으로 생성한 영상 클립이 표시되며, 강아지 캐릭터가 감정 표현을 하며 바다를 바라보는 움직임이 부드럽게 연출된 장면이 확인됩니다. 여기서 재생, 다운로드, 해상도 설정이 가능합니다.

런웨이는 단순한 영상 생성 도구를 넘어, 캐릭터 이미지에 감정과 움직임을 불어넣어 이야기의 흐름을 자연스럽게 이어주는 강력한 플랫폼입니다. 캐릭터의 표정, 배경, 카메라 연출 등을 직관적으로 조정할 수 있어, 시각적 몰입도를 높이고 이야기의 감정선을 더욱 효과적으로 전달할 수 있습니다. 다양한 기능을 반복해 실습하면서 자신만의 스타일을 만들어가다 보면, 누구나 감각적인 애니메이션 영상 연출에 한 걸음 가까워질 수 있습니다.

3.5 일레븐랩스(ElevenLabs)로 캐릭터 AI 음성 만들기

일레븐랩스(ElevenLabs)는 텍스트를 입력하면 감정과 말투가 살아 있는 자연스러운 AI 음성을 자동으로 생성해주는 도구입니다. 성우 없이도 원하는 캐릭터의 목소리를 쉽게 만들 수 있어 애니메이션 제작에 유용하게 활용됩니다. 특히 다양한 언어와 목소리 톤을 선택할 수 있어, 여러 캐릭터를 동시에 설정하거나 장면에 맞는 분위기를 표현하는 데 효과적입니다. 초보자도 간단한 조작만으로 고품질 음성을 제작할 수 있습니다.

일레븐랩스 홈 화면 주요 메뉴와 기능 설명

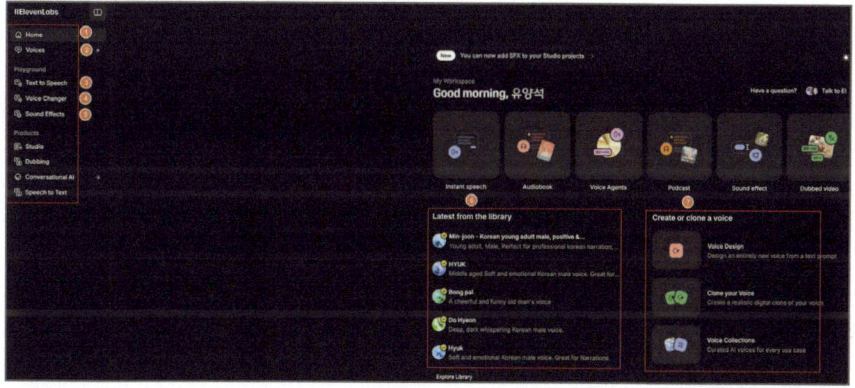

① Home

작업을 시작하는 기본 대시보드 화면입니다. 전체 메뉴를 둘러보고 프로젝트를 관리할 수 있습니다.(https://www.elevenlabs.io)

② Voices

생성한 AI 보이스 목록을 확인하고, 보이스를 선택하거나 수정할 수 있는 메뉴입니다.

③ Text to Speech

텍스트를 입력해 다양한 음성으로 변환할 수 있는 기능입니다. 언어, 말투, 감정톤 등을 선택할 수 있어 자유로운 연출이 가능합니다.

④ Voice Changer

기존 음성을 업로드한 뒤 다른 스타일로 바꿔주는 기능입니다. 캐릭터 분위기에 맞는 음색 변경이 가능합니다.

⑤ Sound Effects

영상 속 특정 장면에 삽입할 효과음을 생성하거나 라이브러리에서 선택할 수 있는 메뉴입니다.

⑥ Latest from the library

일레븐랩스에서 제공하는 다양한 AI 음성 샘플을 보여주는 공간입니다. 성별, 연령, 말투 등에 따라 분류된 음성을 미리 들어보고 사용할 수 있습니다.

⑦ Create or clone a voice

자신만의 AI 보이스를 만들거나 기존 음성을 복제할 수 있는 기능입니다.
- Voice Design: 원하는 스타일의 목소리를 처음부터 직접 설계
- Clone your Voice: 본인의 실제 목소리를 AI 보이스로 복제
- Voice Collections: 용도별로 정리된 보이스 세트를 간편하게 선택

일레븐랩스의 다양한 기능으로 애니메이션 내 캐릭터의 음성과 효과음을 보다 정교하게 제작할 수 있습니다.

> 'Text to Speech' 에서 텍스트 입력으로 목소리 만들기

ElevenLabs의 'Text to Speech' 기능을 활용해 애니메이션 캐릭터의 대사를 AI 음성으로 제작하는 과정을 보여줍니다. 사용자는 텍스트 입력만으로도 원하는 목소리 스타일과 감

정 톤을 반영한 음성을 생성할 수 있으며, 생성된 음성은 다운로드하여 영상에 삽입할 수 있습니다.

① 'Text to Speech' 메뉴를 클릭하면 음성 생성 화면으로 이동합니다.

② 입력창에 캐릭터의 대사를 텍스트로 입력합니다. 예: "나도 언젠가는 바다에서 수영할 수 있을까?"

③ 원하는 보이스(예: Adam)를 선택합니다. 오른쪽 화살표(▶) 아이콘을 클릭하면 다양한 목소리 목록이 펼쳐지며, 남성·여성, 감정 톤, 언어 스타일 등 다양한 옵션 중 원하는 보이스를 자유롭게 선택할 수 있습니다. 캐릭터의 성격이나 상황에 맞는 음색을 선택하는 것이 중요합니다.

④ Speed(속도), Stability(안정성), Similarity(유사도), Style Exaggeration(감정 강조) 등 네 가지 슬라이더로 음성의 세부 스타일을 조절할 수 있습니다.
- Speed: 왼쪽으로 이동하면 말이 느려지고, 오른쪽으로 이동하면 더 빠르게 말합니다.
- Stability: 왼쪽으로 갈수록 발음과 감정이 유동적이고 개성이 강해지며, 오른쪽으로 갈수록 일정하고 안정된 음성이 생성됩니다.
- Similarity: 왼쪽은 톤 변화가 많고 자유로운 느낌, 오른쪽은 고정된 성우 톤에 가까운 정제된 목소리를 생성합니다.
- Style Exaggeration: 왼쪽은 자연스러운 톤, 오른쪽은 감정 표현이 과장되어 극적인

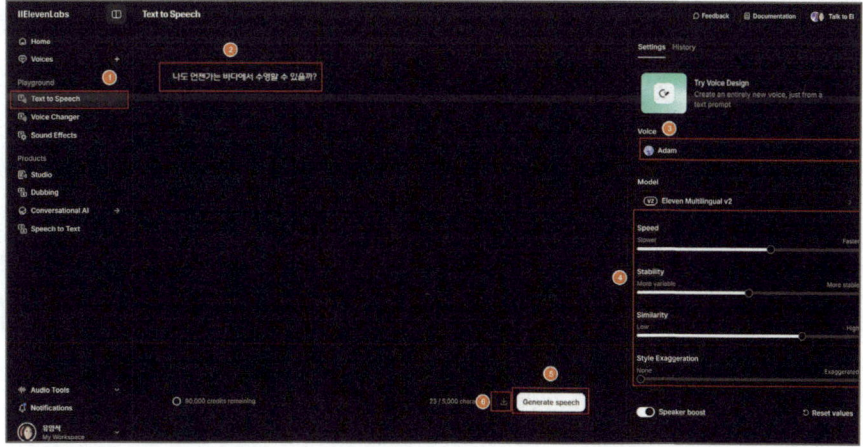

연출에 효과적입니다.

⑤ 모든 설정을 마친 후 'Generate speech' 버튼을 클릭하면 음성이 자동 생성됩니다.

⑥ 생성된 음성은 다운로드 버튼을 눌러 저장하고, 애니메이션 영상에 삽입해 사용할 수 있습니다.

이 과정을 통해 캐릭터의 감정과 성격이 담긴 내레이션이나 대사를 손쉽게 구현할 수 있습니다.

영상 속에 적용할 음향 효과 생성 및 활용하기

일레븐랩스(ElevenLabs)의 'Sound Effects' 기능을 활용해 바닷가 배경에 어울리는 효과음을 생성하는 과정을 보여줍니다. 영상 속 몰입감을 높이기 위해 자연의 소리나 배경음을 만드는 데 매우 유용한 기능으로, 프롬프트 입력만으로 다양한 효과음을 빠르게 얻을 수 있습니다.

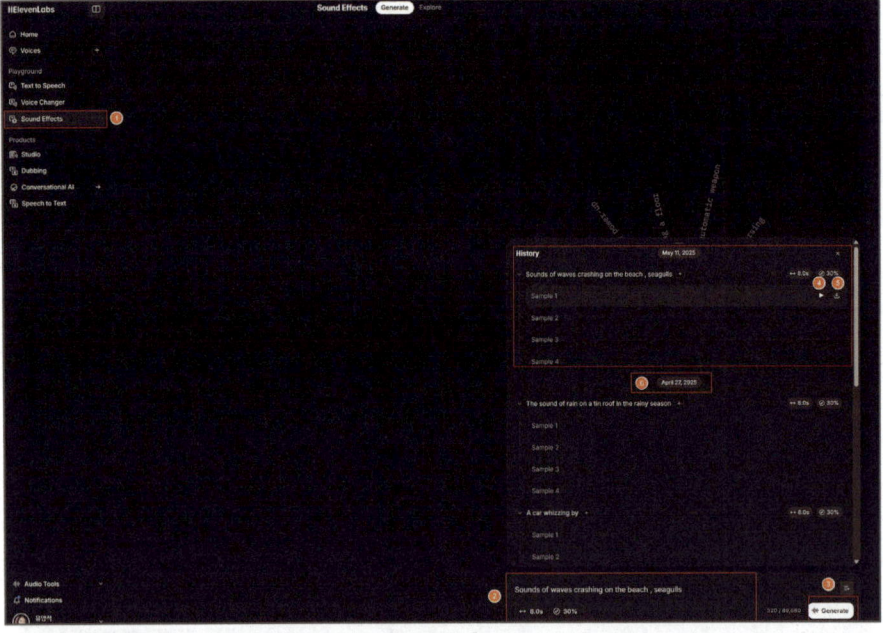

① 왼쪽 메뉴에서 'Sound Effects'를 선택합니다.

② 텍스트 입력창에 생성하고 싶은 소리를 입력합니다.

예: "Sounds of waves crashing on the beach, seagulls" (해변에 부딪히는 파도 소리와 갈매기 소리)

※ 이 기능은 영어 기반으로 작동하기 때문에 반드시 영어로 입력해야 효과음이 제대로 생성됩니다.

③ 입력이 끝나면 'Generate' 버튼을 클릭하여 효과음을 생성합니다.

④ 생성된 효과음 목록 중 '▶' 아이콘을 눌러 미리 들어볼 수 있습니다.

⑤ 다운로드 버튼(⬇)을 클릭하면 원하는 효과음을 저장할 수 있습니다.

⑥ History 항목에는 이전에 생성했던 사운드들이 날짜별로 저장되어 있어 재사용이 가능합니다.

일레븐랩스를 활용하면 캐릭터의 감정을 담은 음성부터 장면 분위기에 어울리는 효과음까지, 애니메이션에 필요한 오디오 요소를 간편하게 제작할 수 있습니다. 특히 텍스트만 입력하면 자연스러운 목소리로 변환되고, 다양한 톤과 스타일을 선택할 수 있어 편집 과정에서의 반복 작업을 줄이는 데 도움이 됩니다. 배경음을 직접 녹음하지 않아도 효과음을 생성해 영상에 적용할 수 있기 때문에 시간과 비용 모두를 절약할 수 있으며, 초보자도 쉽게 활용할 수 있습니다.

3.6 캡컷(CapCut)으로 최종 편집

캡컷(CapCut)은 애니메이션 영상의 최종 완성도를 높여주는 직관적이고 강력한 편집 도구입니다. 컷 편집, 자막 삽입, 전환 효과, 배경음악 추가 등 다양한 기능을 손쉽게 활용할 수 있어 초보자도 전문가 수준의 결과물을 만들 수 있습니다. 특히 AI 자동 자막 기능과 영상 스타일 템플릿은 작업 시간을 크게 단축시켜 주며, 세부 타이밍 조절이나 모션 그래픽 적용도 정교하게 조절 가능합니다. 완성된 영상을 유튜브, 인스타그램, 틱톡 등 다양한 플랫폼에 맞춰 바로 내보낼 수 있어 활용도가 높습니다.

> 캡컷 홈 화면 주요 메뉴

캡컷(CapCut)은 누구나 쉽게 사용할 수 있는 영상 편집 도구입니다. 틱톡(TikTok) 개발사인 바이트댄스(ByteDance)에서 만든 이 소프트웨어는 모바일과 데스크톱 환경 모두를 지원하며, 기본 편집부터 고급 효과까지 다양한 기능을 제공합니다. 컷 편집, 텍스트 삽입, 전환 효과, 배경 음악, 자막 생성, 모션 그래픽 등 영상 제작에 필요한 요소를 직관적으로 구현할 수 있어 초보자도 금세 작업에 익숙해질 수 있습니다.

특히 SNS 콘텐츠에 최적화된 템플릿과 편집 도구를 갖추고 있어, 짧은 숏폼 영상이나 유튜브 콘텐츠를 만드는 데 매우 적합합니다. 클라우드 저장 기능을 활용하면 여러 기기에서 프로젝트를 불러와 이어서 작업할 수 있어 작업 효율도 높습니다.

① 영상 편집 메뉴(https://www.capcut.com)

왼쪽 사이드바에는 '홈', '템플릿', '공간', '유양석감독' 등 주요 작업 공간과 프로젝트를 관리할 수 있는 메뉴있습니다. 새로운 프로젝트 생성, 기존 프로젝트 불러오기, 템플릿 활용 등 모든 작업을 선택해서 사용합니다.

② 스페이스

'스페이스'는 캡컷에서 프로젝트와 파일을 체계적으로 관리할 수 있는 작업 공간입니다.

사용자는 3개의 스페이스를 만들어 프로젝트별로 파일을 분류하거나, 팀원과 공동 작업을 할 때 각자 또는 그룹별로 공간을 나눠 사용할 수 있습니다.

③ 브랜드 키트

'브랜드 키트'는 자주 사용하는 영상 제작용 소스(동영상, 이미지, 스티커, 글꼴, 배경, 음악 등)를 한 곳에 저장해 두고, 언제든지 프로젝트에 바로 불러올 수 있는 기능입니다.

④ 폴더 관리

'자동 업로드' 폴더별로 프로젝트와 파일을 체계적으로 분류·관리할 수 있습니다. 폴더를 클릭해 해당 폴더 내의 파일을 빠르게 확인할 수 있습니다.

⑤ 프로젝트 목록

최근 작업한 프로젝트들이 썸네일 형태로 나열되어 있어, 원하는 프로젝트를 클릭해 빠르게 불러오거나 편집을 이어갈 수 있습니다. 각 프로젝트의 용량, 길이 등 정보도 함께 표시됩니다.

⑥ 설정 및 계정 관리

오른쪽 상단의 아이콘을 통해 전체 설정, 알림, 계정 정보, 업데이트, 로그아웃 등 다양한 관리 기능에 접근할 수 있습니다. 이 영역은 작업 환경을 개인에 맞게 설정하거나 계정 관련 기능을 사용할 때 활용합니다.

캡컷편집화면 인터페이스 설명

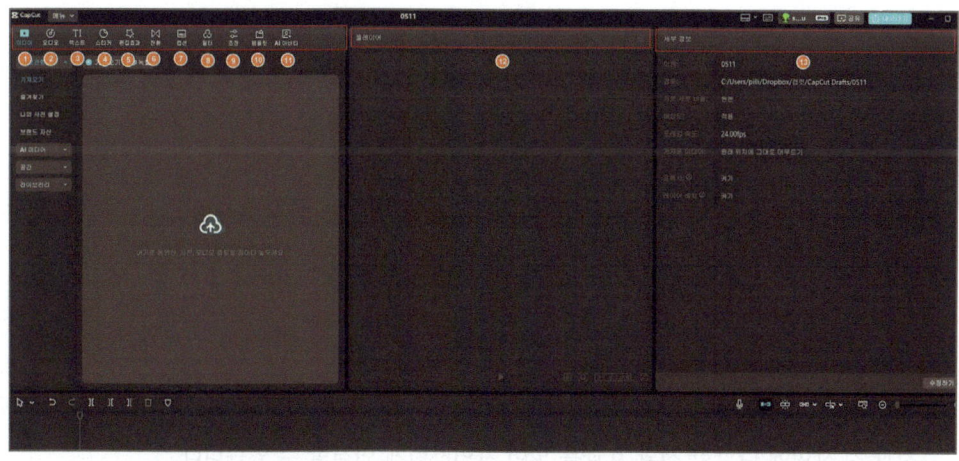

캡컷(CapCut) 데스크톱 버전의 편집 화면입니다. 실제 편집 작업이 이루어지는 핵심 인터페이스입니다. 좌측에는 영상, 오디오, 이미지 등의 파일을 업로드하거나 삽입할 수 있는 미디어 영역이 있으며, 상단 메뉴에서는 자막, 효과, 트랜지션, 스티커, 오버레이 등 다양한 편집 기능을 선택할 수 있습니다. 중앙에는 선택된 영상 클립을 실시간으로 미리 보는 플레이어 창이 배치되어 있으며, 우측에는 현재 작업 중인 프로젝트의 이름, 저장 경로, 해상도, 프레임 속도 등 세부 정보를 확인할 수 있습니다.

① 미디어
영상, 사진, 오디오 파일 등 편집에 사용할 다양한 자료를 불러오고 관리하는 공간입니다.
여기서 프로젝트에 사용할 파일을 가져와 타임라인에 드래그하여 편집을 시작할 수 있습니다.

② 오디오
배경음악, 효과음 등 다양한 오디오 클립을 추가하고 관리할 수 있는 메뉴입니다.
음악 라이브러리에서 원하는 사운드를 선택해 영상에 삽입할 수 있습니다.

③ 텍스트
자막, 타이틀, 설명 등 다양한 텍스트 요소를 영상에 추가하는 기능입니다.
다양한 템플릿과 애니메이션 효과를 적용할 수 있습니다.

④ 스티커
영상에 재미있는 스티커, 이모티콘, 그래픽 요소를 추가할 수 있는 메뉴입니다.
스티커는 자유롭게 위치와 크기를 조절할 수 있습니다.

⑤ 편집효과
영상에 다양한 시각 효과(예: 블러, 흔들림, 왜곡 등)를 적용할 수 있는 기능입니다.
효과를 활용해 영상의 분위기를 자유롭게 바꿀 수 있습니다.

⑥ 전환
장면 전환 효과를 추가하는 메뉴입니다.
컷과 컷 사이에 다양한 전환 효과를 넣어 자연스럽게 연결할 수 있습니다.

⑦ 캡션

자동 자막 생성, 수동 자막 입력 등 자막 관련 기능을 제공하는 메뉴입니다.
AI 캡션 기능을 활용해 빠르게 자막을 만들 수 있습니다.

⑧ 필터

영상의 색감, 분위기를 바꿔주는 다양한 필터를 적용할 수 있는 기능입니다.
필터를 통해 영상의 전체적인 느낌을 손쉽게 조정할 수 있습니다.

⑨ 조정

밝기, 대비, 채도 등 영상의 세부 색상 및 노출을 미세하게 조정할 수 있는 메뉴입니다.
전문적인 색보정 작업도 가능합니다.

⑩ 템플릿

다양한 영상 템플릿을 제공하는 메뉴로, 초보자도 손쉽게 스타일리시한 영상을 제작할 수 있습니다.

⑪ AI 아바타

AI 기반의 아바타(가상 인물)를 생성하거나, 텍스트를 입력해 AI 아바타가 말하는 영상을 만들 수 있는 기능입니다.

⑫ 플레이어

선택한 영상이나 편집 중인 프로젝트를 미리보기로 재생할 수 있는 창입니다.
편집 결과를 실시간으로 확인할 수 있습니다.

⑬ 세부 정보창

현재 프로젝트의 이름, 저장 위치, 해상도, 프레임 속도 등 상세 정보를 확인하고 관리할 수 있는 공간입니다.

아래의 이미지는 캡컷(CapCut) 데스크톱 편집기의 하단 타임라인 및 작업 제어 영역을 보여주는 화면입니다. 이 영역은 영상 편집의 핵심 구간으로, 장면을 시간 순서에 따라 배열하고 효과, 자막, 오디오 등을 삽입 및 조정할 수 있는 공간입니다. 타임라인은 사용자가 실제로 작업을 수행하는 중심 무대이며, 각 기능 버튼을 통해 클립을 정밀하게 편집하고 영상의 흐름을 유기적으로 구성할 수 있습니다. 드래그 앤 드롭 방식으로 영상이나 오디오 파일을 쉽게 추가할 수 있어 초보자도 직관적으로 활용할 수 있습니다.

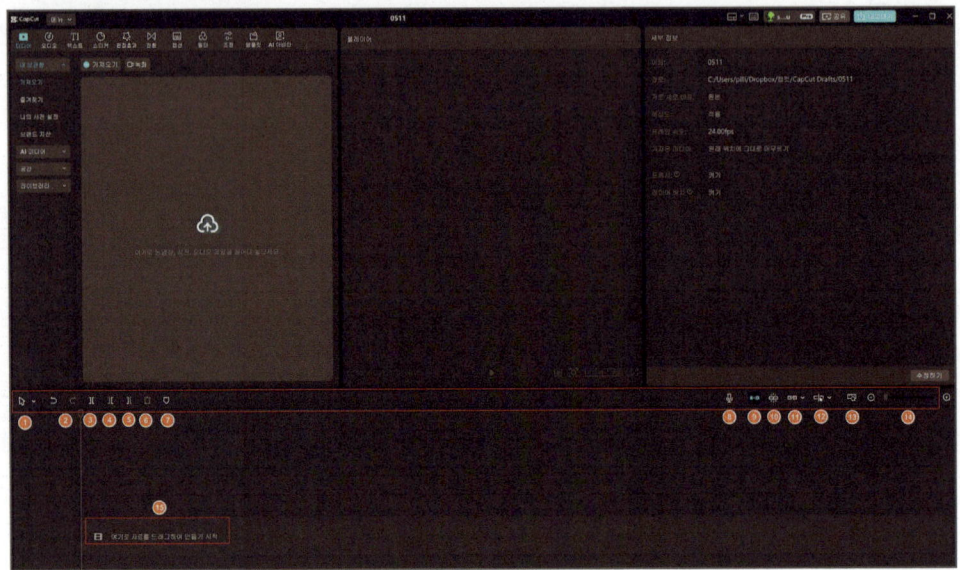

① 선택/분할
타임라인에서 클립을 선택하거나, 선택된 위치에서 클립을 분할할 수 있는 기능입니다.

② 되돌리기/다시 실행
편집 작업을 한 단계 이전으로 되돌리거나(Undo), 되돌린 작업을 다시 실행(Redo)할 수 있습니다.

③ 분할
선택한 클립을 현재 재생 헤드 위치에서 정확하게 두 개로 나누는 기능입니다.

④ 왼쪽 삭제
선택한 위치를 기준으로 클립의 왼쪽 부분을 삭제합니다.

⑤ 오른쪽 삭제

선택한 위치를 기준으로 클립의 오른쪽 부분을 삭제합니다.

⑥ 선택 삭제
현재 선택한 클립이나 요소만 삭제하는 기능입니다.

⑦ 마커 추가
타임라인에 특정 지점을 표시하는 마커를 추가해 편집 포인트를 쉽게 관리할 수 있습니다.

⑧ 음성 녹음
프로젝트에 직접 음성을 녹음하여 오디오 트랙에 추가할 수 있습니다.

⑨ 메인 트랙 마그넷
메인트랙에서 클립을 이동할 때 자동으로 빈 공간 없이 맞춰주는 마그넷(흡착) 기능을 켜고 끌 수 있습니다.

⑩ 자동 스냅
클립을 이동하거나 정렬할 때 자동으로 다른 클립, 마커, 재생 헤드 등에 맞춰지는 스냅 기능을 활성화/비활성화할 수 있습니다.

⑪ 레이어 연결
오버레이, 자막 등 여러 레이어(트랙) 간의 연결 상태를 설정할 수 있습니다.

⑫ 미리보기 기능
미리보기 축이 생겨서 기준선이 생깁니다.

⑬ 타임라인에 맞게 크기 조정
타임라인에 있는 모든 클립이 한 화면에 보이도록 자동으로 확대/축소해주는 기능입니다.

⑭ 트레일러 확대/축소 타임라인의 전체 길이를 확대하거나 축소해, 원하는 구간을 더 세밀하게 혹은 넓게 볼 수 있습니다.

⑮ 타임라인 작업 공간

영상, 오디오, 이미지 등 다양한 자료를 드래그하여 편집을 시작하는 메인 작업 공간입니다.
여기에 파일을 끌어다 놓으면 본격적으로 영상 편집이 시작됩니다.

이 구간은 영상 편집의 전 과정을 실질적으로 제어하는 중심 기능이며, 각 도구의 활용법을 계속 연습해서 익히면 고급 편집 작업도 손쉽게 수행할 수 있습니다. 특히 단축키를 사용하면 작업속도가 빨라집니다.

편집 완료 후 유튜브로 내보내기 및 출력 설정하기

캡컷에서 모든 편집 작업이 완료되면, 최종 영상을 완성된 형태로 저장하고 공유하기 위한 출력 작업이 필요합니다. 출력은 단순히 영상 파일을 저장하는 것을 넘어, 사용 목적에 맞게 해상도, 형식, 품질 등을 설정하는 중요한 단계입니다. 특히 유튜브에 업로드할 경우에는 권장 포맷과 규격에 맞게 내보내야 최적의 품질과 호환성을 유지할 수 있습니다. 출력 설정 후에는 캡컷과 유튜브 계정을 연동해 영상 게시까지 한 번에 진행할 수 있으며, 영상 제목이나 설명, 공개 설정도 함께 지정할 수 있어 효율적인 콘텐츠 배포가 가능합니다. 아래는 캡컷에서 '쿠키와 친구들의 돌고래 섬 모험'을 편집한 이미지입니다.

캡컷에서 유튜브로 내보내기하는 방법입니다.

① 내보내기(Export) 전 최종 점검하기
편집이 끝났다면 타임라인에서 영상, 자막, 배경음악, 효과음 등이 제대로 배치되어 있는지 확인합니다. 플레이어 창에서 전체 영상을 재생해 오류가 없는지 점검하는 것이 중요합니다.

② 내보내기(Export) 버튼 클릭하기
화면 우측 상단 또는 상단 툴바에 있는 '내보내기(Export)' 버튼을 클릭하고, 클릭 시 출력 설정 창이 열립니다.

③ 출력 설정(Export Settings) 지정하기
- 파일 이름: 예)쿠키와 친구들의 돌고래 섬 모험_2025.mp4
- 저장 위치: 파일을 저장할 폴더를 선택합니다. (기본값: 내 문서 또는 비디오 폴더)
- 해상도: 유튜브 업로드용은 1920x1080(FHD) 또는 3840x2160(4K) 권장
- 프레임 속도: 영상은 24fps 선택
- 비트레이트: '자동' 또는 10,000kbps 이상 고화질 선택
- 파일 형식: 기본값 MP4, 인코딩은 H.264 유지

④ 영상 내보내기 실행
설정을 모두 마친 후 '내보내기' 버튼을 눌러 렌더링을 시작합니다. 진행 상황이 화면에 표시되며, 렌더링 완료 시 저장 폴더에서 영상 파일을 확인할 수 있습니다.

⑤ 유튜브에 영상 업로드하기
유튜브에 접속 후 로그인하고, 우측 상단의 '업로드' 아이콘(카메라 모양)을 클릭합니다. 저장한 영상 파일을 선택하면 업로드가 시작됩니다.
제목, 설명, 썸네일, 공개 범위를 입력한 뒤 '게시' 버튼을 누르면 유튜브 영상 업로드가 완료됩니다.

아래 이미지는 캡컷에서 내보내기 하는 이미지입니다.

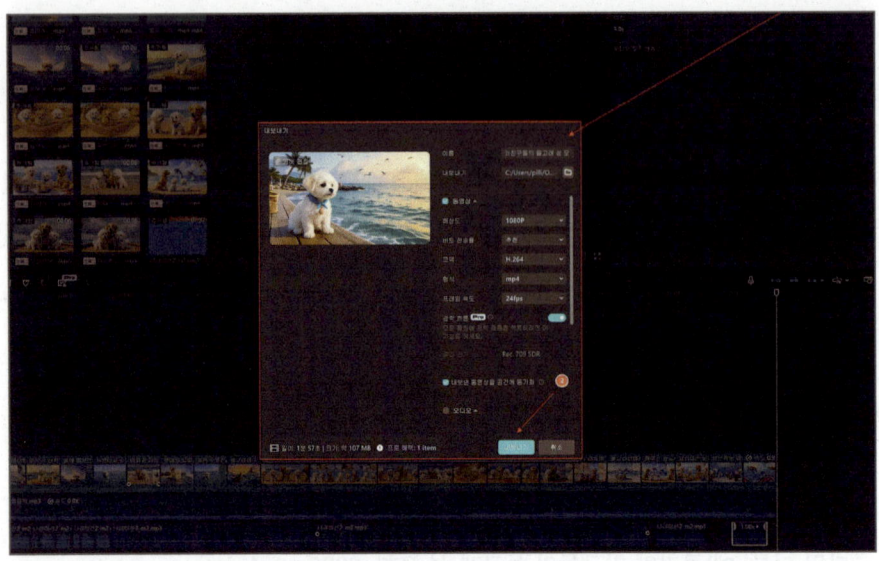

 **4. 사운드와 내레이션: 감성적인 영상 연출법**

4.1 음악과 사운드 효과가 영상에 미치는 영향

애니메이션에서 영상만큼 중요한 요소는 무엇일까요? 바로 사운드와 내레이션입니다. 소리가 없는 애니메이션을 떠올리면, 뭔가 허전하고 감정이 덜 전달되는 느낌이 듭니다.

사운드는 단순한 배경음이 아니라, 캐릭터의 감정을 표현하고 장면의 분위기를 만들어주며 몰입감을 높이는 중요한 요소입니다. 이번 장에서는 감성적인 애니메이션 연출을 위한 음악, 효과음, 내레이션, 그리고 AI를 활용한 사운드 제작 기법을 알아보겠습니다.

감성적인 BGM 선택법과 사운드 디자인 기초

애니메이션 속 배경음악(BGM)은 단순한 장식이 아니라 장면의 감정선을 강화하는 중요한 역할을 합니다. 예를 들어, 주인공이 신나는 모험을 떠나는 장면에서는 밝고 경쾌한 음악이 필요하고, 감동적인 순간에는 부드러운 피아노 선율이 흐르며 감정을 극대화할 수 있습니다.

BGM을 선택할 때 고려해야 할 요소는 다음과 같습니다.

- 스토리의 분위기와 조화로운가? → 신나는 장면에 슬픈 음악이 흐르면 어색합니다.
- 캐릭터의 감정을 잘 표현하는가? → 아이들이 주인공의 감정에 공감할 수 있도록 도와야 합니다.
- 장면 전환을 자연스럽게 연결하는가? → 음악이 갑자기 끊기거나 바뀌면 몰입감이 떨어질 수 있습니다.

- 예시

모험 & 판타지 장르 → 웅장한 오케스트라, 신비로운 신디사이저 사운드

감동적인 장면 → 피아노, 스트링(현악기) 중심의 서정적인 멜로디

유머 & 코믹 장르 → 빠르고 재치 있는 리듬, 장난스러운 효과음

- 어린이용 콘텐츠에 적합한 배경음악과 효과음

어린이용 애니메이션에서는 음악이 더욱 중요한 역할을 합니다. 특히 단순하고 반복적인 멜로디가 효과적입니다. 아이들은 복잡한 음악보다는 친숙한 멜로디를 좋아하고, 반복되는 소리가 기억에 잘 남습니다. 또한, 효과음(SFX)도 필수적입니다.

예를 들어, 캐릭터가 점프할 때 '뿅!' 하는 소리나, 문을 열 때 '끼이익~' 하는 소리가 들어가면 화면을 보지 않고도 무슨 일이 벌어지는지 알 수 있습니다.

-추천 효과음 예시
- 발걸음 소리 → 상황에 따라 가벼운 발소리, 무거운 발소리로 조절
- 마법 효과 → 반짝이는 소리, '딩~' 같은 신비로운 음향
- 동물 소리 → 귀여운 동물들이 등장할 때 자연스러운 연출

이런 작은 사운드 요소들이 모이면 애니메이션이 더욱 풍성해지고 감성이 살아납니다.

4.2 성우 더빙 및 AI 내레이션 활용법

내레이션을 활용한 영상 제작 전략

애니메이션에서 내레이션은 특히 유아 콘텐츠에서 자주 사용됩니다. 그림동화를 애니메이

션으로 확장할 때도 내레이션이 이야기를 쉽게 전달하는 역할을 합니다.
- 내레이션을 활용하는 방법
  - 설명형 내레이션 → 이야기의 배경을 설명하거나 캐릭터의 심리를 보완하는 역할
  - 캐릭터 나레이션 → 등장인물의 목소리로 감정을 더욱 생생하게 표현
  - 의성어 & 의태어 강조 → 어린이들이 쉽게 따라 할 수 있도록 재미있는 소리 활용

예를 들어, "꼬마 토끼는 깡충깡충 뛰어갔습니다!"라고 말할 때 '깡충깡충' 같은 의태어를 강조하면 아이들이 더 즐겁게 들을 수 있습니다.

AI 음성 합성 툴을 활용한 저비용 성우 더빙 및 효과음 생성

전통적으로 애니메이션 더빙은 전문 성우를 고용해서 진행했습니다. 하지만 최근에는 AI 음성 합성 기술이 발전하면서 저비용으로 더빙을 제작할 수 있으며, 다양한 효과음도 AI를 활용해 쉽게 생성할 수 있습니다.

- AI 음성 합성 및 효과음 생성 툴 추천
  - Google Cloud Text-to-Speech (cloud.google.com/text-to-speech) → 자연스러운 음성 변환 가능
  - Murf AI (www.murf.ai) → 감정을 표현하는 AI 성우 지원
  - Resemble AI (www.resemble.ai) → 특정 성우의 목소리를 학습하여 맞춤형 더빙 가능
  - Boomy (www.boomy.com) → AI 기반 효과음 및 배경음악 생성

AI 음성을 활용하면 여러 캐릭터의 목소리를 간편하게 제작할 수 있습니다. 또한, 성우를 섭외하기 어려운 프로젝트에서도 활용도가 높습니다. AI 음성을 사용할 때는 감정을 살리기 위해 약간의 편집이 필요합니다. 속도를 조절하거나 음성을 조합해서 더욱 자연스럽게 만들 수 있습니다.

4.3 음악 동화로 확장하는 사운드 기반 콘텐츠 기획

AI 작곡 툴을 활용한 테마송 제작

음악 동화를 만들기 위해서는 노래가 필요합니다. 최근에는 AI 작곡 툴을 활용해 테마송을 쉽게 제작할 수 있습니다.

AI 작곡 및 배경음악 생성 툴 추천
- Amper Music (www.ampermusic.com) → 몇 가지 키워드만 입력하면 자동으로 음악을 생성
- Soundraw (www.soundraw.io) → 원하는 스타일과 분위기를 설정해 음악을 제작
- AIVA (www.aiva.ai) → 클래식, 동요, 팝 등 다양한 장르의 AI 작곡 지원
- Suno AI (www.suno.ai) & Udio (www.udio.com) → AI를 활용한 맞춤형 BGM 및 효과음 제작 가능

애니메이션에서 사운드는 단순한 배경 요소가 아니라 감정을 전달하고 몰입도를 높이는 중요한 역할을 합니다. 적절한 음악과 효과음을 활용하면 더욱 감성적인 애니메이션을 만들 수 있으며, AI 음성 합성과 AI 작곡 기술을 활용하면 저비용으로도 고퀄리티 사운드를 제작할 수 있습니다.

5. 출판과 영상 콘텐츠의 융합 마케팅 전략

5.1 출판과 영상 콘텐츠를 동시에 홍보하는 방법

그림동화와 애니메이션이 만나는 순간, 그 영향력은 배가 됩니다. 출판과 영상 콘텐츠를 함께 활용하면 더 많은 사람들에게 다가갈 수 있으며, 브랜드 가치를 높이는 기회가 생깁니다.

출판물은 깊이 있는 스토리텔링을 제공하고, 애니메이션은 생동감과 시각적 몰입도를 극대화하여 더 넓은 대중에게 다가가는 역할을 합니다. 이번 장에서는 그림동화와 애니메이션

을 효과적으로 홍보하고 확장하는 다양한 마케팅 전략을 살펴보겠습니다.

유튜브, OTT 플랫폼을 활용한 애니메이션 배급 전략

애니메이션이 성공하려면, 사람들이 쉽게 접할 수 있어야 합니다. 최근에는 TV보다 유튜브나 넷플릭스 같은 OTT 플랫폼이 주요 배급 채널이 되었습니다. 유튜브는 누구나 쉽게 접근할 수 있으며, OTT 플랫폼은 장기적인 브랜드 가치 구축에 유리하기 때문에 두 가지를 병행하는 것이 효과적입니다.

유튜브 활용법

- 애니메이션 주요 장면이나 첫 화를 무료 공개해 관심을 유도합니다.
- 제작 과정, 인터뷰, 메이킹 필름 등을 공유해 팬들과 소통합니다.
- 쇼츠(Shorts)나 틱톡(TikTok) 같은 짧은 영상 콘텐츠를 적극 활용하여 젊은 층의 시청자를 확보합니다.
- 어린이용 콘텐츠의 경우, 교육적인 요소를 가미한 짧은 클립을 활용해 부모들의 신뢰도를 높이는 전략을 적용합니다.
- 유튜브 키즈(YouTube Kids)와 연계하여 어린이 친화적인 콘텐츠로 홍보합니다.

OTT 배급 전략

- 넷플릭스, 디즈니+, 애플TV 등과 협업하여 독점 공개합니다.
- 다국어 더빙과 자막을 제공해 글로벌 진출을 추진합니다.
- 유료 VOD 서비스로 콘텐츠를 수익화합니다.
- 특정 지역에서 인기가 높은 플랫폼(예: 일본의 아마존 프라임, 중국의 아이치이)에 맞춰 배급 채널을 최적화합니다.
- 시즌별 공개 전략을 활용해 지속적인 관심을 유도합니다.

소셜미디어에서 영상과 그림동화를 함께 홍보하는 법

소셜미디어를 활용하면 그림동화와 애니메이션을 동시에 홍보할 수 있습니다. 출판물의 감성을 전달하면서 애니메이션의 시각적 요소를 강조할 수 있는 최적의 플랫폼입니다.
- 인스타그램 & 페이스북 → 일러스트 공개, 캐릭터 소개, 팔로워 이벤트 진행, 독자 참여형 챌린지를 운영합니다.
- 틱톡 & 유튜브 쇼츠 → 애니메이션 하이라이트, 밈(Meme) 콘텐츠 제작, 트렌디한 챌린지를 활용합니다.
- 트위터 & 레딧 → 팬 커뮤니티를 형성하고 제작 비하인드 스토리를 공유하며 팬아트를 리그램하여 참여도를 유도합니다.
- 디스코드 & 텔레그램 → 핵심 팬층과 직접 소통하며 피드백을 반영하고 독점 콘텐츠를 공유하며 실시간 Q&A를 진행합니다.
- 핀터레스트 & 블로그 → 캐릭터 설정, 세계관 소개, 그림동화 기반 애니메이션 기획 과정을 공유합니다.

넷플릭스 애니메이션 '카르멘 샌디에고'는 1985년 출시된 교육용 컴퓨터 게임을 원작으로 한 작품으로, 2019년 넷플릭스를 통해 방영되었습니다. 이 시리즈는 전 세계를 무대로 펼쳐지는 모험과 추격전을 그리며, 주인공 카르멘 샌디에고가 국제 범죄 조직 '바일(V.I.L.E.)'을 상대로 활약하는 이야기를 담고 있습니다.

교육적인 요소와 흥미진진한 스토리를 결합한 이 애니메이션은 다양한 연령층에게 인기를 끌었으며, 트위터와 인스타그램에서 캐릭터 중심의 짧은 클립을 꾸준히 배포하며 브랜드 인지도를 확장했습니다. 이처럼 플랫폼의 특성에 맞춘 콘텐츠 배포 전략이 중요합니다.

5.2 굿즈 및 부가 콘텐츠 제작으로 브랜드 확장

굿즈 및 부가 콘텐츠 제작은 애니메이션과 그림동화의 세계관을 확장하고 팬들과의 접점을 넓히는 데 효과적인 전략입니다. 캐릭터를 활용한 인형, 피규어, 스티커, 컬러링북 등은 소비자에게 친숙하게 다가가며 브랜드 인지도를 높이는 데 기여합니다. 또한 AR·VR 콘텐츠나 교육용 앱과 같은 디지털 부가 콘텐츠는 학습과 오락을 결합하여 콘텐츠의 활용 범위를 넓히고, 장기적인 수익 모델로 발전할 수 있습니다.

애니메이션 캐릭터를 활용한 교육 콘텐츠 및 팬덤 구축

애니메이션은 단순한 영상 콘텐츠를 넘어 교육적인 요소를 포함할 수 있습니다. 특히 어린이용 콘텐츠는 교육과 결합하면 더욱 강력한 브랜드로 성장할 수 있습니다.

교육 콘텐츠 예시

- 동화 속 캐릭터가 등장하는 한글 학습 앱
- 애니메이션 주인공과 함께하는 수학 교재
- 스토리 기반 영어 학습 영상
- AR/VR을 활용한 인터랙티브 교육 프로그램 개발
- 음성 인식 기술을 활용한 캐릭터와의 대화형 학습

스토리북, 컬러링북, 보드게임 등 부가 콘텐츠 연계 전략

- 스토리북 → 애니메이션의 주요 장면을 그림동화로 출간합니다.
- 컬러링북 → 아이들이 직접 색칠하며 캐릭터와 친숙해질 수 있도록 제작합니다.
- 보드게임 → 애니메이션 세계관을 반영한 가족용 게임을 개발합니다.
- 메타버스 & NFT 활용 → 애니메이션 캐릭터를 기반으로 한 가상공간 및 디지털 굿즈를 판매합니다.
- 인형 및 피규어 제작 → 캐릭터 상품화를 통한 수익을 창출합니다.

5.3 애니메이션 기반 크라우드 펀딩 및 글로벌 진출 전략

애니메이션 기반 크라우드 펀딩 및 글로벌 진출 전략은 콘텐츠 제작 초기 단계에서 자금을 확보하고, 동시에 전 세계 잠재 팬들과 소통할 수 있는 효과적인 방법입니다. 킥스타터나 텀블벅 같은 플랫폼을 활용하면 제작 의도를 공유하며 후원자를 모집할 수 있습니다. 또한 일레븐랩스나 GPT 번역 기능을 활용해 다국어 콘텐츠로 쉽게 확장할 수 있으며, 국가별 특성에 맞춘 마케팅 전략을 적용하면 글로벌 시장에서도 경쟁력을 확보할 수 있습니다.

크라우드 펀딩 플랫폼 추천

- Kickstarter (www.kickstarter.com) → 글로벌 크라우드 펀딩 플랫폼입니다.
- 텀블벅 (www.tumblbug.com) → 한국에서 활용하기 좋은 펀딩 사이트입니다.
- Indiegogo (www.indiegogo.com) → 창작자 친화적인 글로벌 펀딩 서비스입니다.
- Patreon → 구독 기반 콘텐츠 제작 및 후원 플랫폼으로 활용할 수 있습니다.

해외 진출 전략

- AI 활용 번역 (예: ElevenLabs www.elevenlabs.io, Resemble AI www.resemble.ai)
- 국가별 마케팅 캠페인 차별화 (예: 미국은 SNS 중심, 일본은 서점 및 굿즈 판매 연계)

크라우드 펀딩과 연계한 글로벌 팬덤 구축

출판과 영상 콘텐츠를 융합한 전략적 접근은 그림동화와 애니메이션이 글로벌 시장에서 더욱 큰 영향력을 가지도록 만들어 줍니다. 유튜브, OTT 플랫폼, 소셜미디어를 적극적으로 활용하여 해외 독자 및 시청자와 소통하고, 다국어 지원과 로컬라이제이션 전략을 병행하면 보다 많은 국가에서 사랑받을 수 있습니다.

또한 크라우드 펀딩과 굿즈 판매를 통해 지속적인 콘텐츠 확장을 이루고, 글로벌 라이선싱 계약을 체결하면 해외 시장에서도 안정적인 수익 모델을 구축할 수 있습니다. 이러한 종합적인 접근법을 통해 그림동화와 애니메이션이 국경을 넘어 전 세계의 다양한 관객들에게 감동과 즐거움을 선사할 수 있습니다.

그림동화와 애니메이션은 각각의 매체적 특성과 장점을 살려 새로운 시대의 콘텐츠로 발전할 수 있는 강력한 도구입니다. 정적인 형태의 그림동화가 애니메이션으로 확장되면 시청자는 더욱 몰입감 있는 경험을 할 수 있으며, 감정적 공감대가 깊어지고 이야기의 전달력도 극대화될 수 있습니다.

이번 책에서 다룬 내용은 그림동화를 애니메이션으로 전환하는 기획과 제작 과정부터 효과적인 연출 기법, 사운드 디자인, 그리고 글로벌 시장을 공략할 수 있는 마케팅 전략까지 포괄적으로 다루었습니다.

애니메이션 제작은 단순한 기술적 변환이 아니라, 스토리의 핵심을 유지하면서도 새로운 매체에 맞게 적절히 재구성하는 창작 과정입니다. 캐릭터 디자인과 배경 설정은 애니메이션의 분위기를 좌우하며, AI 기반의 도구를 활용하면 더욱 효율적으로 제작할 수 있습니다. 또한 컷 구성과 장면 전환, 사운드와 내레이션의 활용은 감성적인 전달력을 높이는 중요한 요소로 작용합니다.

출판과 애니메이션이 결합하면 단순히 한 매체를 넘어 복합적인 콘텐츠로 확장할 수 있습니다. 유튜브 및 OTT 플랫폼을 활용한 홍보 전략은 대중과의 접점을 넓히고, 소셜미디어를 통한 팬덤 형성은 브랜드 인지도를 강화할 수 있습니다. 더 나아가 크라우드 펀딩을 통해 팬들과 함께 프로젝트를 발전시키고, 글로벌 시장으로 진출하여 보다 다양한 문화권에서 콘텐츠를 소비할 수 있는 기회를 만들어야 합니다.

디지털 기술과 AI의 발전은 그림동화와 애니메이션의 경계를 허물고, 누구나 창작자가 될 수 있는 환경을 조성하고 있습니다. AI 음성 합성, 자동 배경 생성, AI 작곡 도구 등을 활용하면 창작 과정이 더욱 수월해지고 예산과 시간 절약에도 큰 도움이 됩니다.

특히 애니메이션의 글로벌화를 위해 다국어 더빙과 AI 기반 번역이 중요한 역할을 하며, 이를 활용하면 보다 넓은 시장에서 경쟁력을 가질 수 있습니다.

결론적으로 그림동화와 애니메이션은 단순한 스토리텔링을 넘어, 새로운 경험과 감동을 제공할 수 있는 강력한 콘텐츠 포맷입니다. 다양한 플랫폼과 기술을 활용하여 출판과 영상 콘텐츠의 시너지를 극대화하고, 이를 통해 보다 많은 사람들에게 감동을 전할 수 있는 기회를 만들어야 합니다.

앞으로도 이러한 융합 콘텐츠가 더욱 발전하여 창작자들에게는 새로운 가능성을, 소비자들에게는 더욱 풍부한 경험을 제공할 수 있기를 기대합니다.

5장

성경동화로 배우는 신앙교육

임혜경

1. 성경동화의 창작과 성공 사례 분석

1.1 성경동화란 무엇인가? 185
1.2 성경동화 창작을 위한 핵심 요소 187
1.3 성경동화의 성공 사례 분석 190

2. 신앙 교육을 위한 성경동화의 역할과 가치

2.1 성경동화를 활용한 신앙 교육 기법 192
2.2 성경동화 기반의 창의적 신앙 교육 활동 194
2.3 성경동화를 통한 인성 및 윤리 교육 195

3. 성경동화의 글로벌 확장 및 마케팅 전략

3.1 성경동화의 글로벌 출판 가능성과 해외 사례 197
3.2 성경동화 출판 및 다국어 번역 전략 200
3.3 성경동화를 활용한 마케팅 및 독자 커뮤니티 구축 201

임혜경 작가

"글쓰기로 나를 알리고 세상과 연결하다"

　출판, 미디어, 교육, 환경을 아우르며 글쓰기를 통해 자신의 브랜드를 만들어가는 동화작가입니다.
　다섯 아들을 키운 엄마로서의 삶과 글쓰기 실천을 바탕으로, 빛나온 출판사 대표로서 동화와 환경 콘텐츠를 기획·발행하고 있으며, 한국미디어창업뉴스 취재기자로서 사회적 메시지를 담은 글을 전하고 있습니다.
　또한 (사)서울국제광고영화제 이사 겸 선임연구원, 한국기후변화연구소 사무처장으로 활동하며 기후위기와 지속가능성에 대한 사회적 관심을 높이기 위해 꾸준히 미디어 글쓰기와 콘텐츠 활동을 이어가고 있습니다.

- 빛나온 출판사 대표
- 한국미디어창업뉴스 취재기자
- 한국기후변화연구소 사무처장
- (사)서울국제광고영화제 이사 겸 선임연구원

　출간저서로는 『나무와 친구가 되었어요』, 『달빛 베이커리의 유령가족』, 『완전 초보도 7일 만에 동화작가 - 챗GPT로 쓰고 미드저니로 그리고 캔바로 완성하기』, 『홍보하지 말고 언론으로 보도하라』외 다수

"어린 시절 잊고 있던 동화의
설렘이 다시 피어납니다."

이 장에서는 성경동화를 신앙교육 도구로 활용하는 방향을 제시합니다. 먼저 성경동화가 지닌 교육적 가치를 짚어보고, 어린이의 마음을 사로잡는 공감 유발 기법을 살펴봅니다. 이어 창작 과정 전반에 걸쳐 본문 분석부터 스토리보드 작성, 일러스트 콘셉트 수립까지 단계별 절차를 안내합니다. 또한 그림책과 챕터북, 그리고 그래픽노블 각각의 구성 전략을 비교하며 대상 연령대에 따라 어떻게 스토리를 맞춤화할지 설명합니다. 마지막으로 실제 교육 현장에서 적용된 대표 사례를 통해 기획·제작·마케팅 전략을 종합적으로 검토하고, 창작자와 교육자가 현장에서 바로 활용할 수 있는 실무 지침을 제시합니다.

 1. 성경동화의 창작과 성공 사례 분석

이 절에서는 성경동화를 창작하는 기본 원칙과 성공 사례를 함께 다룹니다. 처음에는 성경동화의 정의를 명확히 하고, 어린이 눈높이에 맞추어 텍스트와 삽화를 조화롭게 구성하는 방법을 설명합니다. 다음으로 본문 해석에서부터 스토리보드 작성, 일러스트 콘셉트 수립까지 필수 절차를 순차적으로 제시합니다. 이어서 대표 작품인 '어린 다윗의 용기'와 '노아의 방주 모험'을 사례로 들어, 이들 작품이 어떤 기획 전략과 마케팅 기법을 사용해 교육적·상업적 성과를 거두었는지 구체적으로 분석하여 창작자가 벤치마킹할 인사이트를 제공합니다.

1.1 성경동화란 무엇인가?

성경동화는 성경의 이야기를 어린이 눈높이에 맞춰 쉽고 친숙하게 전달하는 그림책입니다. 성경은 오랜 역사를 지닌 고전이지만, 본문 속 표현과 문맥은 어린이에게 어렵고 낯설게 느껴질 수 있습니다. 성경동화는 이러한 장벽을 낮추어 어린이들이 자연스럽게 신앙을 받아들이고, 하나님의 이야기를 자신과 연결 지을 수 있도록 돕는 교육 도구입니다.

예를 들어 다윗이 골리앗과 맞서 싸운 이야기는 잘 알려진 장면이지만, 성경 원문 그대로 전달하면 어린이에게는 먼 옛날 이야기로 느껴질 수 있습니다. 반면 성경동화에서는 "어린 다윗도 무서웠지만, 하나님을 믿으며 용기를 냈습니다"처럼 표현하여 아이들이 자신의 경험과 쉽게 연결할 수 있도록 구성합니다. 이러한 접근은 어린이들이 신앙 이야기를 보다 생생하게 받아들이고, 내면화하도록 유도합니다.

성경동화의 특징과 장르별 구성

성경동화는 연령별 발달 단계에 따라 그림책, 챕터북, 그래픽노블 등 다양한 형식으로 제작됩니다. 그림책은 간결한 문장과 화려한 삽화로 구성되어 유아의 집중력을 이끌어내며, 반복 구성을 통해 부모와 함께하는 대화식 독서 활동에 적합합니다. 챕터북은 사건 중심의 구성과 인물 간 대화가 강조되어 초등 저·고학년에게 적합하며, 장별 흐름을 따라가며 독해력과 공감 능력을 함께 길러줍니다. 그래픽노블은 말풍선과 연출된 장면 구성이 특징으로, 책 읽기를 부담스러워하는 어린이도 이야기 속에 쉽게 몰입할 수 있도록 돕습니다.

이러한 장르별 구성을 적절히 활용하면 독자의 연령과 이해 수준에 맞는 성경동화를 설계할 수 있습니다. 유아용 그림책에는 짧은 이야기와 색칠 활동을 포함시키고, 초등학생 대상의 챕터북에는 인물의 갈등과 신앙 선택을 다룬 서사를 강화하는 방식으로 독자층에 맞는 메시지를 효과적으로 전달할 수 있습니다.

기존 성경동화와 창작 성경동화의 차이점

전통적인 성경동화는 성경 본문을 충실히 옮기는 데 중점을 둡니다. 원문의 사건 전개와 대사를 가능한 한 그대로 재현하며, 삽화는 이야기의 보조 자료로 활용됩니다. 문장은 설명적이며 고전적 어조를 따르므로, 독자는 역사적·신학적 무게감을 느낄 수 있지만, 어린이 입장에서는 거리감을 느끼기도 합니다.

반면 창작 성경동화는 본문에서 핵심 교훈을 뽑아 현대적 상황으로 재구성합니다. '갈등-믿음의 선택-성취'라는 서사 구조를 따르며, 이야기 속 주인공의 감정선과 성장 과정을 강조합니다. 등장인물은 일상적 말투를 사용하며, 대화 중심의 문체와 세밀한 감정 표현이 특징입니다. 예를 들어 '선한 사마리아인' 이야기를 학교에서 친구를 돕는 상황으로 바꾸면, 어린이 독자들은 실생활과 쉽게 연결하며 교훈을 받아들일 수 있습니다.

창작 성경동화에서는 독자의 참여를 유도하는 다양한 장치도 활용됩니다. 이야기 말미에 색칠 활동, 퀴즈, 토론 질문 등을 삽입하여 책을 읽는 경험을 학습으로 확장합니다. 삽화 역시 단순한 보조 기능을 넘어서, 인물의 표정과 움직임, 배경 상황까지 세밀하게 표현되어 독자의 감정 몰입을 유도합니다.

성경동화는 단순한 이야기책이 아닙니다. 어린이들이 하나님에 대해 이해하고, 신앙적 가치를 자신의 삶에 적용하도록 도와주는 첫 번째 통로입니다. 한 초등학교 3학년 어린이는 '돌아온 탕자' 이야기를 읽은 후 "우리도 실수할 수 있지만, 다시 돌아올 수 있다는 것이 좋았습니다"라고 말했습니다. 이처럼 성경동화는 어린이의 마음에 믿음의 씨앗을 심고, 따뜻한 신앙의 토양을 만들어 주는 매개체가 됩니다.

아래 표는 기존 성경동화와 창작 성경동화의 주요 차이점을 비교한 것입니다.

구분	기존 성경동화	창작 성경동화
내용 전달 방식	본문 중심, 원문의 사건·대사·지명을 충실히 재현	핵심 교훈 중심, 현대적 상황·새로운 인물 설정으로 재구성
언어 표현	고전적·설명적 문장 사용	대화체·일상적 어휘 사용, 반복·운율 활용
서사 구조	본문 순응형 전개	'갈등–믿음의 선택–성취' 명료한 3단계 구조로 재배열
감정 이입	묘사 위주, 독자의 상상에 의존	인물의 심리 묘사 강화, 대화체와 표정 삽화로 공감 유도
독자 참여 요소	별도 부가 활동 없음	이야기 말미 참여형 질문, 색칠 활동, 퀴즈 등 독자 활동 제안
활용도·접근성	주로 교회 예배 및 교육 자료로 활용	가정·학교·놀이 학습 프로그램 등 다양한 현장에 적용 가능
대표 예시	본문 그대로 옮긴 '다윗과 골리앗'	학교생활로 각색한 '다윗과 골리앗', 친구 돕기 '선한 사마리아인' 이야기

1.2 성경동화 창작을 위한 핵심 요소

좋은 성경동화를 만들기 위해서는 몇 가지 필수적인 요소를 갖추어야 합니다. 먼저, 성경 이야기를 어린이 눈높이에 맞게 쉽게 재구성하는 작업이 필요합니다. 성경 속 이야기들은 종종 길고 복잡하게 전개되기 때문에, 핵심 메시지를 중심으로 간결하게 정리하는 것이 중요합니다. 예를 들어, '노아의 방주' 이야기를 "노아는 하나님을 믿고 방주를 만들었어요. 사람들은 그를 비웃었지만, 결국 방주는 모두를 구했어요"처럼 요약하면 어린이들도 부담 없이 이해할 수 있습니다.

또한, 성경동화는 독자의 연령대에 맞춰 구성되어야 합니다. 유아용 동화는 밝고 단순한 그림과 반복적인 문장을 활용하고, 초등 저학년용 동화는 상상력을 자극하는 서사와 감정 이입이 쉬운 구성이 필요합니다. 초등 고학년용 동화는 주인공의 심리 변화와 신앙적 결단을 보다 깊이 있게 다루어야 합니다. 예를 들어 '다윗과 골리앗' 이야기는 유아용에서는 간단한 행동 중심, 초등용에서는 두려움과 믿음 사이의 내면적 갈등을 중심으로 각각 구성하는 것이 효과적입니다.

성경동화의 서사를 설계할 때는 기본적으로 '갈등-믿음의 선택-성취'라는 구조를 따르는 것이 좋습니다. 이야기 초반에는 주인공이 문제나 두려움을 만나고, 그 과정에서 믿음에 기반한 결정을 내리며, 마지막에는 그 믿음이 열매를 맺는 결말로 이어집니다. 이 구조는 독자에게 신앙적 메시지를 자연스럽게 각인시키는 데 효과적입니다.

이야기의 감정선을 중심으로 구성하는 것도 중요합니다. 다윗이 골리앗 앞에서 느꼈던 두려움, 기도하는 다니엘의 외로움, 돌아온 탕자의 후회와 아버지의 용서처럼 감정의 흐름을 따라가는 구성은 어린이 독자들이 인물에 깊이 공감하게 하고, 신앙적 메시지를 자연스럽고 강력하게 받아들이도록 돕습니다.

마지막으로 성경동화는 신앙적 개념을 어린이의 일상과 연결해야 합니다. "믿음이 중요하다"는 교훈을 직접적으로 제시하기보다는, 친구와의 갈등 상황이나 새로운 도전에 대한 두려움을 극복하는 장면을 통해 신앙의 의미를 체험할 수 있도록 구성하는 것이 효과적입니다. 이러한 구체적이고 친숙한 설정은 아이들에게 신앙이 삶 속에서 자연스럽게 실천될 수 있는 것임을 깨닫게 해줍니다.

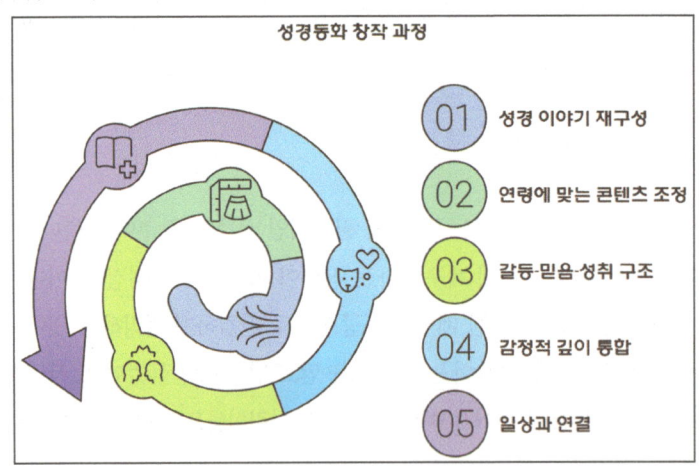

성경 이야기의 재구성과 현대적 각색법

성경 이야기의 재구성이란, 원문의 핵심 가르침을 유지하되 이야기의 배경과 표현을 어린이의 일상에 맞게 조정하는 작업입니다. 먼저 본문에서 전달하고자 하는 교훈을 명확히 파악한 뒤, 등장인물과 사건, 시간과 공간 배경을 현대적으로 전환하고, 대화체와 쉬운 어휘를 활용하여 내용을 친숙하게 풀어냅니다.

예를 들어 '다윗과 골리앗' 이야기를 학교 운동회 장면으로 각색해 보면, 작은 다윗은 운동회에서 불리한 조건에도 불구하고 넘어지는 친구를 일으켜 세우고 "함께 달리자"라고 말합니다. 골리앗은 장애물 코스로 표현되고, 이를 넘어서면서 다윗의 용기와 믿음이 강조됩니다. 이처럼 현대적 각색은 성경의 교훈을 실생활에 밀접하게 연결해 줍니다.

연령대별 성경동화 서사 구성법 (유아, 초등 저·고학년)

유아용 성경동화는 한 페이지에 한두 문장 정도의 짧은 본문과 전체 화면 삽화로 구성되며, 반복되는 문장을 통해 메시지를 각인시킵니다. 예를 들어 "다윗은 돌멩이를 들어 올렸습니다"라는 문장을 보여준 뒤, "다윗처럼 용기를 낸 적이 있나요?"라는 질문을 추가하면 부모와 아이가 함께 이야기를 나누며 신앙적 내용을 자연스럽게 공유할 수 있습니다.

초등 저학년용 성경동화는 4장 300자 분량의 대화체 본문과 1~2컷의 그림이 포함되며, "다윗이 기도한 후 어떤 일이 일어났을까요?" 같은 질문으로 독자의 호기심을 자극합니다. 이야기의 핵심 흐름을 따라가며 독해력과 신앙적 사고력을 함께 기를 수 있습니다.

초등 고학년용 성경동화는 8장 이상으로 확장된 구성을 가지며, 등장인물의 내면 변화와 도덕적 고민을 중심으로 깊이 있는 서사가 전개됩니다. 각 장에는 300~400자 분량의 본문이 들어가며, 신앙적 결단이 일어나는 중요한 순간에는 "당신이라면 어떤 선택을 했을까요?"와 같은 반성적 질문을 통해 비판적 사고를 유도합니다. 결말을 독자에게 선택하도록 하는 방식도 활용하여, 이야기에 대한 몰입도와 주체적 사고력을 동시에 높일 수 있습니다.

1.3 성경동화의 성공 사례 분석

성경동화는 오랜 시간 동안 가정과 교회 교육 현장에서 어린이 신앙 형성의 중요한 매개체로 활용되어 왔습니다. 특히 국내외에서 성공한 성경동화들을 살펴보면, 단순한 문장 구조와 깊이 있는 메시지, 감성적인 일러스트, 그리고 독자와의 상호작용을 고려한 구성이 공통된 특징으로 나타납니다. 이 장에서는 독자에게 폭넓게 사랑받은 베스트셀러 성경동화와 그 성공 요인, 그리고 국내외에서 주목받은 출판 사례와 작가들을 중심으로 분석합니다.

어린이와 부모 모두가 사랑한 성경동화 베스트셀러

성공한 성경동화의 공통된 특징 중 하나는 단순하지만 반복적인 메시지를 통해 어린이의 마음에 신앙적 가치를 각인시킨다는 점입니다. 예를 들어 《예수님은 너를 사랑해》는 "예수님은 언제나 너를 사랑해요"라는 문장을 반복하면서 아이들이 메시지를 자연스럽게 받아들이도록 돕습니다. 복잡한 서사보다도 일관된 메시지와 정서적 안정감이 어린 독자의 신앙 형성에 큰 영향을 미칩니다.

또한, 현대적 재해석을 통해 어린이들의 일상과 쉽게 연결되는 작품들이 주목받고 있습니다. 《노아의 방주 – 현대판 이야기》는 고대의 대홍수 이야기를 학교 프로젝트 상황으로 전환해, 협력과 믿음의 가치를 자연스럽게 전달합니다. 어린이의 현실과 유사한 설정은 독자의 공감을 유도하며, 이야기 몰입도를 높이는 데 효과적입니다.

감성적인 일러스트 또한 성경동화의 성공을 이끈 중요한 요소입니다. 《다윗과 골리앗》의 한 장면에서는 다윗이 돌멩이를 들고 있는 손보다도, 얼굴에 담긴 두려움과 희망의 섬세한 표현이 어린이의 감정 이입을 유도합니다. 삽화는 글로 담기 어려운 감정과 분위기를 시각적으로 전달함으로써, 어린이들이 스토리에 몰입하고 메시지를 체험할 수 있도록 도와줍니다.

성공한 작품들은 연령대별 특성을 철저히 반영하여 구성됩니다. 유아용은 반복과 리듬, 저학년용은 대화 중심과 짧은 서사, 고학년용은 감정선과 도덕적 갈등을 중심으로 서사가 설계됩니다. 독자의 발달 단계에 맞는 언어와 스토리 구조가 몰입도와 신앙적 이해를 동시에 높이는 핵심 전략으로 작용합니다.

이외에도 설교처럼 직접적인 교훈을 전달하기보다는, 주인공의 감정 변화와 경험을 통해 자연스럽게 신앙적 가치를 체득하도록 유도하는 방식이 큰 효과를 보입니다. 이러한 간접적 메시지 전달 방식은 독자 스스로 이야기를 통해 삶의 교훈을 발견하도록 돕습니다.

마지막으로, 독서 이후 독자의 사고와 실천으로 이어지는 구성을 가진 책이 지속적인 인기를 끌고 있습니다. 예를 들어 독후 활동 질문이나 실천 과제를 통해 신앙을 단순한 지식이 아닌 행동으로 연결하게 하며, 가정과 교회에서의 실질적인 활용도를 높입니다.

국내외에서 주목받은 성경동화 작가와 출판 사례

국내에서는 『하루 5분 엄마가 읽어 주는 성경 동화』, 『겨자씨 첫 성경동화 세트』, '리틀성경동화 박스 세트', '재미있는 성경동화 전집' 등이 독자와 교육 현장에서 꾸준히 호평을 받고 있습니다. 이들 책은 간결한 문장, 단계별 구성, 삽화 중심의 설계, 독후 활동지 등으로 구성되어 가정과 교회 모두에서 신앙 교육 교재로 활용되고 있습니다. 특히 김주철 목사의 '재미있는 성경동화 전집'은 구약과 신약의 주요 이야기를 어린이 눈높이에 맞춰 재해석하고, 이야기 말미에 활동지를 수록하여 소규모 모임이나 교회 교육 자료로 널리 활용되고 있습니다.

해외에서는 미국의 Zonderkidz에서 출간한 『The Beginner's Bible』이 대표적인 성공 사례입니다. 이 시리즈는 90편 이상의 짧은 성경 이야기를 생동감 있는 일러스트와 함께 구성하여 30년 넘게 전 세계에서 2,800만 부 이상 판매되었으며, 영어권 어린이 신앙 교육의 표준으로 자리 잡았습니다.

영국 작가 사라 윌슨의 'Faith in Action' 시리즈는 다문화 가정을 위한 교육 콘텐츠로 주목받고 있습니다. 이야기를 통해 문화적 다양성과 신앙의 공통 가치를 함께 전달하며, 각 권에는 토론 질문과 실천 활동을 담아 독자의 사고를 유도합니다. 이 시리즈는 성경 이야기를 삶의 도전 과제와 연결하여 독자들이 자신만의 의미를 발견하도록 돕고 있습니다.

 2. 신앙 교육을 위한 성경동화의 역할과 가치

성경동화가 어린이 신앙 교육에 어떤 역할을 하고 어떤 가치를 제공하는지 살펴봅니다. 먼저 성경동화를 통해 믿음과 용기, 사랑 같은 핵심 신앙 가치를 자연스럽게 전달하는 방법을 제시합니다. 이어서 이야기 속 교훈을 쉽게 이해시키는 기법과 토론·독후 활동을 통한 창의적 학습 방식을 다룹니다. 마지막으로 성경동화가 공감과 배려, 정의 같은 인성 교육에도 효과적으로 활용될 수 있음을 논의하며, 교회와 가정·학교 현장에서 모두 적용 가능한 실천적 아이디어를 제시합니다.

2.1 성경동화를 활용한 신앙 교육 기법

성경동화는 단순히 성경 이야기를 읽는 데 그치지 않고, 신앙을 생활 속에서 직접 경험하도록 돕는 도구입니다. 어린이들이 성경을 이해하고 받아들이는 과정에서는 이야기의 힘이 매우 중요하며, 성경동화는 그 접점을 만들어 주는 유익한 매개체가 됩니다. 특히 어린이들에게 신앙적 가치와 교훈을 어떻게 전달하느냐는 교육 효과에 큰 차이를 만들어냅니다. 따라서 먼저, 성경동화를 통해 전달할 수 있는 신앙적 핵심 가치부터 살펴보는 것이 필요합니다.

어린이들에게 신앙의 가치(믿음, 용기, 사랑) 전달하는 법

신앙 교육에서 중요한 것은 추상적인 개념을 아이들의 눈높이에 맞춰 설명하고 체험하게 하는 일입니다. 어린이에게 '믿음', '용기', '사랑'이라는 가치를 전달하려면, 성경 속 인물의 감정과 선택을 중심으로 이야기를 풀어가는 방식이 효과적입니다. 예를 들어, '다윗과 골리앗' 이야기를 통해 다윗이 하나님을 믿고 두려움을 이겨냈다는 점을 강조하면, 믿음과 용기의 의미를 함께 전달할 수 있습니다. '예수님이 병든 자를 고치신 이야기'에서는 조건 없는 사랑이 중심 주제가 될 수 있으며, "예수님은 어떤 마음으로 이 사람을 도왔을까요?" 같은 질문을 던지면 아이 스스로 생각해보는 기회를 갖게 됩니다. 이처럼 성경동화는 신앙의 덕목을 구체적인 감정과 행동으로 연결해 어린이들이 자연스럽게 체득하도록 도와줍니다.

성경 이야기 속 교훈을 이해하기 쉽게 전달하는 기법

어린이들은 긴 이야기보다 핵심이 분명한 짧은 문장을 더 잘 이해하고 기억합니다. 따라서 성경 이야기를 전달할 때는 메시지를 간결하고 반복적으로 정리해주는 것이 중요합니다. 예를 들어 '노아의 방주' 이야기를 "하나님 말씀에 순종한 노아는 모두를 구했어요"처럼 요약해주면 교훈이 선명하게 전달됩니다. 이후 "노아는 왜 방주를 만들었을까요?" 같은 질문을 던지면, 아이는 이야기의 흐름을 따라가며 스스로 교훈에 도달하게 됩니다. 또한, 이야기 속 주인공의 감정을 함께 짚어주면 아이들은 교훈을 단순한 정보가 아닌 삶의 태도로 받아들일 수 있습니다. 이처럼 이야기의 구조와 언어, 질문 설계까지 고려한 전달 방식은 어린이의 신앙적 사고력을 확장시키는 데 중요한 역할을 합니다.

성경동화는 이처럼 중심 가치를 전달한 후, 실제로 신앙을 행동으로 실천해보는 활동으로 확장될 수 있습니다. 예를 들어, '선한 사마리아인' 이야기를 읽고 난 후, 교회나 학교에서 역할극 활동을 해볼 수 있습니다. 한 아이는 쓰러진 사람 역할을 맡고, 다른 아이들은 지나가는 사람들과 도와주는 사마리아인 역할을 나눠 연기해보게 합니다. 이 과정을 통해 어린이들은 이야기를 단순히 듣는 것이 아니라, 몸으로 느끼고 기억하며 신앙적 태도를 체험하게 됩니다.

또한, 실천 미션을 제시하는 것도 효과적입니다. 예를 들어 "이번 주에는 친구에게 작은 친절을 베풀어 보자"는 과제를 통해, 아이들은 배운 교훈을 생활 속에서 실천할 수 있습니다. 이후 다시 모여 자신의 경험을 나누면 성경 이야기가 삶 속에서 구체적으로 작동하는 사례로 확장됩니다. 이러한 반복적 실천은 아이들에게 신앙을 단순히 아는 것이 아닌 살아내는 것으로 인식시켜 줍니다.

미국의 복음주의 교회에서는 이러한 방식이 매우 체계적으로 활용되고 있습니다. 《The Beginner's Bible》과 같은 성경동화책은 주일학교에서 기본 교재로 사용되며, 그에 따른 만들기, 노래, 연극 활동이 함께 구성되어 있습니다. 예를 들어 '요셉 이야기'를 읽은 후에는 '나의 꿈'이라는 주제로 그림을 그리거나, '용서'에 대한 상황극을 구성하기도 합니다. 이러한 활동은 단순한 독서에 그치지 않고, 신앙을 삶 속에서 적용하는 데까지 이어지도록 돕는 훌륭한 예시입니다.

결국 성경동화를 활용한 신앙 교육의 핵심은 어린이의 수준에 맞는 방식으로 신앙의 가치를 전달하고, 이야기의 교훈을 실생활에 연결하는 것입니다. 반복적으로 듣고 말하고, 생각하고 행동하면서 어린이는 자연스럽게 신앙의 의미를 깨닫고, 자신의 언어로 믿음을 표현할 수 있게 됩니다. 성경동화는 바로 그러한 배움과 실천의 연결 고리이며, 가장 효과적인 신앙 교육의 시작점입니다.

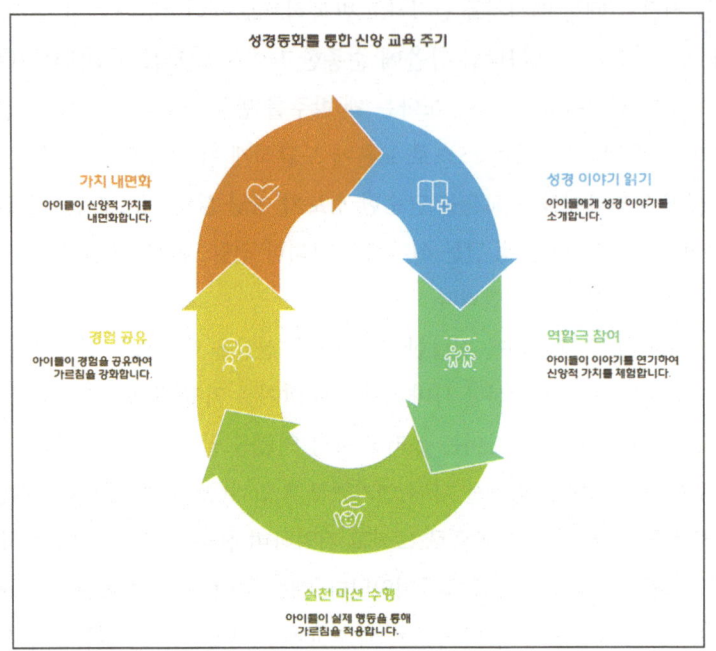

2.2 성경동화 기반의 창의적 신앙 교육 활동

성경동화를 읽는 것은 단순한 독서 행위를 넘어, 어린이들이 신앙을 창의적으로 체험하고 내면화하는 출발점이 될 수 있습니다. 이야기를 읽고 그대로 흘려보내는 것이 아니라, 다양한 방식으로 이야기를 확장하고 활동화함으로써, 아이들은 이야기 속 인물의 감정과 교훈을 자신의 삶과 연결 지을 수 있습니다.

성경동화를 활용한 토론 및 독서 활동

첫 번째 방법은 토론 활동입니다. 성경동화를 읽은 후 "이 이야기에서 가장 기억에 남는 장면은 무엇일까?" 또는 "내가 주인공이라면 어떻게 했을까?"와 같은 질문을 던져봅니다. 예를 들어 '다윗과 골리앗' 이야기를 읽은 후 "만약 네가 다윗이라면, 골리앗과 맞설 수 있었을까?" 또는 "다윗이 가진 믿음은 어떤 모습이었을까?" 같은 질문을 통해 아이들은 이야기 속 신앙적 가치에 대해 스스로 생각하고 정리하는 시간을 가질 수 있습니다. 또래 친구들과의 생각 나눔은 공감 능력과 다양성 수용 태도까지 함께 길러줍니다.

교회 및 학교에서 활용할 수 있는 성경동화 독후 활동

두 번째 방법은 독후 활동입니다. 성경동화를 읽은 후 관련된 그림을 그리거나 편지를 써보는 활동을 통해 이야기에 대한 이해를 확장할 수 있습니다. 예를 들어, '돌아온 탕자' 이야기를 읽고 탕자의 입장에서 아버지에게 편지를 쓰게 하면, 아이들은 이야기 속 감정과 상황을 더 깊이 공감하고 자신의 감정도 자연스럽게 표현할 수 있습니다.

세 번째 방법은 감정 표현 활동입니다. 성경 이야기를 읽은 후 등장인물의 감정을 그림이나 글로 표현해 보는 것입니다. 예를 들어, '예수님이 풍랑을 잠잠하게 하신 이야기'를 읽고 "폭풍 속 제자들의 마음을 그림으로 표현해 보자"고 제안하면, 단순히 사건을 이해하는 것을 넘어 이야기 속 감정의 깊이에 다가갈 수 있습니다. 감정 표현을 통해 어린이들은 이야기와 더 깊이 연결되고, 신앙적 메시지를 자신의 언어로 새롭게 풀어낼 수 있습니다.

이러한 창의적 활동들은 아이들이 단순히 이야기를 듣고 지나가는 것을 넘어, 이야기의 핵심 메시지를 자기 것으로 만들게 합니다. 감정을 표현하고, 생각을 나누며, 신앙적 가치를 스스로 체득하는 과정은 성경동화를 단순한 읽기를 넘어 살아 있는 교육 경험으로 확장시킵니다. 특히 이러한 활동은 교회와 학교 모두에서 실천할 수 있는 구체적이고 유연한 방식으로, 교육 현장에서 신앙을 자연스럽게 체화하도록 돕는 중요한 도구가 됩니다.

2.3 성경동화를 통한 인성 및 윤리 교육

성경동화는 신앙 교육뿐만 아니라 인성과 윤리 교육에도 매우 중요한 역할을 합니다. 성경 속에는 공감, 배려, 정의, 사랑과 같은 삶의 기본적 가치들이 자연스럽게 녹아 있습니다. 성경동화를 통해 어린이들은 이러한 가치를 직접 경험하고 체득할 수 있습니다. 특히 어린 시절에 형성된 윤리적 감수성과 공감 능력은 평생의 인격 형성에 영향을 주기 때문에, 신앙적 메시지를 담은 이야기는 더욱 깊은 교육적 효과를 발휘할 수 있습니다.

성경 이야기 속에서 배우는 공감, 배려, 정의

먼저, 공감과 배려를 배우는 데 성경동화는 큰 역할을 합니다. 예를 들어 '돌아온 탕자' 이야기에서는 아버지가 모든 재산을 허비하고 돌아온 아들을 책망하지 않고 기쁨으로 맞이하는 모습을 보여줍니다. 이 이야기를 읽은 후 "네가 형이라면 동생을 용서할 수 있었을까?" 또는 "아버지는 왜 화내지 않고 기뻐했을까?"와 같은 질문을 던지면, 아이들은 타인의 입장에서 생각하고 공감하는 힘을 키우게 됩니다. 이야기를 통해 감정의 흐름을 읽어내고, 자기 안의 반응을 성찰할 수 있는 기회가 마련됩니다.

성경동화는 정의를 배우는 데도 효과적입니다. '다니엘과 사자굴' 이야기에서는 다니엘이 옳은 일을 선택했기 때문에 위험에 처했지만 끝까지 믿음을 지키는 모습을 보여줍니다. 이 이야기를 통해 아이들은 어려운 상황에서도 옳은 것을 선택하는 용기와 신념의 중요성을 배울 수 있습니다. 특히 또래 간 갈등이나 학교생활 속에서 겪는 불의의 상황 속에서, 아이들은 이와 같은 이야기를 통해 기준을 세우고 실천할 수 있는 태도를 형성하게 됩니다.

다문화적 시각으로 성경동화를 활용한 세계관 확장

또한 성경동화는 다양한 문화를 이해하고 포용하는 힘을 길러줍니다. 성경에는 이집트, 이스라엘, 바빌론 등 서로 다른 문화와 시대를 배경으로 한 인물과 사건들이 등장합니다. 이러한 이야기들은 어린이들에게 세계에는 다양한 삶의 방식이 존재한다는 사실을 자연스럽게 인식하게 하며, 다문화적 시각을 기르는 데 도움이 됩니다. 예를 들어, 루스 이야기에서는 타문화에 대한 존중과 가족을 향한 헌신, 이방인에 대한 따뜻한 환대와 같은 보편적 가치를 배울 수 있습니다.

이와 같은 이야기를 접하면서 어린이들은 자신이 살아가는 사회뿐 아니라 세계 공동체 속에서도 다른 사람들과 공존할 수 있는 태도를 익히게 됩니다. 성경동화는 특정 종교의 가르침에 그치지 않고, 인류 보편의 윤리적 가치와 세계시민 의식을 함께 길러줄 수 있는 교육 자원으로 기능할 수 있습니다.

성경동화를 통한 인성과 윤리 교육은 단순한 도덕적 규범을 주입하는 것을 넘어, 어린이들이 스스로 고민하고 선택하는 힘을 길러줍니다. 공감하고 배려하며, 정의를 실천하는 삶의 자세는 단번에 형성되지 않습니다. 좋은 이야기를 통해 반복적으로 경험하고 생각하는 과정을 통해 서서히 뿌리내리게 됩니다.

성경동화는 이러한 과정을 통해 어린이들에게 신앙과 인성, 윤리를 함께 길러주는 강력한 교육적 자원이 됩니다. 단순히 책을 읽는 데 그치지 않고, 토론, 역할극, 감정 표현 등 다양한 활동을 통해 신앙과 삶을 자연스럽게 연결해 주는 것이 성경동화 교육의 진정한 가치입니다. 교회와 가정, 그리고 학교가 연계하여 성경동화를 활용한다면, 어린이의 전인적 성장과 바른 세계관 형성에 큰 기여를 할 수 있을 것입니다.

 **3. 성경동화의 글로벌 확장 및 마케팅 전략**

성경동화는 단지 국내 시장에 국한된 콘텐츠가 아닙니다. 성경이라는 원천 텍스트 자체가 전 세계적으로 가장 널리 읽히는 책 중 하나이며, 이에 기반한 성경동화 역시 글로벌 확장 가능성이 매우 높습니다. 실제로 다양한 국가에서 성경동화는 언어 교육, 문화 교류, 신앙 전수 등 다양한 목적으로 활용되고 있습니다. 이 장에서는 성경동화가 세계 시장에서 어떻게 확산되고 있으며, 어떤 방식으로 번역·현지화되어 글로벌 독자와 만나고 있는지 살펴봅니다. 또한 성공적인 해외 사례를 바탕으로, 출판 전략과 마케팅 기법, 독자 커뮤니티 형성까지 성경동화의 지속 가능한 확장 가능성을 다각도로 조명합니다.

3.1 성경동화의 글로벌 출판 가능성과 해외 사례

성경동화는 한국뿐만 아니라 전 세계적으로 널리 읽히는 책입니다. 성경은 수천 년 동안 전해 내려오며 다양한 나라에서 종교적, 문화적 가치를 형성하는 데 중요한 역할을 해왔습니다. 그러나 성경동화가 세계 시장에서 성공하기 위해서는 단순한 번역만으로는 충분하지 않습니다. 각 나라의 문화적 특성과 독자층의 기대에 맞춰 성경동화를 재구성하고 기획하는 세심한 작업이 필수적입니다.

해외에서 성경동화로 한국어와 문화를 배우는 사례

성경동화는 신앙 교육을 넘어 언어와 문화 교육의 수단으로도 활용되고 있습니다. 미국, 캐나다, 필리핀 등지의 한국어 교육기관과 한인 선교 단체에서는 성경동화를 한국어 학습 자료로 적극 사용하고 있습니다. 그림과 문장이 함께 있는 성경동화는 시각적 맥락 속에서 문장을 이해하게 하고, 반복되는 구조는 언어 습득에 도움을 줍니다. 또한 성경 이야기에는 가족 간의 존중, 효, 이웃 사랑과 같은 한국 문화적 가치가 자연스럽게 담겨 있어, 문화 이해 교육에도 효과적입니다. 예를 들어 '돌아온 탕자' 이야기는 효(孝)와 용서를 연결하여 설명하기에 적합한 자료로 활용됩니다.

성경동화가 외국 독자에게 인기를 끈 성공 요인

성경동화가 외국 독자에게 지속적인 사랑을 받는 데에는 몇 가지 중요한 이유가 있습니다. 첫째, 짧고 구조화된 이야기 구성은 어린이 독자에게 친숙하고 이해하기 쉬운 형식을 제공합니다. 둘째, 사랑, 용서, 희망, 정의 등 문화적 경계를 넘는 보편적 가치를 담고 있어 다양한 문화권의 어린이들도 자연스럽게 공감할 수 있습니다. 셋째, 감성적이고 따뜻한 일러스트는 이야기를 시각적으로 각인시키는 데 효과적이며, 디지털 시대에는 앱, 오디오북, 인터랙티브 북 등 다양한 형식으로 확장되고 있습니다. 이런 요소들이 결합된 콘텐츠는 시대 흐름에 맞는 매체 친화성을 갖추어, 어린이와 부모 모두에게 안정감 있는 콘텐츠로 인식됩니다.

대표적인 성공 사례로 《The Beginner's Bible》은 1989년 출간 이후 600만 부 이상 판매되었으며, 30개국 이상의 언어로 번역되었습니다. 짧고 간결한 문장, 밝은 색감의 삽화, 쉬운 구조는 글로벌 시장에 잘 맞는 조건이었습니다. 또한 유치원과 초등학교 저학년을 대상으로 한 신앙교육 프로그램에 널리 활용되며, 폭넓은 연령층의 독자를 확보했습니다.

《Jesus Storybook Bible》은 성경 전체를 하나의 연속된 이야기로 구성했다는 점에서 독창적입니다. 이야기 말미마다 다음 장면을 암시하는 문장이 들어가 어린이들이 성경을 단편이 아닌 일관된 이야기로 인식하게 돕습니다. 감성적이고 서정적인 문체와 일러스트도 부모와 교육자에게 높은 평가를 받으며, 가족 단위 신앙 교육에서 인기를 끌었습니다.

디지털 환경을 반영한 사례로는 《Bible App for Kids》가 있습니다. 이 앱은 단순한 전자책이 아니라, 아이들이 터치를 통해 캐릭터와 상호작용할 수 있도록 설계되었습니다. 게임과 퀴즈가 삽입되어 학습 몰입도를 높였으며, 성경 이야기를 능동적으로 체험하게 해주는 구조는 수백만 다운로드로 이어졌습니다. 이처럼 콘텐츠의 본질은 유지하되, 시대와 매체 환경에 맞게 형식을 변형한 점이 디지털 시대 성공의 열쇠가 되었습니다.

이러한 사례들은 성경동화가 글로벌 시장에 성공적으로 진입하기 위해서는 언어 번역에 그치지 않고 문화적 맥락과 기술 환경까지 반영한 현지화 전략이 필요하다는 것을 보여줍니다. 삽화의 스타일, 인물의 표정, 대사의 톤 등도 문화권에 따라 다르게 해석될 수 있기 때문에 세심한 기획과 현지 전문가의 조율이 필수적입니다.

결과적으로 성경동화는 전 세계에서 가장 널리 읽히는 콘텐츠 중 하나로 자리잡았습니다. 많은 부모들은 자녀에게 신앙의 가치를 자연스럽게 전하고 싶어 하며, 성경동화는 그 역할을 충실히 수행할 수 있는 콘텐츠입니다. 여기에 다양한 형식으로의 확장성과 교육적 효과까지 더해져, 앞으로도 세계 각지에서 사랑받는 어린이 콘텐츠로 성장할 가능성이 큽니다.

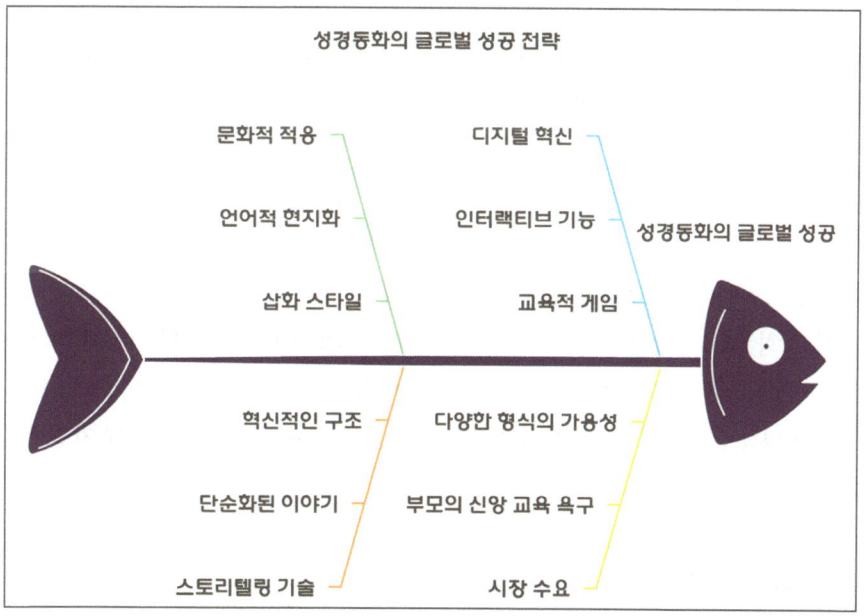

3.2 성경동화 출판 및 다국어 번역 전략

성경동화를 글로벌 시장에 성공적으로 출판하기 위해서는 단순한 번역을 넘어 문화에 맞춘 현지화 전략이 필수적입니다. 성경 이야기는 보편적인 가치를 담고 있지만, 각 나라와 지역에 따라 해석하고 받아들이는 방식이 다를 수 있습니다. 따라서 이야기의 핵심 메시지는 유지하되, 문화적 배경과 독자들의 정서에 맞게 조정하는 세심한 작업이 필요합니다.

성경동화를 다국어로 번역할 때 고려해야 할 점

같은 성경 이야기라도 나라별로 다르게 해석될 수 있다는 점을 주목해야 합니다. 예를 들어, 서양에서는 '착한 목자'의 이미지가 친숙하고 자연스럽지만, 양을 키우는 문화가 없는 지역에서는 이 비유가 직관적으로 이해되지 않을 수 있습니다. 이런 경우, 현지 문화에서 친숙하게 받아들일 수 있는 다른 비유나 상징을 찾아 이야기를 재구성하는 것이 필요합니다. 신앙적 메시지를 훼손하지 않으면서도, 독자가 쉽게 공감할 수 있는 형태로 풀어내는 것이 핵심입니다.

다국어 번역을 진행할 때 고려해야 할 요소는 크게 세 가지입니다.

첫째, 종교적 표현을 조정해야 합니다. 예를 들어, "하나님"을 의미하는 단어도 문화권에 따라 다르게 번역될 수 있습니다. 기독교 문화권에서는 'God'이라는 표현이 자연스럽지만, 다신적 전통이 강한 문화권에서는 오히려 오해를 불러일으킬 수 있습니다. 이런 경우에는 각 문화에 맞는 신앙 언어를 신중하게 선택해 번역해야 합니다.

둘째, 문화적 차이를 반영해야 합니다. 이야기 속 배경이나 등장인물의 외형, 생활 방식이 특정 지역의 문화와 괴리감을 느끼게 한다면 독자의 몰입을 방해할 수 있습니다. 예를 들어, 중동이나 아프리카 지역을 대상으로 할 때는 캐릭터의 옷차림이나 환경 묘사를 그 지역의 현실에 맞게 조정하면 훨씬 친근감을 줄 수 있습니다.

셋째, 삽화 역시 중요한 조정 대상입니다. 삽화는 글보다 먼저 독자의 감정에 다가가는 요소이기 때문에, 지역적 특성과 문화적 감수성을 반영하는 것이 필수적입니다. 눈에 띄는 인종적 특성, 지역적 풍경, 생활 도구 등의 세밀한 표현을 통해 독자가 이야기 속에 자연스럽게 몰입할 수 있도록 해야 합니다.

글로벌 출판사를 통한 성경동화 유통 사례

성공적인 다국어 번역과 현지화 사례로는 《The Action Bible》을 들 수 있습니다. 이 책은 전통적인 삽화 대신 그래픽노블 스타일로 제작되어 기존 성경동화와 차별화에 성공했습니다. 역동적인 그림체와 현대적인 스토리 전개 방식은 특히 10대 청소년들에게 큰 호응을 얻었고, 이를 기반으로 전 세계 15개국 이상에서 번역 출간되었습니다. 《The Action Bible》의 성공은 단순히 언어를 옮긴 것에 그치지 않고, 독자층의 특성과 문화적 감수성을 고려해 기획된 결과였습니다.

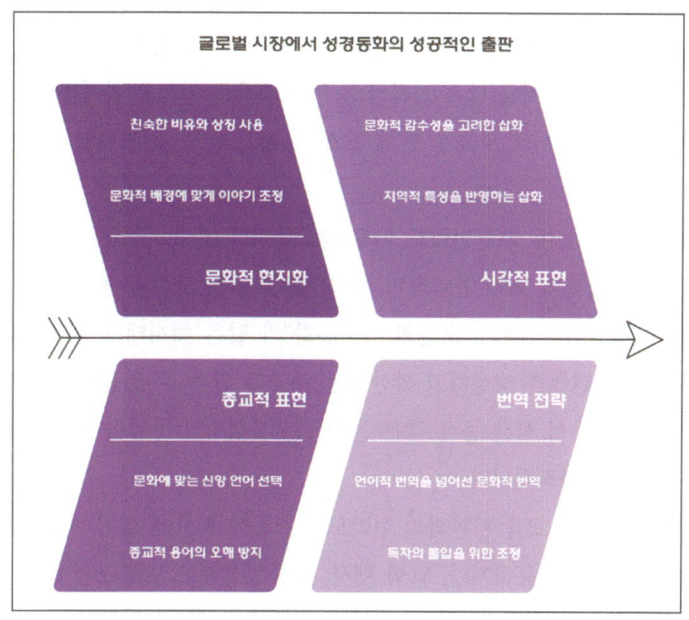

결국 글로벌 출판 시장에서 성경동화가 성공하기 위해서는 언어적 번역을 넘어 문화적 번역이 필요합니다. 각 나라의 생활양식, 가치관, 심미적 감각까지 깊이 이해하고 반영하는 작업을 통해야만, 성경동화는 국경을 넘어 진정한 공감과 감동을 이끌어낼 수 있습니다. 이러한 세심한 현지화 전략은 단순히 출판 성공을 넘어, 전 세계 어린이들에게 신앙의 본질을 전달하고, 다양한 문화 속에서 복음의 씨앗을 심는 소중한 역할을 하게 될 것입니다.

3.3 성경동화를 활용한 마케팅 및 독자 커뮤니티 구축

성경동화를 널리 알리고 독자층을 확장하기 위해서는 단순한 출판을 넘어, 체계적이고 전략적인 마케팅이 필수적입니다. 특히 어린이 독자를 대상으로 하는 책은 실제 구매와 활용의 주체가 부모, 교사, 교회 지도자이기 때문에, 이들을 타깃으로 한 맞춤형 접근이 필요합니다.

부모와 교육자를 타깃으로 한 성경동화 홍보 전략

먼저, 부모와 교사를 대상으로 한 마케팅 전략이 중요합니다. 성경동화는 단순한 어린이용 동화가 아니라, 신앙 교육과 인성 교육을 동시에 이끌어낼 수 있는 도구라는 점을 강조해야 합니다. 부모에게는 아이와 함께 신앙을 나누는 따뜻한 경험을 제공한다는 메시지를 전하고, 교사에게는 교육적 가치를 담은 신뢰성 높은 교재라는 인식을 심어줄 필요가 있습니다. 이를 위해 체험단 운영, 독서 프로그램 연계, 교회 및 학교 단체 구매 프로모션 등을 기획하면 효과적입니다.

SNS를 활용한 마케팅 전략도 매우 중요합니다. 인스타그램, 페이스북, 유튜브 등 다양한 채널을 통해 실제 부모와 아이들이 성경동화를 읽는 모습을 공유하고, 자연스러운 입소문을 유도할 수 있습니다. 특히 "오늘의 성경동화"와 같은 해시태그 캠페인을 기획하여 독자들이 자발적으로 콘텐츠를 생성하고 확산하는 구조를 만들 수 있습니다. 짧은 영상 리뷰, 독후 활동 소개, 가족 독서 시간 공유 같은 콘텐츠는 감성적인 공감을 이끌어내고 책에 대한 친근감을 높이는 데 효과적입니다.

교회 및 기독교 교육 기관과의 협력도 성경동화 확산에 있어 핵심 전략입니다. 성경동화를 주일학교 교재로 활용하거나, 교회 행사, 여름성경학교 프로그램 등에 포함시키는 방법으로 활용도를 넓힐 수 있습니다. 실제로 미국과 한국에서는 성경동화 작가들이 교회와 협력하여 독서 모임을 운영하거나, 가족 신앙 캠프에서 성경동화 읽기 프로그램을 진행하여 긍정적인 반응을 얻고 있습니다. 이러한 직접적인 연계 활동은 신뢰를 구축하고 장기적인 독자층을 확보하는 데 큰 도움이 됩니다.

소셜미디어 및 독서 모임을 활용한 마케팅 사례

독자 커뮤니티를 구축하는 것도 장기적인 관점에서 매우 중요합니다. 성경동화를 읽은 후 부모와 아이들이 함께 소감을 나누고, 독후 활동 결과를 공유하는 작은 모임을 조직하거나, 온라인 독서 모임을 운영하는 방법이 효과적입니다. 예를 들어 "성경동화 읽고 실천하기" 같은 주제로 커뮤니티를 운영하면, 독자들은 단순한 독서를 넘어 신앙적 실천과 생활 속 경험을 공유할 수 있습니다. 이를 통해 책을 매개로 한 신앙 공동체가 자연스럽게 형성되고, 책에 대한 충성도도 높아질 수 있습니다.

또한, 최근에는 크라우드펀딩 플랫폼을 활용해 성경동화 출판 비용을 마련하거나, 초기 독자층을 구축하는 전략도 주목받고 있습니다. 텀블벅, 킥스타터와 같은 플랫폼을 통해 성경동화 프로젝트를 소개하고, 후원자들에게 한정판 굿즈(책갈피, 스티커, 오디오북 파일 등)를 제공하면 초기 독자들의 관심과 지지를 이끌어낼 수 있습니다. 이런 방식은 단순한 후원을 넘어, 책 출간 이전부터 독자와 긴밀한 관계를 형성할 수 있다는 장점이 있습니다.

결국 성경동화 마케팅과 독자 커뮤니티 구축의 핵심은 단순한 판매를 넘어, 신앙적 가치를 함께 공유하고 성장하는 경험을 제공하는 데 있습니다. 아이와 부모가 함께 읽고, 이야기를 나누고, 삶 속에서 실천하는 과정을 지원하는 다양한 활동을 통해 성경동화는 단순한 책을 넘어 살아 있는 신앙 교육 플랫폼으로 자리매김할 수 있습니다.

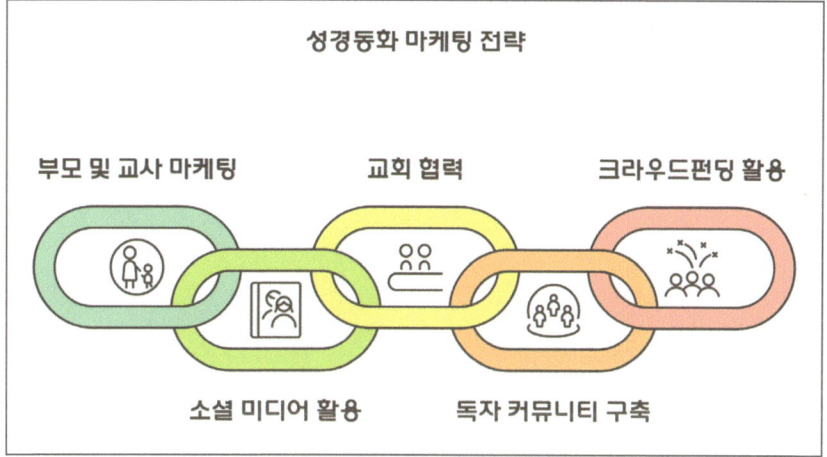

6장

음악 동화로 시작하는
굿즈와 브랜드 확장

손미화

1. 음악을 활용한 동화 브랜딩 및 캐릭터 확장
1.1 작품 소개와 브랜드화 과정 208
1.2 음악 동화의 브랜딩과 캐릭터 개발 212

2. 굿즈 제작 및 수익 모델 다각화 전략
2.1 음악 동화 기반의 굿즈 기획 및 제작 215
2.2 굿즈 제작 과정 및 수익 모델 구축 217
2.3 온라인 플랫폼을 활용한 굿즈 판매 전략 220

3. 팬덤 형성과 교육적 활용을 통한 브랜드 성장
3.1 음악 동화를 활용한 팬덤 구축 전략 223
3.2 음악 동화 기반의 교육 콘텐츠 개발 226
3.3 팬덤과 브랜드 지속 성장을 위한 전략 230

손미화 작가

"창작과 비즈니스의 흐름을 설계하는 콘텐츠 전략가"

동화 한 권의 감동부터, 브랜드 하나의 성장까지 예술성과 실전 경험을 바탕으로, 창작과 창업의 경계를 잇는 융합 콘텐츠 전략가입니다. 음악을 이야기로 풀어낸 그림동화 시리즈를 집필하고, 출판 기획, 콘텐츠 유통, 이커머스 운영까지 아우르며 감성과 시장을 연결하는 실질적인 창작 시스템을 구축해왔습니다.

1인 지식창업 시대를 살아가는 창작자들에게 복잡한 시작과 흐름을 정리해, 자신만의 콘텐츠 여정을 현실적인 단계로 전환하는 데 집중하고 있습니다.

또한 한국미디어창업뉴스 객원기자, (사) 서울국제광고영화제 선임연구원으로 예술과 기술이 만나는 창작 환경을 꾸준히 탐구하고 있습니다. AI 창작 도구, 브랜드 콘텐츠, 창업형 교육까지 단순한 실행을 넘어, 자신의 이야기를 브랜드로 실현해가는 창작자의 여정을 함께 설계합니다.

- (사) 서울국제광고영화제 선임연구원
- 유앤미디지털비즈임팩트 협회장
- 한국미디어창업뉴스 객원기자
- 케이에스유앤미 대표
- 미아트북스 대표

출간저서로는 『타미와 요술피리』, 『레미랑 소리 그리기』, 『음악대장 아롱이 첫 연주회를 부탁해』 등 클래식과 상상을 결합한 음악 기반 창작동화를 출간했으며, 현재는 출판사 미아트북스 대표로 활동 중입니다.

"상상력에 물을 주면,
이야기가 피어납니다."

 1. 음악을 활용한 동화 브랜딩 및 캐릭터 확장

1.1 작품 소개와 브랜드화 과정

『타미와 요술피리』, 『두근두근 레미랑 소리 그리기』, 『음악대장 아롱이』 시리즈의 탄생 스토리

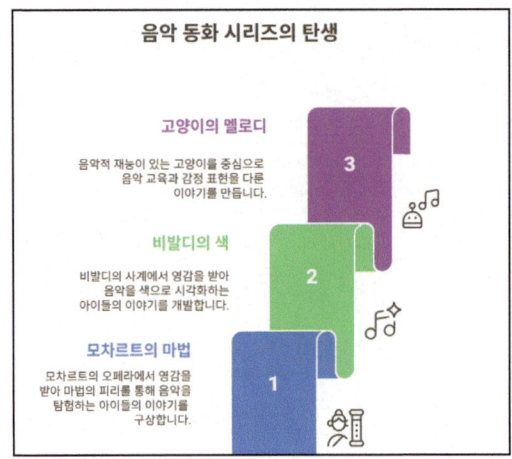

음악 동화를 기획하고 브랜드화하는 첫 번째 단계는 바로 이야기의 정체성을 명확히 설정하는 일입니다. 하지만 그 이전에, 각 작품이 어떤 순간의 영감에서 탄생했는지 이야기해보겠습니다.

『타미와 요술피리』는 모차르트의 오페라『마술피리』를 듣던 중 문득 떠오른 상상에서 시작되었습니다. 파미나와 타미노가 시련을 겪으며 성장하는 이야기를 들으면서, '만약 현대의 아이들에게도 이런 마법 같은 피리가 있다면 어떨까?' 하는 생각이 들었습니다. 특히 모차르트가 음악으로 표현한 감정의 깊이를 아이들도 쉽게 느낄 수 있도록 하고 싶었습니다.

그렇게 "음악은 마법처럼 우리 삶에 스며든다"는 상상력을 바탕으로, 피리를 통해 환상의 세계로 들어가는 타미의 모험을 담게 되었습니다. 이 작품은 클래식과 판타지를 결합하여 아이들이 음악을 모험과 감정의 언어로 받아들일 수 있도록 설계되었습니다. 모차르트의 오페라에서 느꼈던 그 경이로움을 현대 아이들에게도 전달하고 싶다는 마음이 작품 전체에 녹아있습니다.

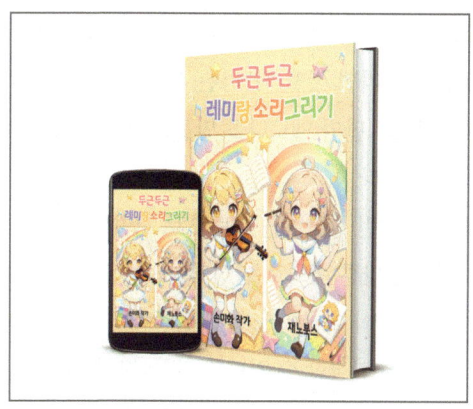

두 번째 작품『두근두근 레미랑 소리 그리기』는 오케스트라 연주회장에서의 특별한 경험에서 출발했습니다. 콘서트홀에 앉아 비발디의『사계』를 듣고 있는데, 갑자기 음표들이 살아 움직이는 것처럼 보였습니다. 바이올린 선율은 노란색 리본처럼 흘러갔고, 첼로 소리는 진한 보라색으로 무대를 감쌌습니다. 그 순간 '음악을 색으로 보는 아이가 있다면 얼마나 흥미로울까?' 하는 생각이 들었습니다.

이런 경험을 바탕으로 색채로 소리를 느끼는 '공감각'을 주제로 한 작품을 기획하게 되었습니다. 주인공 레미와 친구 솔이가 예술초등학교에서 음악과 미술로 소통하며 성장하는 이야기를 중심으로 전개됩니다. 실제 제가 그 연주회에서 느꼈던 감동과 신비로운 경험이 고스란히 레미의 캐릭터에 반영되어 있습니다. 클래식 음악 '비발디의 사계'를 배경으로 다양한 감정과 계절의 흐름을 시각화하는 데 중점을 두고 있습니다.

　세 번째 작품『음악대장 아롱이』는 우리 집 고양이에서 시작된 엉뚱한 상상에서 탄생했습니다. '만약 우리 고양이가 음악 천재라면 어떨까?' 하는 생각이 든 것입니다. 실제로 피아노를 연주할 때마다 건반 위로 올라와서 자기만의 멜로디를 만들어내는 모습을 보며, 고양이만의 음악 세계가 있을 거라는 확신이 들었습니다.

　『음악대장 아롱이』시리즈는 이런 상상력을 바탕으로 고양이 캐릭터를 중심으로 음악교육, 감정 표현, 친구들과의 관계 형성을 다룬 동화로 완성되었습니다. 별빛 피아노 학원을 무대로 다양한 성격의 아이들과 반짝이는 고양이 아롱이가 함께 성장해 나가는 과정을 통해, 실제 피아노 학습 경험과 감정 교육을 자연스럽게 연결할 수 있도록 기획되었습니다. 캐릭터 아롱이는 음악을 색으로 시각화하고, 발바닥으로 피아노를 연주하는 상상력을 통해 아이들의 호기심을 자극합니다.

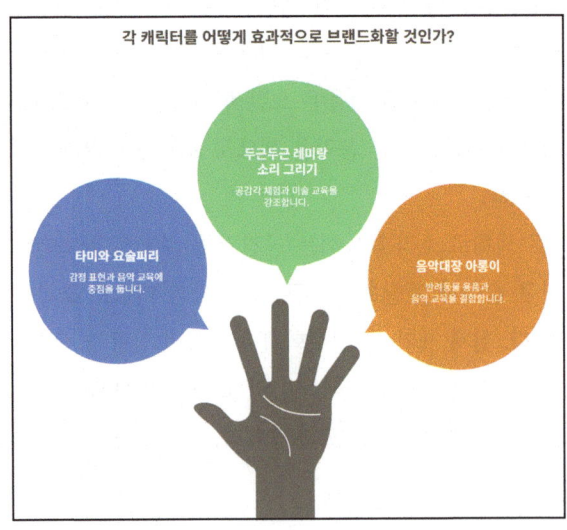

각 작품의 캐릭터 확장 가능성과 브랜드화 사례

캐릭터는 동화 속 주인공 그 이상입니다. 브랜드의 얼굴이자, 아이들이 가장 오래 기억하는 이야기의 상징이기도 합니다. 세 작품 각각의 캐릭터가 어떤 매력과 확장 가능성을 가지고 있는지, 그리고 실제로 어떤 브랜드화가 가능한지 살펴보겠습니다.

『타미와 요술피리』- 감정 표현 캐릭터의 브랜딩

타미의 가장 큰 매력은 피리를 통해 감정을 표현한다는 설정입니다. 실제로 책을 읽은 아이들이 "나도 타미처럼 피리 불고 싶어요!"라고 말하는 경우가 많았습니다. 이런 반응을 보면서 타미 캐릭터의 브랜드 확장 가능성을 확인할 수 있었습니다.

가장 현실적인 브랜드화 사례는 리코더나 단소 같은 실제 악기와의 콜라보레이션입니다. 음악 교육업체에서 '타미와 함께하는 첫 피리 교실' 같은 프로그램을 운영하거나, 타미 캐릭터가 그려진 어린이용 리코더를 출시하는 방식입니다. 기존 음악 교육 시장과 자연스럽게 연결되어 실현 가능성이 높습니다.

또한 감정 표현 교육 도구로서의 활용도 기대됩니다. 어린이집이나 유치원에서 사용하는 감정 카드에 타미 캐릭터를 활용하거나, 아이들이 하루 기분을 타미의 피리 색깔로 표현해보는 '마음 일기장' 같은 교육 자료로 발전시킬 수 있습니다.

『두근두근 레미랑 소리 그리기』- 공감각 체험의 브랜딩

레미는 음악을 색으로 보는 독특한 설정 때문에 교육 현장에서 특히 주목받고 있습니다. 실제로 한 초등학교 음악 선생님이 "아이들이 레미처럼 음악을 그림으로 표현해보고 싶다고 한다"는 피드백을 주신 적이 있습니다.

가장 실현 가능성이 높은 브랜드화는 미술 교육 업체와의 협업입니다. 크레용이나 색연필 세트에 레미 캐릭터를 넣고, '음악을 그려보는 컬러링 북'을 함께 제공하는 방식입니다. 이미 많은 아동 미술 교육기관에서 '음악과 미술의 융합 교육'에 관심을 보이고 있어서 충분히 현실적입니다.

또한 클래식 음악 CD나 스트리밍 서비스와의 콜라보도 가능합니다. '레미와 함께 듣는 비발디 사계' 같은 어린이용 클래식 앨범에 레미의 해설이나 그림 활동 가이드를 포함시키는 것입니다.

『음악대장 아롱이』- 반려동물 캐릭터의 브랜딩

아롱이는 고양이라는 친근한 동물 캐릭터이면서 음악을 한다는 독특함을 가지고 있어서 브랜드 확장성이 가장 뛰어납니다. 실제로 펫샵이나 동물병원에서 "아롱이 같은 귀여운 고양이 캐릭터 상품이 있으면 좋겠다"는 문의를 받은 적이 있습니다.

가장 현실적인 브랜드화는 반려동물 용품 시장과의 연결입니다. 고양이 사료 브랜드나 펫샵에서 아롱이 캐릭터를 활용한 마케팅을 진행하거나, 아롱이가 그려진 고양이 장난감이나 방석 등을 출시하는 것입니다. 반려동물 시장이 지속적으로 성장하고 있어서 충분한 수요가 있습니다.

음악 교육 분야에서는 피아노 학원과의 협업이 가능합니다. '아롱이와 함께하는 첫 피아노' 같은 프로그램을 운영하거나, 아롱이 캐릭터가 들어간 피아노 교본을 출간하는 방식입니다. 이미 여러 피아노 학원에서 캐릭터를 활용한 교육에 관심을 보이고 있습니다.

1.2 음악 동화의 브랜딩과 캐릭터 개발

음악적 요소를 활용한 차별화된 캐릭터 구축법

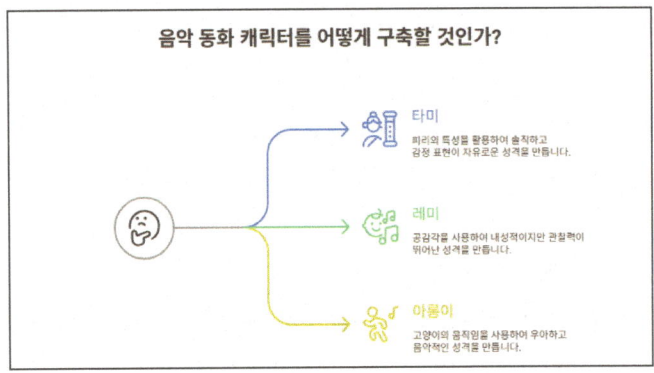

음악 동화의 캐릭터를 만들 때 가장 중요한 것은 각 캐릭터만의 '음악적 정체성'을 확립하는 것입니다. 세 작품을 만들면서 깨달은 것은, 단순히 악기를 들고 있는 캐릭터를 그리는 것이 아니라, 그 악기의 특성이 캐릭터의 성격과 자연스럽게 연결되어야 한다는 점이었습니다.

타미의 경우 피리라는 악기 자체가 가진 특성을 깊이 고민했습니다. 피리는 입김으로 소리를 내는 악기이기 때문에, 마음속 감정을 바로 소리로 전달할 수 있다는 설정을 만들었습니다. 이때 중요했던 것은 타미의 성격도 이에 맞춰 솔직하고 감정 표현이 자유로운 아이로 설정하는 것이었습니다. 모차르트의 『마술피리』에서 받은 영감처럼, 타미도 순수하면서도 용감한 성격을 가지도록 했습니다.

레미는 공감각이라는 특별한 능력을 중심으로 캐릭터를 구축했습니다. 실제로 오케스트라에서 경험한 그 신비로운 순간을 캐릭터화하면서, 음악을 색깔로 보는 능력이 단점이 아닌 특별한 재능임을 보여주려고 했습니다. 레미의 성격을 내성적이지만 관찰력이 뛰어난 아이로 설정한 것도 이런 맥락에서였습니다. 바이올린이라는 악기의 섬세함과 레미의 세심한 성격이 잘 어울린다고 생각했습니다.

아롱이는 고양이라는 동물의 특성과 음악을 결합하는 과정이 가장 흥미로웠습니다. 우리 집 고양이를 관찰하면서 느낀 것은, 고양이의 우아한 움직임 자체가 이미 음악적이라는 점이었습니다. 그래서 아롱이는 자연스럽게 움직임 자체가 음악이 되는 캐릭터로 만들었습니다. 피아노라는 악기의 다양한 음역대와 고양이의 변화무쌍한 성격이 잘 맞아떨어진다고 생각했습니다.

음악 동화의 캐릭터를 만들 때는 이처럼 악기나 음악적 개념과 캐릭터의 성격이 자연스럽게 연결되도록 하는 것이 핵심입니다. 독자들이 캐릭터를 볼 때 "아, 이 아이는 정말 이런 음악을 좋아할 것 같다"고 느낄 수 있어야 합니다. 캐릭터 설정 초기부터 음악적 속성을 반영하면, 이후 굿즈나 브랜드 확장 과정에서도 일관된 정체성을 유지할 수 있습니다.

동화 속 음악적 상징과 시각적 요소의 결합

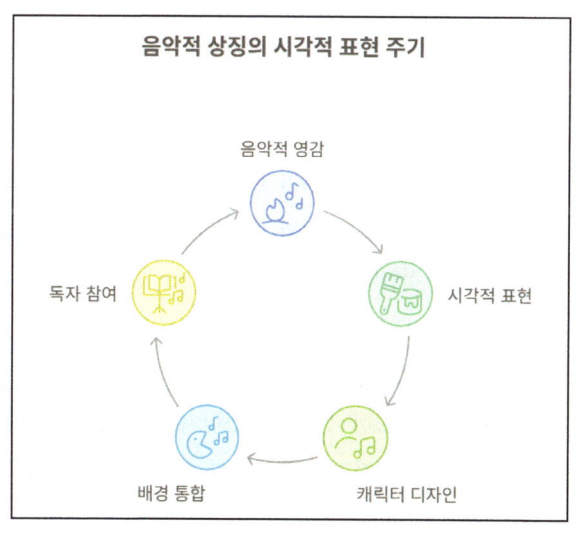

음악은 기본적으로 청각의 영역에 속하지만, 그림동화에서는 이를 시각적으로 표현해야 하는 과제가 있습니다. 세 작품을 만들면서 이 부분에 가장 많은 고민을 했고, 여러 차례 시행착오를 겪으면서 각 캐릭터만의 시각적 언어를 찾아갔습니다.

타미의 시각적 표현

타미의 경우 모차르트 오페라에서 받은 영감답게 모험과 용기를 상징하는 파란색과 보라색 톤을 주로 사용했습니다. 타미의 옷은 판타지 모험가 스타일로 디자인해서, 요술피리를 가지고 마법의 세계를 탐험하는 주인공다운 활동성을 표현했습니다. 곱슬거리는 갈색 머리는 자유롭고 활발한 타미의 성격을 잘 보여주며, 피리를 불 때마다 머리카락이 바람에 흩날리는 모습으로 음악의 역동성을 시각화했습니다.

레미의 시각적 표현

레미는 기본적으로 순수함을 상징하는 흰색 드레스를 입고 있지만, 공감각 능력을 나타내기 위해 포인트로 무지개색을 사용했습니다. 드레스의 리본이나 머리 장식, 신발 등에 무지개색을 적용해서 레미만의 특별한 시각 세계를 표현했습니다. 처음에는 전체적으로 화려하게 만들까 고민했지만, 레미의 내성적 성격을 고려해 절제된 아름다움으로 접근하는 것이 더 적합하다고 판단했습니다. 바이올린을 연주할 때 드레스 주변으로 색색의 음표들이 흩날리는 연출을 통해 공감각을 시각화했습니다.

아롱이의 시각적 표현

아롱이는 음표 모양의 반점을 가진 고양이로 디자인했습니다. 처음에는 단순히 귀여운 무늬 정도로 생각했는데, 독자들의 반응을 보니 이 음표 반점이 아롱이의 가장 큰 특징으로 기억되더군요. 꼬리 끝이 음표 모양이고, 목에는 작은 음표 펜던트가 달린 검은 나비넥타이를 착용해서 진짜 '음악 대장'다운 품격을 연출했습니다. 흰 털과 검은 나비넥타이의 대비는 피아노의 흰 건반과 검은 건반을 연상시키도록 의도한 것입니다.

세 캐릭터의 조화로운 시각적 통합

이런 시각적 요소들을 정할 때 중요한 것은 억지스럽지 않게 자연스럽게 녹여내는 것입니다. 독자들이 "아, 이래서 음악 캐릭터구나"라고 쉽게 이해할 수 있으면서도, 캐릭터 자체의 매력을 해치지 않는 선에서 균형을 맞춰야 합니다.

배경 디자인에서도 각 캐릭터별로 차별화된 음악적 요소를 활용했습니다. 타미의 이야기에서는 나뭇가지들이 오선지처럼 배치되어 있고, 마법의 포털 주변으로 음표들이 반짝이며 떠다닙니다. 레미의 세계에서는 계절마다 다른 색깔의 음표들이 하늘을 수놓고, 무지개 아치가 거대한 음표처럼 보이도록 연출했습니다. 아롱이의 피아노 학원은 건반 모양의 계단과 음표 모양의 창문으로 꾸며져 있어, 들어서는 순간부터 음악적 분위기를 느낄 수 있도록 했습니다.

이처럼 음악적 상징을 시각적 요소로 변환할 때는 독자의 상상력을 자극하면서도 이야기의 분위기와 조화를 이루도록 하는 것이 가장 중요합니다. 특히 교육 콘텐츠나 컬러링북으로 확장할 경우, 악기와 캐릭터를 연결한 활동은 아이들의 기억에 오랫동안 남는 경험으로 작용하게 됩니다.

 2. 굿즈 제작 및 수익 모델 다각화 전략

2.1 음악 동화 기반의 굿즈 기획 및 제작

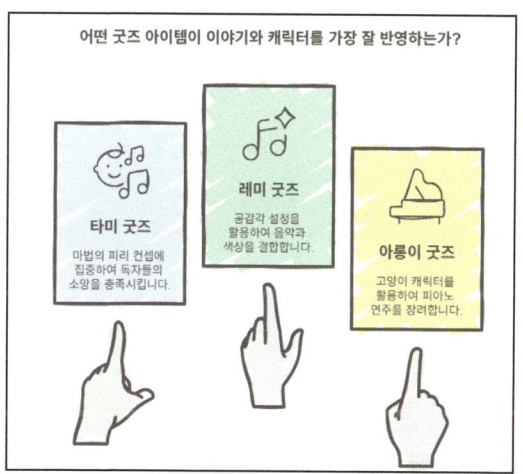

스토리와 캐릭터를 반영한 굿즈 아이템 선정

굿즈를 기획할 때 가장 중요한 것은 단순한 캐릭터 상품이 아니라, 이야기의 감동을 연장시킬 수 있는 아이템을 만드는 것입니다. 세 작품을 통해 굿즈를 기획해본 경험에 따르면, 아이들은 책에서 느낀 감정을 실생활에서도 계속 경험하고 싶어합니다.

타미 관련 굿즈를 처음 구상할 때, 단순히 타미 캐릭터가 그려진 스티커나 엽서를 만드는 것보다는 "요술피리"라는 핵심 아이템에 집중하기로 했습니다. 실제로 독자들로부터 "타미처럼 마법의 피리를 불어보고 싶어요"라는 반응을 많이 받았기 때문입니다. 그래서 어린이용 리코더에 타미 캐릭터를 적용하거나, 감정별로 다른 색깔의 미니 피리 세트를 기획하는 방향으로 잡았습니다.

레미의 경우 공감각이라는 독특한 설정 때문에 굿즈 기획이 더욱 흥미로웠습니다. "음악을 색으로 그려보기"라는 컨셉으로 특별한 컬러링북을 만들거나, 클래식 음악을 들으며 색칠할 수 있는 워크북을 구성할 수 있었습니다. 실제로 한 독서모임에서 아이들과 비발디의 사계를 들으며 그림을 그려보는 활동을 했는데, 반응이 매우 좋았습니다.

아롱이는 고양이 캐릭터의 장점을 살려서 다양한 굿즈로 확장하기 좋았습니다. 음표 모양 반점이 포인트인 아롱이 인형이나, 피아노 건반 모양의 방석 같은 아이템들을 구상해볼 수 있었습니다. 특히 아이들이 아롱이처럼 발바닥으로 피아노를 연주해보고 싶어 해서, 바닥에 깔 수 있는 건반 매트 같은 제품도 기획해볼 만했습니다.

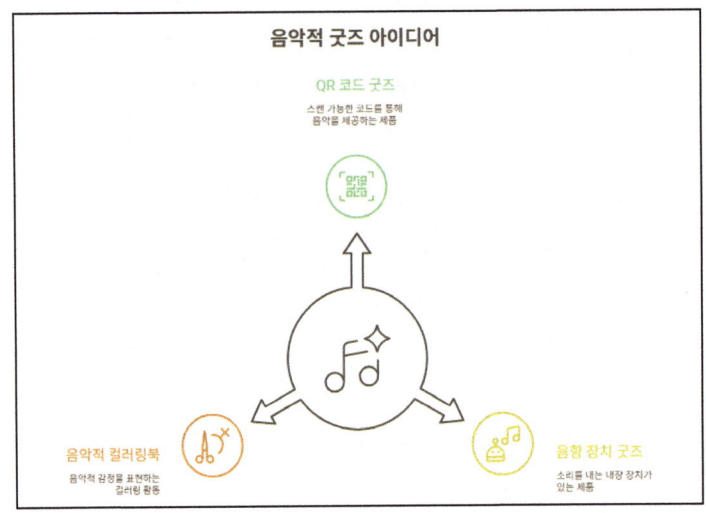

음악적 요소를 활용한 차별화된 굿즈

일반적인 캐릭터 굿즈와 차별화하기 위해서는 음악적 기능을 실제로 포함시키는 것이 효과적입니다. 단순히 그림만 그려진 제품이 아니라, 소리가 나거나 음악과 연동되는 기능을 추가하면 훨씬 매력적인 상품이 됩니다.

가장 실현 가능성이 높은 것은 QR코드를 활용한 음악 연동 굿즈입니다. 스티커북이나 엽서에 QR코드를 넣어서 스마트폰으로 스캔하면 해당 장면의 배경음악이나 효과음을 들을 수 있도록 하는 것입니다. 제작비도 크게 늘지 않으면서 차별화 효과는 확실합니다.

또한 간단한 음향 장치가 들어간 제품도 고려해볼 만합니다. 아롱이 인형을 누르면 피아노 소리가 나거나, 타미 피리 모형에서 실제 소리가 나도록 하는 것입니다. 기술적으로는 어렵지 않지만, 제작 단가와 품질을 고려해서 신중하게 접근해야 합니다.

컬러링북은 음악 동화와 가장 잘 어울리는 굿즈 형태입니다. 각 페이지마다 추천 배경음악을 제시하거나, 색칠하는 방법에 따라 다른 감정을 표현할 수 있도록 가이드를 제공하는 방식으로 특별함을 더할 수 있습니다. 레미의 공감각 설정을 활용해서 "이 음악을 들을 때는 이런 색을 써 보세요" 같은 구체적인 제안을 포함시키면 더욱 의미 있는 활동이 됩니다.

실용성과 교육적 가치를 동시에 갖춘 굿즈일수록 부모들의 구매 의향도 높아집니다. 단순한 장난감이 아니라 아이의 음악적 감수성이나 창의력 발달에 도움이 된다는 점을 어필할 수 있다면, 굿즈를 통한 브랜드 확장이 더욱 의미 있게 이루어질 것입니다.

2.2 굿즈 제작 과정 및 수익 모델 구축

굿즈 제작의 단계별 프로세스와 비용 절감 전략

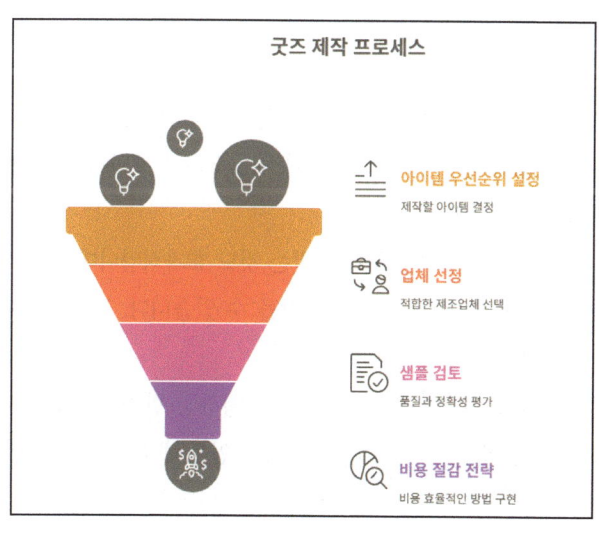

굿즈 제작은 체계적인 단계별 접근이 필요한 작업입니다. 음악 동화 특성을 살린 굿즈를 성공적으로 만들기 위해서는 다음과 같은 프로세스를 따르는 것이 효과적입니다.

1단계: 아이템 우선순위 설정하기

첫 번째로 해야 할 일은 제작할 굿즈의 우선순위를 정하는 것입니다. 초기에는 제작 단가가 낮고 소비자 접근성이 높은 아이템부터 시작하는 것이 안전합니다. 스티커, 엽서, 북마크 같은 종이류 제품이나 간단한 문구류가 첫 진입에 적합합니다. 타미의 요술피리 모양 북마크나 레미의 무지개 스티커 세트 같은 아이템들을 고려해볼 수 있습니다.

아이템을 선정할 때는 캐릭터의 핵심 특징과 연결되는지 확인해야 합니다. 단순히 캐릭터 그림만 넣은 제품보다는, 음악적 요소가 자연스럽게 포함된 굿즈가 더 차별화됩니다. 아롱이의 음표 반점을 활용한 디자인이나, 레미의 공감각을 표현한 컬러 조합 등이 좋은 예시입니다.

2단계: 제작 업체 선정과 샘플 검토

제작 업체를 선택할 때는 소량 제작이 가능한 곳을 우선적으로 찾아야 합니다. 최근에는 디지털 프린팅 기술 발달로 100개 단위의 소량 제작도 경제적으로 가능해졌습니다. 여러 업체에서 샘플을 받아보고 종이 재질, 인쇄 품질, 색감 재현도를 꼼꼼히 비교하는 것이 중요합니다.

특히 음악 동화 굿즈의 경우 색상 표현이 정확해야 합니다. 레미의 무지개색이나 타미의 마법적인 색감이 제대로 구현되는지 확인해야 합니다. 샘플 제작비는 아깝다고 생각하지 말고, 최소 3-5곳에서 받아보는 것을 권장합니다.

3단계: 비용 절감 전략 활용하기

제작비를 줄이는 몇 가지 방법들이 있습니다. 인쇄소의 한가한 시간대를 활용하면 30-40% 정도 비용을 절약할 수 있습니다. 대부분의 인쇄소는 오후나 주말에 여유가 있어서, 급하지 않은 주문은 이 시간대를 활용하면 됩니다.

여러 아이템을 함께 주문해서 수량 할인을 받는 것도 효과적입니다. 스티커와 엽서를 따로 주문하는 것보다 함께 주문하면 더 좋은 단가를 받을 수 있습니다. 포장재를 단순화하고 직접 포장하는 것도 비용 절감에 도움이 됩니다.

제작비의 일부를 선결제하는 조건으로 할인을 요청하는 방법도 있습니다. 업체 입장에서는 자금 회전이 빨라지는 장점이 있어서 5-10% 정도의 할인을 해주는 경우가 많습니다.

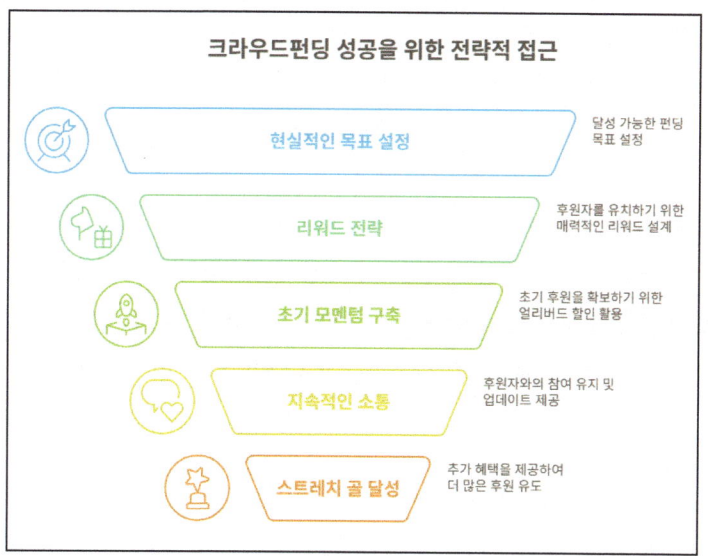

크라우드펀딩(텀블벅, 킥스타터 등)을 활용한 초기 투자 조달법

크라우드펀딩은 굿즈 제작을 위한 초기 자금 조달과 동시에 시장 반응을 미리 확인할 수 있는 유용한 방법입니다. 특히 음악 동화 굿즈처럼 타깃이 명확한 상품의 경우 성공 가능성이 높습니다.

프로젝트 기획 단계에서 주의할 점

가장 중요한 것은 현실적인 목표 금액 설정입니다. 제작비, 배송비, 플랫폼 수수료, 예비비까지 모두 계산해서 최소 필요 금액을 정확히 산출해야 합니다. 텀블벅의 경우 수수료가 5-7% 정도이고, 배송비와 포장비도 생각보다 많이 듭니다.

목표 금액은 달성 가능한 수준으로 설정하는 것이 중요합니다. 너무 높으면 달성하기 어렵고, 달성하지 못하면 후원금을 전혀 받을 수 없습니다. 비슷한 장르의 성공 프로젝트들을 참고해서 적정 수준을 파악하는 것이 좋습니다.

리워드 구성 전략

리워드는 후원 금액에 따라 차별화된 혜택을 제공해야 합니다. 1만원대에서는 기본 스티커 세트, 2만원대에서는 컬러링북 추가, 3만원 이상에서는 한정판 아이템을 제공하는 식으로 구성할 수 있습니다.

얼리버드 할인이나 수량 한정 리워드는 펀딩 초기 모멘텀을 만드는 데 효과적입니다. 처음

며칠 동안 얼마나 많은 후원을 받느냐가 전체 펀딩 성공을 좌우하는 경우가 많기 때문입니다.

음악 동화 굿즈의 경우 교육적 가치를 어필할 수 있는 리워드를 포함시키는 것도 좋습니다. 활동 가이드북이나 QR코드를 통한 음악 콘텐츠 제공 등이 부모들에게 어필할 수 있습니다.

펀딩 진행 중 관리 방법

프로젝트가 시작되면 지속적인 업데이트와 소통이 필요합니다. 후원자들의 댓글에 성실히 답변하고, 펀딩 진행 상황을 주기적으로 공유해야 합니다. 특히 목표 달성 후에도 스트레치 골을 설정해서 추가 혜택을 제공하면 더 많은 후원을 이끌어낼 수 있습니다.

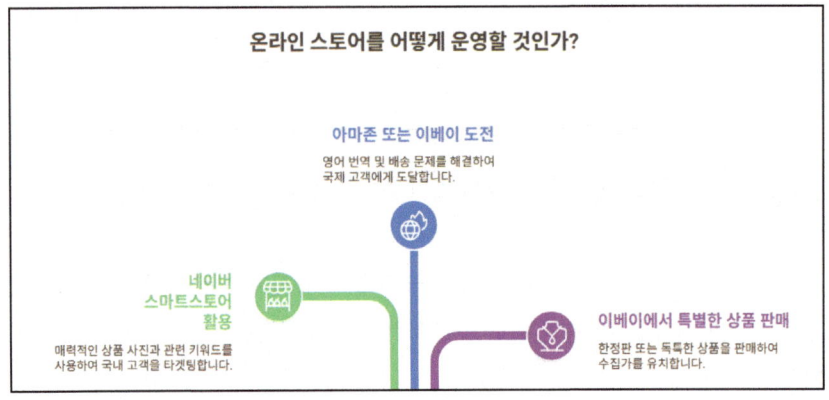

2.3 온라인 플랫폼을 활용한 굿즈 판매 전략

스마트스토어, 아마존, 이베이 등 온라인 스토어 운영 방법

네이버 스마트스토어 활용법

음악 동화 굿즈는 네이버 스마트스토어에서 좋은 반응을 얻을 수 있습니다. '타미', '레미', '아롱이' 캐릭터의 예쁜 모습을 잘 보여주는 상품 사진을 올리면, 사진을 중심으로 쇼핑하는 스마트스토어 특성과 잘 맞습니다.

상품 제목에 '음악교육', '창의력', '감성발달' 같은 단어를 넣으면 아이 교육에 관심 많은 엄마들이 검색할 때 우리 상품이 나타날 가능성이 높아집니다. 어린이날에는 "선물용"이라는 말을, 크리스마스에는 "겨울선물"이라는 말을 추가하면 더 많은 사람들이 볼 수 있습니다.

상품을 어느 분류에 넣을지도 중요합니다. 굿즈라면 문구용품이나 장난감 분류에 넣게 되는데, 우리가 팔고 싶은 고객들이 주로 어느 분류에서 쇼핑하는지 미리 알아보고 정하는 것이 좋습니다.

해외 사이트 도전해보기

아마존이나 이베이 같은 해외 쇼핑몰에도 도전해볼 수 있지만, 영어 번역과 배송 문제를 먼저 해결해야 합니다. 영어 상품 설명은 단순히 번역기 돌린 것보다는 외국 사람들이 이해하기 쉬운 방식으로 써야 합니다.

해외 배송비 문제도 고려해야 합니다. 배송비가 제품값보다 비싸면 아무도 안 사니까, 여러 개를 묶어서 팔거나 해외 배송을 도와주는 업체를 이용하는 방법을 생각해볼 수 있습니다.

아마존에는 창고에 미리 물건을 보내두면 아마존이 대신 포장해서 빠르게 배송해주는 서비스가 있어서, 이런 것을 이용하면 외국 고객들도 빠르게 받아볼 수 있습니다.

이베이로 특별한 상품 팔기

이베이에서는 한정판이나 작가 사인이 들어간 특별한 상품을 팔 수 있습니다. 음악 교육에 관심 있는 외국 수집가들한테 한국의 독특한 음악 동화 캐릭터를 소개하는 방식이 효과적입니다.

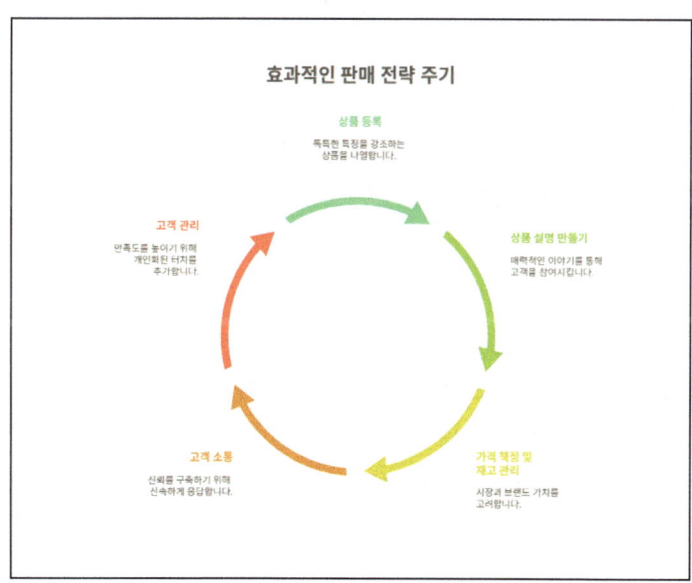

상품 등록부터 고객 관리까지의 실전 운영 노하우

상품 올리는 방법

상품을 올릴 때는 각 캐릭터만의 특징을 살린 검색 단어를 잘 골라야 합니다. '타미'는 '마법피리', '음악마법', '상상력'이라는 단어로, '레미'는 '감정표현', '색깔음악', '감성교육'이라는 단어로, '아롱이'는 '고양이', '첫무대', '용기'라는 단어로 다른 상품과 구별되게 할 수 있습니다.

상품 사진은 햇볕이 잘 드는 창가에서 찍고, 깔끔한 흰색 배경을 사용하는 것이 좋습니다. 제품만 덩그러니 찍는 것보다는 아이가 실제로 가지고 노는 모습이나 크기를 알 수 있는 다른 물건과 함께 찍는 사진을 같이 올리면 구매율이 올라갑니다.

상품 설명과 상세페이지 만들기

각 캐릭터의 이야기를 담은 상세페이지를 만들 때, 실제 책의 내용 일부나 캐릭터가 어떤 성격인지를 소개해서 굿즈를 사는 사람이 원래 책과의 연결고리를 느낄 수 있게 해줍니다. 음악과 관련된 그림이나 쉽게 이해할 수 있는 설명 그림을 넣으면 교육적인 가치를 더 잘 보여줄 수 있습니다.

상품 설명에는 그냥 기능만 설명하지 말고 이야기를 넣는 것이 중요합니다. "타미와 함께 마법 같은 모험을 떠나보세요" 이런 식으로 감정에 호소하면 더 효과적입니다.

적당한 가격 정하기와 재고 관리

가격은 만드는 데 드는 비용만 생각하는 게 아니라, 비슷한 상품들이 얼마에 팔리는지, 우리가 팔고 싶은 고객들이 얼마까지 낼 수 있는지, 우리 브랜드의 가치 등을 다 고려해서 정해야 합니다.

비슷한 상품들보다 조금 더 비싸게 (10-20% 정도) 가격을 매기되, 그만큼 가치가 있다는 걸 상세 설명으로 어필하는 것이 좋습니다. 교육에 도움이 된다거나, 안전하다거나, 환경에 좋다는 점들을 강조하면 조금 비싼 가격도 납득할 수 있게 됩니다.

처음에는 조금만 만들어서 반응을 보고, 잘 팔리면 더 많이 만드는 방식을 추천합니다. 어린이날이나 크리스마스 같은 특별한 날에 맞춘 한정 상품을 기획하면 재고도 빨리 팔리고 화제도 됩니다.

고객과 소통하고 관리하기